極東ナチス人物列伝

Nationalsozialisten in Ostasien.

Deutsche Emissäre, Unterhändler und Aktivisten in Japan, China und der Mandschurei

日本・中国・「満洲国」に蠢いた異端のドイツ人たち

【編著】田嶋信雄／田野大輔　【著】大木毅／工藤章／熊野直樹／清水雅大

作品社

はじめに

田野大輔

一九三〇年代から四〇年代の東アジアにおいて、日本とドイツは急速に政治的連携を深めていったように見えるが、両国の関係は極めて重層的で、たえず緊張と軋轢をはらんでいた。一九三六年一一月の日独防共協定、四〇年九月の日独伊三国同盟の締結にもかかわらず、日独両国の関係は欧州情勢や日中戦争の動向にそのつど左右され、相互の思惑はたえずすれ違った。しかもドイツ本国では親中派の強い外務省・国防軍指導部、親日路線を取るヒトラーらナチ党指導部との路線対立が顕在化し、東アジア外交の方向性を攪乱しつづけた。

そうしたなか、ドイツ中枢からの政治的統制が及ばない東アジアでは、従来の職業外交官とは異なる様々な人物が外交関係に参入し、独断専行的行動を展開するという現象が生じることになった。ナチス政権成立による旧体制の動揺に乗じて、伝統的なドイツ外交の周縁部に登場したこれらの異端者たちは、武器商人や情報ブローカー、ビジネスマン、政治的活動家、文化人などとして極東に赴き、現地で日本や中国の当局者を相手に交渉に携わることで、日独関係や第二次世界大戦の動向に影響を及ぼしたのだった。

本書は、日独の複雑な関係のなかで様々な形で暗躍したこれらの人物たちの足取りを追い、日本・中国・ドイツの行く末を左右した彼らとその周辺の一群の関係者たちの動向を浮かび上がらせることで、矛盾と対立に満ちたドイツ＝東アジア関係の実相に迫ろうとするものである。ナチス・ドイツの東アジア政策を担ったエージェントたちの軌跡を列伝形式で叙述し、日本はもとよりドイツでもほとんど知られていない日独関係の裏面史に光を当てることが狙いである。

本書の内容は以下の通りである。

まず序章では、満洲事変から日独防共協定、日中戦争、アジア太平洋戦争にいたるドイツ＝東アジア関係の概要が示される。ナチス政権下のドイツでは、中国への武器輸出をはかる親中派と日本との連携を追求する親日派の対立が顕在化し、ヒトラー周辺の後者が中心となって、日独防共協定・日独伊三国同盟を実現させるが、その過程でも中国・満洲における両国の経済的利害の溝は埋まらず、中国やソ連との関係をめぐる相互の思惑も一致せずに終わった。この時期の日独関係では、多くのアクターが中央の統制を受けずに独自に活動し、ガバナンスの欠如とも言うべき混乱と錯綜を生じさせることになったのである。

こうした概観のもと、以下の章では各時期の日独関係を左右した人物にスポットが当てられる。

第一章で取り上げられるのは、一九三〇年代半ばの日独防共協定交渉で暗躍した政商フリードリヒ・ハックである。武器商人として日本・ドイツ両国の軍部と人脈を築いたハックは、日独提携をはかる国防軍防諜局長ヴィルヘルム・カナーリス、駐独日本大使館付陸軍武官大島浩、ヒトラーの外交顧問ヨアヒム・フォン・リッベントロップの間を仲介し、伝統的に親中派の強かったドイツ外務省・国防軍指導部の反対を押し切る形で、一九三六年一一月に日独防共協定の締結を実現する。その過程でナチ党東京支部やライヒ航空産業連盟と対立を深めた彼は、一九三七年に男色罪で逮捕・投獄され、政治の舞台から一時姿を消すが、第二次世界大戦中にはスイスで情報ブローカーとして活動を再開、日本・米英間の和平交渉の仲介に奔走することになった。

第二章で取り上げられるのは、一九三〇年代前半にドイツの対満洲外交で暗躍した政商フェルディナント・ハイエである。財界の大物フリッツ・テュッセンや国家元帥ヘルマン・ゲーリングの後ろ盾を得たハイエは、一九三三年一月のヒトラー政権成立後、アルフレート・ローゼンベルク率いるナチ党外交政策局の代理人として満洲国に赴き、ドイツ外務省を出し抜く形で対満・対日通商交渉を開始する。ディレッタントな言動や実態に合わない提案によって日本・満洲側の不満や疑念を惹起した彼は、外務省との権力闘争に敗れて排除されるが、バーター方式での独満貿易の調整をはかったその構想は外務省の東アジア通商政策に引き継がれ、一九三六年四月の独満貿易協定の締結へとつながることになった。この協定は事実上、ドイツによる満洲国承認を意味した。

第三章で取り上げられるのは、一九三〇年代半ばに中独軍事協力関係を推進した政商ハンス・クラインである。武器商人としてドイツ国防軍・経済省の信任を得たクラインは、元在華軍事顧問団長ハンス・フォン・ゼークトや国防大臣ヴェルナー・フォン・ブロンベルク、国防省国防経済幕僚部長ゲオルク・トーマスら国防軍指導部の支援を受けて、一九三五年六月に南京国民政府との間で国防経済協力関係構築の交渉を開始する。これと並行して国民党西南派との間でも軍事経済協力を進めていたクラインの動きは国民政府の蔣介石の不信を惹起し、外務省や軍事顧問団からの反対も受けたために難局に直面するが、最終的に一九三六年四月の独中（ハプロ）条約の成立となって結実した。これによってドイツの対中国武器輸出は増大し、中国の対日抗戦力が強化されることになった。

第四章で取り上げられるのは、一九三〇年代後半に中国で対中・対日通商交渉にあたった経済人ヘルムート・ヴォイトである。四カ年計画全権・国家元帥ゲーリング配下の原料・製品購買会社（ローヴァク）の社員だったヴォイトは、一九三七年七月の日中戦争勃発、三八年二月のヒトラーの満洲国承認を契機に、ドイツの東アジア通商関係の再構築をはかる目的で、同年八月に中国に派遣される。重慶国民政府との対中交渉は比較的順調に進み、一九三八年一〇月の独中条約一年延長、三九年三月の同条約改定を実現するが、青島総領事館・北京大使館との対日交渉は難航を極め、再度の要求や提案にもかかわらず、最後まで成果を上げられなかった。これによって日本支配下の華北におけるドイツの地位保証、ローヴァク社による貿易の組織化という要求は実現せずに終わった。

第五章で取り上げられるのは、一九三〇年代半ばからアジア太平洋戦争末期まで対日・対満通商交渉を担当した経済官僚ヘルムート・ヴォールタートである。経済相ヒャルマール・シャハトの信任を得たヴォールタートは、一九三五年九月から外貨配分・信用供与の権限を通じて対満交渉に関与し、三六年四月に機械と大豆のバーター取引を軸とする独満貿易協定の締結を実現する。その後、四カ年計画全権・帝国元帥ゲーリングを後ろ盾にして、一九三八年三月から臨んだ対日交渉は難航、三九年七月に妥結した日独貿易協定も正式調印されずに終わる。一九四〇年九月の日独伊三国同盟成立後、経済使節団代表として来日した彼は、四一年四月から対日交渉を担当するも成果を上げられず、同年六月の独ソ戦勃発後、大豆に代わって阿片の貿易を取り仕切る責任者として日本にとどまるのである。

第六章で取り上げられるのは、一九三〇年代後半に日本でドイツの対日文化政策を推進した日本学者ヴァルター・ドーナートである。一九三八年一一月に日独文化協定が締結された後、日独文化協会ドイツ人主事・ナチ党日本支部文化代表として文化事業に取り組んだドーナートは、四一年初めにドイツに帰国するまで、日本でナチ文化の普及をはかる「文化番」の役割を担う。彼の精力的な活動の背後にあったのは、強固な民族性こそが創造的文化の基盤となるという信念で、それが日本とドイツの文化への肯定的評価と一貫した反ユダヤ主義、さらには日独文化提携への期待につながっていたが、日本の「ドイツ・ブーム」的状況を背景に展開されたその文化事業は、一九三九年八月の独ソ不可侵条約の締結で一気に冷え込むなど、現実政治に左右される脆さを抱えていた。

第七章で取り上げられるのは、アジア太平洋戦争下の日本に駐在した警察幹部ヨーゼフ・マイジンガーである。ナチス政権下のゲシュタポで数々の政治的陰謀に関与したマイジンガーは、第二次世界大戦勃発後、ワルシャワの保安警察司令官として現地住民の弾圧に辣腕をふるい、「ワルシャワの屠殺人」の異名を取るまでになった。一九四一年四月、警察連絡官（後の警察アタッシェ）として東京のドイツ大使館に着任した彼は、日本の警察当局と連携して反ナチス分子やユダヤ人を検挙する任務に邁進し、ドイツ人社会を恐怖に陥れることになるが、ゾルゲ事件の摘発に失敗した後、その汚名返上をはかるかのように苛酷さを増したその手荒な取り締まりは、ドイツ外務省・国防軍・ナチ党の在外機関との摩擦・軋轢を激化させ、極東におけるドイツの情報・諜報活動に壊滅的な損害をもたらすことになる。

第八章で取り上げられるのは、日独伊三国同盟締結の立役者で一九四三年から駐日大使を務めたハインリヒ・シュターマーである。職業外交官ではなく一介のビジネスマンにすぎなかったシュターマーだが、一九三八年二月に外務大臣となったリッベントロップの信任を得て頭角を現し、四〇年九月には日独同盟交渉の特命全権代表として東京に派遣される。シュターマーはこのとき独断で日本側のもとめる参戦留保権を認めることで、三国同盟締結という功績を上げる。その後、彼は一九四一年五月に南京国民政府に大使として派遣され、四三年一月には駐日ドイツ大使という要職に昇りつめるが、その日和見主義的でディレッタント的な姿勢は大使館を統括すべきリーダーシップを欠き、さしたる成果を上げることなく敗戦を迎えることになる。

目次

第三章　ハンス・クライン　Hans Klein
——中独軍事経済協力で暗躍した政商

田嶋信雄　121

第六章　ヴァルター・ドーナート　Walter Donat
――日本におけるナチスの「文化番」

郵便はがき

料金受取人払郵便

麹町支店承認

9781

差出有効期間
2022年10月
14日まで

切手を貼らずに
お出しください

102-8790

102

［受取人］
東京都千代田区
飯田橋2—7—4

株式会社 作品社
営業部読者係　行

【書籍ご購入お申し込み欄】

お問い合わせ　作品社営業部
TEL 03(3262)9753／FAX 03(3262)9757

小社へ直接ご注文の場合は、このはがきでお申し込み下さい。宅急便でご自宅までお届けいたします。送料は冊数に関係なく500円（ただしご購入の金額が2500円以上の場合は無料）、手数料は一律300円です。お申し込みから一週間前後で宅配いたします。書籍代金（税込）、送料、手数料は、お届け時にお支払い下さい。

書名	定価　　円	冊
書名	定価　　円	冊
書名	定価　　円	冊
お名前　　TEL　（　　）		
ご住所　〒		

フリガナ
お名前

男・女　　　　歳

ご住所
〒

Ｅメール
アドレス

ご職業

ご購入図書名

●本書をお求めになった書店名	●本書を何でお知りになりましたか。
	イ　店頭で
	ロ　友人・知人の推薦
●ご購読の新聞・雑誌名	ハ　広告をみて（　　　　　　）
	ニ　書評・紹介記事をみて（　　　　　　）
	ホ　その他（　　　　　　）

●本書についてのご感想をお聞かせください。

ご購入ありがとうございました。このカードによる皆様のご意見は、今後の出版の貴重な資料として生かしていきたいと存じます。また、ご記入いただいたご住所、Ｅメールアドレスに、小社の出版物のご案内をさしあげることがあります。上記以外の目的で、お客様の個人情報を使用することはありません。

人物列伝

Unterhändler und Aktivisten in Japan, China und der Mandschurei

異端のドイツ人たち

極東ナチス

Nationalsozialisten in Ostasien. *Deutsche Emissäre,*

日本・中国・「満洲国」に蠢いた

序章　ナチス・ドイツと東アジア　一九三三－一九四五
——外交におけるガバナンスの喪失

図序　日独伊三国同盟の調印式（1940 年 9 月 27 日）
Wikimedia Commons

田嶋信雄

はじめに

一九三三年一月三〇日、アドルフ・ヒトラーが首相の座に就き、ナチズム政権が成立した。首相に就任したとき、ヒトラーは、東アジアへの政治的関心をほとんど有していなかった。ヒトラーは自分の出身地であるオーストリアを除いて、外国を訪問した経験がなく、その政治的関心は、もっぱらヨーロッパに注がれていた。[1]

ナチス政権幹部も、同様に、ほとんど東アジアに関心を持っていなかった。たとえばヘルマン・ゲーリングは、一九三三年三月、外務省に宛てて次のように語っている。「私の立場からは、東アジア情勢の重要性の程度を展望することができない」。[2] ヒトラーの外交顧問（のち駐英大使、外務大臣）ヨアヒム・フォン・リッベントロップでさえ、同僚が「シモノセキ」（日清戦争の講和条約と独仏露の「三国干渉」を意味する）を話題にしたとき、浮かぬ顔をして尋ねた。「そいつは誰だ？」。[3]

この頃、ドイツ外務省も、まともな東アジア政策構想を有していなかった。ナチズム体制初期の外務省の外交政策方針を知るには、一九三三年四月七日に外務大臣コンスタンティン・フォン・ノイラートが閣議で行った方針演説およびそれを準備するために外務次官ベルンハルト・ヴィルヘルム・フォン・ビューローが同年三月に作成した長文の覚書が重要である。この二つの文書は対イギリス、対フランス、対オーストリア、対ソ連、対アメリカ合衆国などの政策を中心に以後のドイツ外交の指針を示したいわば外務省の綱領的文書であるが、これらの文書のなかには、東アジア国際関係への言及が一切存在しなかったのである。東アジアに居住しているわれわれは、しばしば、ドイツも同じように東アジアに関心を持っているはずだと誤解しがちであるが、多くの場合、それは幻想であろう。

ドイツと東アジアとの間での地理的・認識的な懸隔は、ナチス・ドイツの東アジア政策における統一的な政治指導の欠如をもたらした。つまり、ナチス・ドイツの東アジア政策には、ガバナンスが欠けていた。東アジア現地では、本国からの政治的統制を欠いた多くの人間が、しばしば「ヒトラーの代理人」と称して（あるいは、僭称して）、自分勝手な行動を展開するという奇怪な現象が出現したのである。したがって、ナチス・ドイツの東アジア政策を考える場合、その政策主体を外務省に限定したり、あるいは「ヒトラーを中心とするピラミッド構造」をアプリオリに前提としたりするわけにはいかないのである。[4] 本序章では、こうした観点から、多元的な行為主体を前提としつつ、ナチズム期のドイツ東アジア政策を概観することにしたい。

一　満洲事変から日中戦争へ

　一九三三年一月三〇日、ヒトラーが首相の座に就き、ナチズム政権が成立した。この前後、東アジアでは、同年一月三日に関東軍が山海関を占領し、同月二二日に日本の陸軍省当局者は国際連盟脱退をも辞さないとの姿勢を示していた。二月二三日、日本軍は熱河省への侵攻を開始し、三月二七日、日本は国際連盟の対日勧告決議案採択に抗議して国際連盟からの脱退を正式に通告した。

　ヒトラー政権は二月二四日の国際連盟総会でリットン報告書とヘンリー・スティムソンの不承認主義の採択に賛成しており、必ずしも東アジアにおける日本の侵略行動を支持していたわけではなかった。[5]たしかにドイツは約半年後の一九三三年一〇月一四日、国際連盟およびジュネーヴ軍縮会議からの脱退を宣言したが、これは東アジア国際情勢とは基本的に無関係な行動であり、日本の脱退に追随するという性質を持つものではなかった。

　ナチズム政権成立の政治的衝撃が東アジアに波及する過程は、むしろ緩慢かつ間接的であった。しかもそれはナチス・ドイツの親日路線の開始ではなく、逆説的にも、むしろその親中政策の強化として結実した。ヴァイマル共和国時代に独ソ秘密軍事協力関係を推進していたドイツ国防軍は、ナチズム政権成立により親ソ政策をやむなく断念せざるを得ず、その代償として、中国との軍事上の連携に活路を見出したからである。ドイツ国防軍は一九三四年五月に「国防軍の父」ハンス・フォン・ゼークトを中国国民政府に送り込み、既存の在華ドイツ軍事顧問団を強化するとともに、「経済の独裁者」とも呼ばれたヒャルマール・シャハト経済大臣兼ライヒスバンク総裁と協力し、ドイツと中国国民政府の国防経済面での提携を進化させた[6]。なお、ゼークトや国防大臣ヴェルナー・フォン・ブロンベルクらドイツ国防省首脳を親中政策に導いたのは、ハンス・クラインという現場の武器商人であった[7]。クラインは、「工業産品輸出入会社」（Handelsgesellschaft für industrielle Produkte, 略称ＨＡＰＲＯ）という独中貿易に特化した半官的な会社をベルリンに創設し、国防省国防経済幕僚部長ゲオルク・トーマスが監査役会に就任していた。外務省本省は、こうした親中派の行動を統制しようとしたが、そもそも彼らには他のアクターの活動に関する情報が十分には上がってこなかった。クラインについて説明した駐華公使（一九三五年より駐華大使）オスカー・トラウトマンの報告箇所に、外務大臣ノイラートは次のように書き込む有様であった。「誰だ、これは？」[8]。

こうしたドイツ国防軍やシャハトやクラインの親中政策は、一九三六年四月、中独条約（別名ＨＡＰＲＯ条約）の成立となって結実した[9]。シャハトや国防軍はこの条約で一億ＲＭ（ライヒスマルク）の借款を中国に与え、中国のドイツからの大量の武器購入を可能にするとともに、中国からタングステン等軍事的に重要なレアメタルを輸入し、自国の再軍備に活用していった。他方中国は一九三六年六月に「重工業建設三カ年計画」を開始し、本格的な国防建設に乗り出していく。中独軍事経済協力は、中国の対日抗戦力形成の重要な一翼を担った[10]。

ナチス東アジア政策におけるガバナンスの欠如は、対「満洲国」政策においても奇怪な人物を表舞台に押し出した。フェルディナント・ハイエは長年東アジアでモルヒネ商売などに手を染めていたが、ヒトラー政権の出現を奇貨として、対「満洲国」政策に躍り出た。彼はアルフレート・ローゼンベルク率いるナチ党外交政策局を後ろ盾として「満洲国」側との貿易協定交渉を開始したのである。彼が外交政策にまったくの素人であったことは、「満洲国」を「秘密条約によって」承認するつもりであるとの珍説にも表れていた。[11] ハイエは結局ドイツ外務省によって排除され、それによりヒトラーのお墨付きも失うが、この「ハイエ事件」をきっかけとして、カール・リッター貿易局長を先頭とするドイツ外務省が独自の対外貿易再編政策をもって対「満洲国」貿易政策に乗り出し、ベルリンから派遣されたオットー・キープ無任所公使が一九三六年四月三〇日に独満貿易協定を締結することとなる。[12] 日本側・「満洲国」側は、当然にも、この協定により、ドイツが事実上「満洲国」を承認したものと受け取った。

先に見たように、ナチス・ドイツの東アジアにおける親中政策は、ゼークト、シャハト、ブロンベルクといった錚々たる「大物」の強力な支援を得て進められていたが、こうした親中政策の圧倒的な影響力に隠れ、親日派が蠢動し始めた。ヒトラーの外交顧問リッベントロップと国防省内部での異端的親日派ヴィルヘルム・カナーリス、武器商人フリードリヒ・ハック、東京駐在ドイツ大使ヘルベルト・フォン・ディルクセンらである。彼らはベルリン駐在日本陸軍武官大島浩と結託し、コミンテルンとソ連を対象とした日独の政治的・軍事的結合を実現しようとしたのである。日独の政治交渉は日本での二・二六事件や中国での反日運動に影響されて遷延したが、ヒトラーの支持を得て、一九三六年一一月二五日に日独防共協定が締結された。ヒトラーは、スペイン内戦を契機として、ようやく日本という国際政治要因に注目し始めたのである。

日独防共協定では、本協定に加え、以下のような複数の付属協定が調印された。第一は、日独航空連絡分野での諸協定である。一九三六年一二月一八日にベルリンでドイツ航空省次官エアハルト・ミルヒ

および ドイツ・ルフトハンザ航空と、大島浩および関東軍・参謀本部の支援を受けた満洲航空との間で「日独満航空協定」が調印され、[13]一九三七年三月二〇日に林銑十郎内閣は同協定を国家間協定にすべく閣議決定を行った。[14]この「日独満航空協定」は、その後、日中戦争の諸条件のもとで変更を余儀なくされ、日独防共協定調印から約二年後の一九三八年一一月二四日、リッベントロップ（一九三八年二月に外務大臣に就任）と大島浩（一九三八年一〇月に駐独大使に就任）との間で「日独航空協定」（大島＝リッベントロップ交換公文）として改訂された。[15]こうした航空協定により、ルフトハンザと満洲航空は、アフガニスタンで接続する日独航空連絡の実現をめざしていたのである。[16]

第二は、諜報・謀略に関わる諸協定である。日本参謀本部（とりわけ第二部）とドイツ国防省防諜部は、こうした日独航空連絡を対ソ謀略のインフラストラクチャーとして利用しつつ、一九三七年五月一一日に大島とカナーリスの間で、「ソ連に関する日独情報交換付属協定」、「対ソ謀略に関する日独付属協定」という二つの軍事協定に調印した。日独両軍部がソ連邦南部接壌地域で共同して対ソ謀略を推進し、日ソ戦争ないし独ソ戦争が勃発した場合、ソ連邦南部接壌地域に設置した飛行場からシベリア鉄道をはじめとするソ連の戦略拠点への「圧倒的空中爆撃」を実施する計画であった。[17]

第三に、日独防共協定調印の二年後、やはり防共協定の付属協定として、有田八郎外務大臣と駐日ドイツ大使オイゲン・オットとの間で日独文化協定が締結された。この協定にもとづく日独文化交流を現地で担ったのは、「ナチ党日本支部文化代表」を名乗るヴァルター・ドーナートや、ヒトラー・ユーゲント地区指導者であり、のち在京ドイツ大使館文化部長として活動したラインホルト・シュルツェらであった。[18]

以上のように、ドイツ東アジア政策では極めて多くのアクターが独自に活動し、まさしくガバナンスの欠如とも言いうる事態が出現した。こうした事態を最も遺憾に感じていたのは、東アジアにおける職業外交官であった。たとえば駐華大使トラウトマンは、日中戦争が始まる半年前の一九三七年一月二七日、以下のように嘆いていた。

今日までわが国は対日政策と対中政策をそれぞれ別個に推進してきたが、ドイツ東アジア政策は行われてこなかった。わが国の東アジア政策は何らの公約数をも有することがなかった。それはシーソー・ゲームのように、あるときは中国側へ、あるときは日本側へと動揺し、また、一方への過度の振幅は、他方での憤懣を惹起してしまった（キープ公使の満洲国との協定、ハプロ条約、防共協定、航空協定プロジェクト）。こうした事態は、おそらく、次のごとき事情に由来する。すなわち、わが国の対中政策と対日政策が、それぞれの推進力を、相互に異なる政策決定機関のなかに有しているという事実である。こうした現状の帰結は、わが国が日本との友好をもとめる一方で、日本の最も重大な政治的敵対者——中国——の軍拡を推進するということにほかならない。

こうして、ナチズム東アジア政策の政策決定・執行過程には多くのアクターが介在し、そのことが政治過程を極めて錯綜させていたことが理解されるのである。現在のナチズム研究の概念で言えば、「第三帝国」の「多頭制（Polykratie）的権力構造」が政策決定過程・執行過程に顕著な影響を与え、ドイツ東アジア政策のガバナンスに深刻な危機をもたらしていたのである。

二　日中戦争の勃発から独ソ不可侵条約へ

こうしたなかで一九三七年七月七日、盧溝橋事件が発生し、日中戦争が開始された。国民政府軍の側では、ドイツ軍事顧問団が積極的に戦争指導に参加していた。ドイツ軍事顧問団は戦争勃発前から、「もし日中戦争が勃発すれば、中国軍とともに戦争に赴く」との方針を取っていた。また、当時欧州にあった孔祥熙は、八月一二日にブロンベルク国防大臣と会談し、その際ブロンベルクは中国国民政府の対日抗戦を全面的に支援する姿勢を示した。さらに「親中派」ゲーリングは、半官的武器貿易会社HAPROを管轄する「四カ年計画担当大臣」として、中国に対する武器輸出の継続に尽力した。八月一三日に勃発した上海事変は、あたかも「第二次日独戦争」のごとき様相を呈した。[19]

ヒトラー自身も、八月一六日、次のように煮え切らない態度を示した。[20]

日本との提携は保持する。しかし現在の日中紛争ではドイツは中立を維持しなければならない。中国との協定にもとづく物資の輸出については、中国から外国為替ないし原料供給で支払われる場合、できるだけ対外的な隠蔽工作を施しつつ、続行せよ。

一九三七年一一月五日、ヒトラーは陸海軍および外務省首脳（国防大臣ブロンベルク、陸軍総司令官ヴェルナー・フォン・フリッチュ、海軍総司令官エーリヒ・レーダー、空軍総司令官ゲーリング、外務大臣ノイラート）を集め、当面する自らの戦争計画を初めて開陳した。ヒトラーはその演説のなかで「チェコスロヴァキアと、同時にオーストリアを打倒することが、われわれの第一の目標でなければならない」と明言した。

こうしたヒトラーの外交・戦争政策を反イギリスの日独伊枢軸同盟構想へと導こうとしたのが駐英大使リッベントロップであった。彼は一九三八年一月二日、ヒトラーに宛てて覚書（「総統のための覚書」）を起草し、情勢判断を展開したのち、「結論」としてつぎのように述べたのである。「(1)対外的にはわが同盟国の利益を擁護しつつも、さらにイギリスとの和解努力を継続すること。(2)静かに、しかしねばり強くイギリスに対抗する同盟配置を形成すること、すなわち実質的にはイタリア・日本との友好関係を強化すること」[21]。

ヒトラー一派は、侵略計画に躊躇したブロンベルクおよびフリッチュを謀略的なスキャンダル捏造により追放し（「ブロンベルク・フリッチュ危機」）、ノイラート外務大臣を左遷してリッベントロップを外務大臣に就任させることにより、侵略計画を推進しうる組織体制を整えた。同時にヒトラーは、リッベントロップの「総統のための覚書」にもとづき、日独伊三国の同盟関係の軍事的強化をめざしたのである。

一九三八年二月四日、リッベントロップは外務大臣に就任し、同時にイギリス駐在大使、イタリア駐在大使、東京駐在大使など枢要な人事を刷新したが、そのなかでも注目されるのは東京駐在大使として東京駐在陸軍武官オットを任命したことである。この人事については、ベルリン駐在武官大島浩が画策し、ドイツが先鞭をつけて武官を大使に任命する前例を作れば日本もそれに倣う（すなわち、東郷茂徳大使に代えて、大島が大使に就任する）との陰謀を働かせたとも言われている[22]。実際、八カ月後の一九三八年一〇月八日に大島浩は駐独大使に就任するが、陰謀の真偽のほどはいまとなっては確認できない。ただし、はっきりしていることは、ここでドイツがまったくの素人を東京駐在大使に任命したことである。オット率いる東京駐在大使館のガバナンスに問題があったことは、ソヴィエトの諜報員リヒャルト・ゾルゲが電信室にさえ自由に立ち入りできたことにも示されている。

一九三八年二月五日、広田弘毅外相はリッベントロップ新外相のもとでのドイツ東アジア政策の動向を探るため、東京駐在大使ディルクセンと面会し、以下のような日本政府の要望を提出した。第一は、ドイツから中国への武器輸出を「実際に停止する」ため、「現実的な措置を取ってほしい」という。第二は、すでに「満洲国」を承認しているイタリアの例を持ち出し、「世論の圧力の上昇」もあるので、ドイツも「満洲国」の法的な承認を行ってほしいと示唆した。第三に広田は、日独関係の強化のためには、ドイツと日本の間で「懸案の植民地問題」を解決する必要があるという。第四に広田は、「両国関係の強化のためのきっかけ」として「軍事顧問団の活動の停止」を持ち出したのである。[23] すなわち広田は、日独交渉を開始するための条件として、ドイツに、いくつかの重大なハードルを提起したのである。

これらの諸要求は、もちろん、ドイツにとって簡単には受け入れられぬものであった。第一に、ドイツは、一九三六年に約二三七五万RMの、一九三七年には約八二七九万RMの武器を、中国に輸出していた。この額は、当時のドイツの全世界に向けた武器輸出のうちそれぞれ約四七%(一九三六年)、約三七%(一九三七年)にも上っていたのである。[24] 第二に、ドイツはすでに独「満」貿易協定により事実上「満洲国」を承認していたが、もし法的に承認すれば中国の反発は必至であった。第三に、日本には戦略的重要性を有する旧ドイツ領南洋諸島をドイツに返還する意志がまったくなかったため、ドイツはその放棄と引き替えに、十分な代償をもとめうる立場にあった。第四のドイツ軍事顧問団の活動停止の問題は、ドイツにとっても困難な問題であった。ドイツ軍事顧問団は中国政府との私的な契約にもとづいて中国で活動していたため、国防省は、彼らに対する公式の命令権限はない、との立場を取っていた。[25]一方中国は、ドイツ軍事顧問団の引き揚げにより、単に中国軍が軍事的に弱体化し、軍事指導に支障を来すことだけではなく、中国の軍事上の秘密の多くが軍事顧問団を通じて日本に流れることを極度に恐れた。さらに、軍事顧問団長ファルケンハウゼンをはじめメンバーの多くが引き揚げに強く反対していた。

以上を要するに、日本側の対独要求は、ドイツにとって簡単に受け入れられるものではなかったし、たとえ日独関係強化の観点から受け入れる場合であっても、それに先行する日独二国間交渉と、ドイツ側の犠牲に見合う日本側の十分な譲歩がもとめられていたと言えよう。

しかしながら、驚くべきことに、ヒトラーとリッベントロップは、何らの見返りももとめることなく、一九三八年春、次々と対日譲歩を繰り返した。第一に、ヒトラーは、二月二〇日、国会において「満洲国」を承認する用意があると声明し、「満洲国」承認という外交カードを切ったほか、「ドイツは東アジアに対して何ら領土的野心を持たない」と宣言し、旧ドイツ領南洋諸島に関する返還要求の取り下げを示唆したのである。[26]

第二に、対中国武器輸出の総責任者であったゲーリングは、一九三八年四月五日、ヒトラー、リッベントロップら親日派の政治的圧力を受け、中国への武器輸出を公式に禁止する通達を発した。[27]ゲーリングはその後五月七日に駐独日本陸軍武官大島浩に書簡を認《したた》め、対中国武器輸出の禁止により「今年はおよそ一億RMの現金」が失われてしまったとし、それによりドイツからは「軍備拡張に対し極めて重要な意味を持つ原料資源を輸入する可能性」も失われてしまった、と嘆いた。[28]

第三に、リッベントロップは、五月一三日、漢口に移動していたドイツ大使館に対し、「できる限り速やかな」軍事顧問団の撤退を指示し、もし個々の軍事顧問が命令を拒否する場合、「厳重な措置」が取られるとの姿勢を示した。[29]しかも四日後、リッベントロップは、即時撤退は「総統命令」であり、中国政府が渋る場合には、大使（トラウトマン）召還を示唆せよとまで述べた。[30]しかも第四に、リッベントロップは、日本側から何らの要求も抗議もないまま、実際にトラウトマン大使に帰国を命じ、中国国民政府との事実上の国交断絶に踏み切った。

以上を要するに、ドイツは、何らの見返りも約束も得ぬまま、次々と日本側に対する譲歩を重ねたのである。しかも、当然のことながら、すでにカードを切ってしまった以上、日本から十分な譲歩を得ることはできなかった。たとえば大島は、ゲーリングに返事を出し、「経済問題は武器輸出の問題とは別」だと開き直っていたし、[31]華北での日独協力に関しリッベントロップと協議を重ねた駐独日本大使東郷茂徳も、六月二日に「覚書（Pro-Memoria）」をリッベントロップに手交したが、そこに書かれていたのは多くがいわば努力目標で、しかもこの「覚書」は条約ではなく、「相互の口頭での報告のまとめ」にすぎないというのであった。[32]日本の対応は、ほとんどドイツへの嘲りに等しかった。

一連の譲歩の背景には、たしかにヨーロッパにおける国際政治危機、とりわけズデーテン地方をめぐる事態の先鋭化が存在していた。ヒトラーは一九三八年四月二一日に国防軍最高司令部長官ヴィルヘルム・カイテルに対し「緑作戦」（対チェコスロヴァキア攻撃）について検討を命じており、そのなかで「外交的対決」後のチェコスロヴァキアへの軍事侵攻の可能性に言及していたし、[33]五月三〇日にはヒトラーが「緑」作戦指令を下達して一〇月一日までに実行するよう命じていた。[34] 時間は切迫していたのである。しかし、とはいえ、すべての交渉カードを先に切るというのはリッベントロップが外交交渉についてまったくのアマチュアであったことを如実に示している。職業外交官であったノイラートが外務大臣にとどまっていたならば、このような拙劣な交渉は回避されていたはずである。ドイツ外交のガバナンスは深刻な危機にあったと言わなければならない。

対日カードをすべて切った後に始まった日独両国間の交渉は、(1)日独経済協定交渉、(2)対中国武器輸出の停止にともなう損失の補塡交渉、(3)華北経済への参入交渉、という三つの分野でなされたが、当然のことながら、いずれの分野においてもドイツは日本から十分な譲歩を引き出すことができず、[35] また、いわゆる「防共協定強化交渉」においても、日本との同盟形成という本来の目的を達成することに失敗した。[36] ドイツにとっては、実質的に、中国という友好国と巨大な市場を失うだけに終わったのである。

一九三九年八月二三日、独ソ不可侵条約がモスクワで締結された。[37] ドイツは日本との同盟締結を断念し、代わりにソ連と連携する路線へと大きく舵を切った。日本では平沼騏一郎内閣が「欧州情勢複雑怪奇」と宣言して倒壊した。東アジアにおいて日本は孤立し、当時戦われていたノモンハン事件においても敗北的休戦に追い込まれた。

独ソ不可侵条約を機に、日独謀略協力を推進していた日本陸軍、とりわけ謀略将校の間では、「防共協定はすでにその効力を失った」との判断が浮上し、彼らはドイツに対する強い憤りを抱いた。[38] もはやソ連を敵とする日独謀略協力を含んだ日独防共協定は砂上の楼閣と化した。

ノモンハン事件は、関東軍および日本陸軍に対し、モンゴル人民共和国およびソ連の防衛体制が鉄壁であることを思い知らせた。もはや「北進」および「西進」は不可能と判断されたのである。関東軍のなかでは、この際ソ連とは協調政策を取ることにより、英米と対抗すべきだという主張が現れた。たとえば植田謙吉関東軍司令官は一九三九年八月二七日、「ノモンハン方面のソ軍に対し徹底的打撃を与えつつ、他面ドイツ、イタリアを利用してソ連より休戦を提議せしむると共に、速やかに日ソ不可侵条約を締結し、更に進みて日独伊ソの対英同盟を結成し、東洋における英国勢力を根本的に芟除」すべきであると述べていた。[39]

三　第二次世界大戦の勃発から真珠湾奇襲攻撃へ

独ソ不可侵条約の締結を背景に一九三九年九月一日、ドイツはポーランドを奇襲攻撃し、英仏は九月三日にドイツに宣戦布告してヨーロッパにおける第二次世界大戦が開始された。[40] 阿部首相は翌九月四日、「今次欧洲戦争勃発に際しては帝国は之に介入せず専ら支那事変の解決に邁進せんとす」と声明した。[41] ドイツに裏切られた日本は欧州戦争に対し中立を宣言したのである。

中国国民政府の内部では、こうしたヨーロッパ情勢の急展開を前にして、ナチス・ドイツに接近しようとする動きが一部に顕在化した。中独ソ三国の連携を強化し、抗日戦争に有利な政治情勢を切り開こうというのである。他方蔣介石は、この際英仏との結合を強化するため、ドイツに宣戦布告しようとする衝動に突き動かされた。蔣介石は瀬戸際で対独宣戦布告を何とか自制したが、それにより彼は結果的にドイツ・カードを温存することになった。[42]

他方ドイツ政府内部でも、日本との同盟形成を放棄した以上、中国を外交的に疎外する必要はなくなり、中国との伝統的な友好関係を復活しようとする動きが現れた。エルンスト・フォン・ヴァイツゼッカー次官ら外務省伝統派、国防省国防経済幕僚部長トーマス、元経済大臣兼国立銀行総裁シャハト、空軍総司令官兼四カ年計画担当大臣ゲーリングらがそれである。しかしながら、こうしたドイツ内の「親華分子」（ドイツ駐在中国大使陳介の表現）は当面戦争の推移を見守るという姿勢にとどまった。[43]

大戦当初、ナチス・ドイツは、英仏の反応を確認するため、西部戦線での積極的な攻撃を控えていた（「奇妙な戦争」）。しかしアメリカ合衆国のヨーロッパへの介入を恐れるヒトラーは、いつまでも待機の姿勢を取りつづけるわけにはいかなかった。翌一九四〇年春、ドイツ軍は突然デンマークおよびノルウェーを占領してイギリスへの包囲網を狭め、さらに六月、ベルギーの中立を侵犯し、オランダおよびフランスに侵攻、パリを占領した。ヨーロッパ大陸は、スイスやスウェーデンなど若干の中立国を除き、すべてドイツの同盟国ないし友好国で占められることとなった。

七月一九日、ヒトラーは国会で演説し、「私はイギリス帝国に損害を与えることを意図したことは一度もない」と保証しつつ、ロンドンに和平を提議した。この呼びかけには、アメリカ合衆国が介入する前にイギリスを講和に導き、やがてイギリスと連携しつつ対ソ戦争を遂行するという政治的な意図が込められていた。

しかしチャーチル率いるイギリス戦時内閣はこのヒトラーの提案を拒否した。ヒトラーはなぜイギリスが和平提案に乗ってこないのか考えざるを得なかった。そして七月三一日、国防軍首脳を前に、暫定的に次のような結論を述べたのである。

イギリスの希望はロシアとアメリカである。もしロシアへの希望が潰えれば、アメリカへの希望も潰え去る。なぜならロシアが脱落すると東アジアにおいて日本の価値が飛躍的に高まるからである。

つまりヒトラーから見て「ロシアは日本に向けられた英米の剣」なのであり、この「英米の剣」が除去されれば、日本の軍事力は東アジアで解き放たれる。するとアメリカは太平洋に釘付けにされ、対英支援は極めて困難になるだろう。したがって「ロシアが打倒されればイギリスは最後の希望を失う」。ここからヒトラーは、イギリスに屈服を強制するため、次のような命令を下したのである。「決定。こうした対決のなかでロシアを除去しなければならない。一九四一年春[44]」。

しかしながらこの決定は、対ポーランド戦争の開始以来連番を付して下されていた「総統指令」の形式を取っておらず、かならずしも対ソ戦争遂行の「最終決定」とはならなかった。国際情勢の展開次第では、この「英米の剣」を軍事的に打倒するのではなく、政治的に枢軸側に抱き込む可能性もまた存在していたからである。

こうしたなかでアメリカ合衆国の参戦を抑止し、イギリスを圧迫して早期の屈服を迫る外交的手段として急遽調印されたのが日独伊三国同盟であった（一九四〇年九月二七日調印）。加えて同条約付属文書ではドイツが日ソ両国の「友好的了解を増進」し「周旋の労」をとることが規定され、日独伊三国とソ連の提携がめざされていた[45]。さらにまた、この条約により日本は、ドイツに日本の「大東亜共栄圏」支配を承認させることに成功した。

この条約締結に際し、ドイツ側は、付属文書「在京独逸国大使より外務大臣宛来翰第一」（G1000号）において、「締約国が条約第三条の意義に於いて攻撃せられたりや否やは三締約国の協議に依り決定せらるべきこと勿論とす」と述べ、事実上日本側の「自動参戦義務」を解除する規定を設けたが、この文書は、東京での交渉を担当した特使ハインリヒ・シュターマーと東京駐在大使オットが、本国の訓令に従わず、独断で外務大臣松岡洋右に提出したと言われている[46]。リッベントロップやドイツ外務省本省の重大決定は現場で骨抜きにされた。

三国同盟調印を受けて日本外務省は早速一〇月三日、「日ソ国交調整要綱案」なる文書を作成している。注目すべきはその第七条であろう。そこでは、内モンゴル、華北、フランス領インドシナ、オランダ領インドシナを日本の勢力圏、外モンゴル、新疆、アフガニスタン、ペルシア、インドをソ連の勢力圏に分割することで、日独伊ソ四国による「四国同盟」の形成を想定していた[47]。

同様の四国提携案をドイツ側で推進していたのは外務大臣リッベントロップであった。彼は一九四〇年一〇月一三日付でヨシフ・スターリンに書簡を送り、国交調整のためソ連外相ヴャチェスラフ・モロトフのドイツ訪問を要請するとともに、日独伊ソ四国の関係について以下のように述べていた。「総統の見解によれば、ソ連、イタリア、日本およびドイツの歴史的使命は、長期的な視野から四国の外交政策を調整し、現実的な基準に従って四国の利益の確定を行い、もって四国国民の将来の発展を正しい方向へと導くことである」[48]。ちなみに、スターリン自身もこうした日独伊ソの提携に大いに乗り気であったことが、ソ連崩壊後に公開された諸文書から明らかである[49]。

しかしその後ソ連がドイツに突きつけた要求は、極めて広範なものであった。それは一一月一三日に提案された四国協定を「受け入れる用意がある」としつつも、その条件として次のような要求を提示したのである。(1)フィンランドからのドイツ軍の撤退、(2)ブルガリアおよびボスポラス・ダーダネルス両海峡におけるソ連の安全保障の確保、(3)バーツム・バクーからペルシア湾までの地域に対するソ連の要求の承認、(4)北樺太における日本の石炭・石油利権の放棄[50]。

このソ連の要求にヒトラーは激怒したと伝えられている。一九四〇年一二月一八日、ヒトラーは「総統指令第二一号　バルバロッサ計画」を発し、ドイツ国防軍に対ソ戦争の準備を命じた[51]。こうして、ヒトラーの独ソ戦論とリッベントロップの日独伊ソ大陸ブロック構想の間で揺れつづけたドイツ外交は、対ソ戦争遂行で統一されることになる。

ヒトラーにとって独ソ戦は、一方でイギリスに屈服を強制するための戦略的手段であった。しかし他方それは彼が『わが闘争』以来もとめつづけてきた「ゲルマン民族支配下の東方帝国の建設」という政治目的そのものでもあった。したがってヒトラーにとって対ソ戦は、対仏戦・対英戦のような「ヨーロッパ通常戦争」とは異なり、イデオロギー的な「人種的絶滅戦争」としての性格を帯びることとなった。たとえばヒトラーは一九四一年三月三〇日、将軍たちを前に二時間半の演説をし、独ソ戦は「二つの世界観の戦い」であり、この戦争が「絶滅戦争」であるとし、とりわけ「ボリシェヴィキ政治委員」と「共産主義的インテリゲンツィア」の「根絶」の必要について長々と強調していたのである[52]。

　ここから、ヒトラーにとって、対ソ戦と日独関係に関し、二つの重要な帰結が生じたと言えよう。第一に、対ソ戦は、ヒトラーにとって人種主義的な「聖戦」であり、本来ゲルマン民族独力で戦うべきものであった。したがって、ヒトラーは日本の対ソ参戦に必ずしも積極的ではなかった。しかも対ソ戦は数週間から数カ月で終了する予定であったから、軍事情勢が有利な時期には、日本の対ソ参戦に対しヒトラーは基本的に無関心であった。第二に、対ソ戦は、ヒトラーにとって「手段」と「目的」がかかった、すなわち彼の政治生命のすべてがかかった戦争であった。したがってそれは必然的に非和解的な戦争たらざるを得なかった。条件付き講和や単独講和は初めからあり得なかった。[53]

　一九四一年三月五日、最高司令部長官カイテル名で出された「総統指令第二四号」は「日本との協力」について規定していたが、「バルバロッサ計画については日本にいかなる示唆も与えてはならない」との前提のもとで、「三国同盟にもとづく協力の目的は、東アジアにおいて可及的速やかに日本に積極的な行動をとらせること」であるとされ、具体的には「東アジアにおけるイギリスの最重要拠点シンガポールの奪取」が明示されたのである。日本のシンガポール攻撃により「強力なイギリスの戦力が釘付けにされ、アメリカ合衆国の関心の重点が東アジアに向けられる」であろうと期待された。[54] 対ソ戦については一切知らせぬまま、日本にシンガポール攻撃をけしかけ、イギリスの早期屈服をはかり、アメリカ合衆国を牽制させる。これがヒトラーの対日戦略の核心であった。

　しかし日本はこうしたドイツの意図を公式にはまったく知らされぬまま、日ソ交渉を進める意志を示した。松岡は、自ら訪欧し、ドイツおよびソ連との間で交渉にあたるとの計画を立てたのである。松岡訪欧のために一九四一年二月三日に策定された「対独伊『ソ』交渉案要綱」においても、「世界を大東亜圏、欧洲圏（『アフリカ』を含む）、米洲圏、蘇連圏（印度、『イラン』を含む）の四大圏」とする交渉方針が示され、ここでもインド、イラン（当然アフガニスタンも含む）をソ連に与えることが想定されていたのである。[55]

松岡は一九四一年三月一二日に日本を出発し、モスクワを訪問してからベルリンに向かい、熱狂的な歓迎を受けたのち、三月二七日から二九日までの間にヒトラーおよびリッベントロップとの数度の会談を行った。この会談で明らかになったことは、ドイツが日ソ仲介にまったく関心を示さなかったこと、ドイツはむしろ日本のシンガポール攻撃を期待していることであった。二八日のリッベントロップとの会談で松岡は「ドイツの尽力とその戦力がなければ日ソ関係を完全に改善するチャンスはない」と述べてドイツの仲介に期待をつないだが、リッベントロップは「三国同盟へのソ連の加入は問題外」であり、松岡に「現在の状況に合致しないから、モスクワでこうした問題にできるだけ言及しないよう」示唆したのである。[56]さらに二九日の会談の冒頭でもリッベントロップは「もしロシアが日本を攻撃すればドイツはいつでも即座に攻撃に出る」から、「日本はロシアとの紛糾を恐れることなく南進し、シンガポールを攻撃すべきである」と慫慂したのである。[57]

松岡はこのベルリンでの会談後、ローマでベニート・ムッソリーニ首相、ガレアッツォ・チャーノ外相と会見、さらにベルリンに戻ってモスクワに向かった。モロトフとの会談は北樺太の利権問題で暗礁に乗り上げたが、交渉の最後にスターリン自身が松岡との会談に参加し、若干の文言上の妥協を加えたのち、四月一三日、急転直下、日ソ中立条約が締結された。[58]

一九四一年六月二二日未明、ドイツ軍は大挙してソ連領内に攻め入った。独ソ戦の勃発である。[59]これは日本に対して正式な予告のない攻撃であった。近衛文麿の言葉を借りれば、ドイツの「第一回の裏切り行為」（独ソ不可侵条約の締結）につづく「第二回の裏切り行為」であり、日本の官民が受けた政治的衝撃は甚大であった。[60]これに対し日本政府・軍部内部では大きく意見が分かれた。言うまでもなく一つは、ソ連の北方での圧力が軽減されたいま、資源問題の解決をめざして南方への進出をもとめるもの（南進論）で、いま一つは、ドイツとともにソ連を挟撃し、北方の安全を確実にしようというもの（北進論）である。

すでに近衛と松岡は「日米諒解案」をめぐる日米交渉の方針で対立を深めていたが、独ソ戦に対する方針をめぐって対立は決定的となった。六月二五日、政府大本営連絡会議は南部仏印進駐を決定、七月二日には御前会議で「情勢の推移に伴う帝国国策要領」が決定された。[61]これは対ソ戦の準備を行いつつも南方進出のため対英米戦を辞せずというものであった。北進論を主張する松岡は、既定方針通り南方施策実施を進める近衛内閣のなかで孤立し、事実上彼が更迭される形で七月一八日における第三次近衛内閣の発足となった。

一方ドイツでも、日本に北進（対ソ参戦）をもとめるか、南進（シンガポール攻撃）をもとめるかで路線の対立が顕在化した。一つはリッベントロップの動きである。彼は大島の賛意をも得つつ、六月二八日、日本政府に正式に対ソ参戦を要請した。[62]また七月一日に彼は松岡に直接親書を送り、具体的な攻撃場所としてウラジオストックを指定した。その際目的とされたのは、「シベリア鉄道と航空路をもちいてロシア全体を横断する日独の直接的な連絡を作り出す」ことであった。[63]リッベントロップは日独伊ソの連携による「ユーラシア大陸ブロック構想」を追求していたが、ヒトラーの「バルバロッサ計画」によりそれが不可能となると、彼はいわば次善の策として、日本の対ソ参戦と日独伊の対ソ戦勝利による「ソ連なきユーラシア大陸ブロック構想」とも言うべき路線を追求し始めたのである。

しかしながら、対ソ戦に際しヒトラーが日本に期待したのは日本の対ソ参戦ではなく、南進、具体的にはシンガポール攻撃であった。したがって、リッベントロップの日本に対する北進要請は独断専行だった可能性が高く、実際彼は戦後の回想録でこのときヒトラーに「厳しく叱責された」と述べている[64]。

ヒトラーは日本の御前会議決定を知った後も、たとえば大島に「〔日本の〕支援が必要なわけではない。この戦争は〔ドイツ〕単独で遂行しうる」と述べ、日本の対ソ参戦に冷淡な態度を取っていた[65]。さらに一〇月二一日には、「ロシアが崩壊しイギリスとわが国が講和する場合、日本は邪魔になりかねない」から「もし日本が対ソ開戦しても多くは期待できないし、ほとんど心配の種だ」とまで述べていたのである[66]。リッベントロップはその後日本への北進要求を撤回し、シンガポール攻撃を慫慂したが、北進か南進かという日本の極めて重大な選択において、ドイツ外交の深刻なガバナンスの欠如が露呈したと言えよう。

独ソ戦争は、ヒトラーにとって、政治生命のすべてをかけた戦争であり、いかなる妥協も講和もあり得なかった。さらに独ソ戦争は、欧州戦争におけるソ連の立場を確定し、日ソ関係を除き、英米ソなど連合国と日独伊など枢軸側の戦いという国際政治配置を最終的に成立させた。ドイツにとって、ソ連を仲介とした日中戦争の調停はもはやあり得ず、また、「ユーラシア大陸ブロック構想」に蔣介石政権を加える必要もなくなった。さらに加えて、日本を南進へと向かわせるには、「南京国民政府」すなわち汪兆銘政権を承認することが適当と思われた。こうして一九四一年七月一日、ナチス・ドイツによる汪兆銘政権承認が行われたのである。

一方日本は、独ソ戦争が激烈に戦われている最中にも、いまだ独ソ和平と日独伊ソ四国同盟への期待を膨らませていた。対米戦争を決意した日本は、一九四一年一一月一五日、大本営政府連絡会議において「対米英蘭蔣戦争終末促進に関する腹案」を決定した。ここでは「独伊と提携して先ず英の屈服を図り、米の継戦意志を喪失せしむるに努む」とされ、イギリスに対するドイツの勝利が戦争終結の前提とされていた。さらに独ソ戦については「独ソ両国の意嚮に依りては両国を媾和せしめ、ソを枢軸側に引き入れ、他方日ソ関係を調整しつつ場合に依りてはソ連の印度イラン方面進出を助長することを考慮す」とされ、独ソ和平の実現が期待されていた。[67] すなわちここでも日本は、相変わらず、ソ連南部接壌地域すなわちインド・イラン（当然アフガニスタンも）をソ連に差し出すことにより日独伊ソの四国提携を実現することに、戦争終結の展望を託していたのである。

四　アジア太平洋戦争下のドイツと東アジア

一九四一年一二月八日、日本の真珠湾奇襲攻撃により太平洋戦争が勃発した。日本陸軍の一部には、緒戦の勝利の余勢を駆って、翌四二年に「北方戦争」、すなわち対ソ戦争を遂行したいという衝動も存在した。しかしその後の太平洋戦争の動向に規定され、四二年春頃までには、日本の大本営政府連絡会議では対ソ戦争遂行論はほぼ姿を消し、むしろ戦局の打開のため、独ソ両国の和解を推進するという方針が以後一貫して追求されることとなった。[68] 独ソ和平の達成により日独伊ソの連携を実現し、対英米戦争遂行に全力を傾注しようというのである。日本外交はなおもソ連に期待していた。しかしながら、「人種的絶滅戦争」としての対ソ戦争遂行に固執するヒトラーを説得することはできなかった。[69]

一方、ドイツ外交の中枢および出先においては、様々な勢力が独自に活動し、相変わらずガバナンスの欠如を示していた。一九四二年三月になると、日本海軍は、インド方面での日独連絡に戦争の努力を集中すべきという考えからドイツに独ソ和平の考えを伝え、パウル・ヴェネカー海軍武官とオット大使は「日本海軍が真剣に考えていることは疑いない」としてそれを好意的に本省に伝達したのである。[70] これに対しリッベントロップは「現在の状況ではソ連と講和を結ぶ可能性は考えられない」との見解を日本海軍に伝えよ、と叱責調でオットに命じた。[71]

さらに五月になると、参謀本部第一（作戦）部長田中新一も独ソ和平について消極論から積極論に転じ、海軍や東郷外相と独ソ和平で共同歩調を取るようになった。こうした日本側の一致した要請を受ける形で、東京駐在ドイツ大使館では、エーリヒ・コルト公使、ライヒ航空産業連盟東アジア代表ゴットフリート・カウマンら、さらにはオット大使自らが独ソ和平工作に乗り出したのである。彼らは参謀本部作戦班長辻政信、参謀本部第二課長服部卓四郎らを通じて田中新一作戦部長ら陸軍首脳と意見を調整し、久原房之助や山下奉文、山本五十六、さらには東條英機総理などを「天皇使節団」としてドイツに派遣する案まで検討していたのである。[72] しかしながら、この東京駐在ドイツ大使館の独自行動は八月に外相リッベントロップに漏洩し、その逆鱗に触れることになる。八月三一日にリッベントロップは大島と会談し、「独ソ単独和平の噂を広めることは敵を利するだけ」であり、「ドイツにとって単独講和はまったく不可能である」と伝えたのである。[73] 国家の戦争指導そのものにおいてもドイツ外交のガバナンスの欠如が露呈されたのである。その後オットはゾルゲ事件の責任を取るという名目で解任され、コルトは南京政府（汪兆銘政権）駐在代理大使として東京を追われることになった。[74] オットの後任として東京に赴任したのは、リッベントロップ事務所出身の南京駐在大使シュターマーであった。しかしながら生粋のナチ党員シュターマーは大使館を統括すべきリーダーシップを欠いていた。大使館の若い館員たちの間では、海軍武官ヴェネカーや、ドイツ経済代表団長として戦中の東アジアにとどまっていたヘルムート・ヴォールタートらが人望を集めていたという。[75]

一方、ヒトラー自身がリーダーシップを発揮できない事態も出現した。太平洋戦争勃発以後、日本側では政府・陸海軍や大島大使が、ドイツ側ではリッベントロップおよび外務省が、日独の航空連絡計画を熱心に追求した。しかしながら、ドイツ政府内部では、航空大臣ゲーリングが、航空機の不足を理由に、日独航空連絡に疑念を呈し始めた。一九四二年二月一二日、ゲーリングは東アジアへの航空連絡計画を拒否する旨をリッベントロップおよび外務省に通告してきたのである。[76] 欧亜航空連絡に対するゲーリングの消極的態度は、おそらく彼のドイツ政府内におけるポジションから派生したものであった。ゲーリングは、一九四〇年夏のイギリス本土爆撃作戦において空軍最高司令官として具体的な政治的成果をあげることに失敗しており、ヒトラーとの関係も冷却化していた上、政府内・ナチ党内では、ヒトラーの寵愛を確保するリッベントロップと激しい対立関係にあった。欧亜航空連絡に失敗すれば、それはゲーリングの政治的権威の失墜に直結するはずであった。

こうした事態は、日独航空連絡の実現を熱望する外務大臣リッベントロップや大島にとって、極めてゆゆしきことであったが、再考をもとめる外務省に対し、四月二九日、ゲーリングは再度の拒否決定を外務省に伝えた。それによれば、飛行機の在庫状況を考慮して、欧亜航空連絡はなお見通せないというのであった。[77]

業を煮やしたリッベントロップは、八月、この問題でヒトラーに圧力をかけ、その結果、「天皇使節団はただちに訪独すべきである」との決定をヒトラーから得ることに成功した。リッベントロップは雀躍したが、これに対しゲーリングも反撃に出てヒトラーに圧力をかけ、「天皇使節団がドイツの飛行機に乗り、墜落したり撃墜されたりする」ことは「総統個人にとって耐えがたい」というヒトラーの見解を引き出すことに成功した。[78]「天皇使節団」を航空機で輸送するという計画は、こうして、ゲーリングがヒトラーを説得することにより、潰え去った。

一方日本側はいまなお日独航空連絡の確立に積極的であった。一九四三年になると、東條英機首相はドイツ大使シュターマーに「ドイツとの航空連絡を速やかに開設したいという希望」を「繰り返し」表明していたのである。日本外務省は、一九四三年初頭、駐独大使大島浩に対しても「あらためて日独航空連絡の確立を精力的に推進すべし」との訓令を与えていた。[79]日本政府および大島大使の要請を受けてリッベントロップは、ただちに再度総統ヒトラーに決定をもとめた。これに対しヒトラーは、驚くべきことに、一九四二年九月とは異なり、「いずれにせよ航空連絡は実現しなければなるまい」と述べ、さらに日独航空連絡にはおそらくコンドル機がいいだろうが、飛行艇の利用も「もう一つの手段だろう」と踏み込んだ。[80]

様々な方面から政治的圧力を受けたゲーリングは、しかし、一九四三年四月になると政治的反撃を開始した。ゲーリングは再度ヒトラーに働きかけ、ヒトラーから以下のような言明を引き出したのである。「東アジアへの航空連絡は、絶対に安全な定期航空の可能性がある限りにおいて意味を持つ。こうした航空路は、とくに責任ある人物の輸送に役立てなければならず、何らかの技術的その他の偶発性にさらされてはならない」。こうして日独航空連絡問題でヒトラーは、リッベントロップとゲーリングの政府内対立に巻き込まれて右往左往し、「弱い独裁者」ぶりを遺憾なく発揮したのである。[81]

一方、以上のようにリッベントロップおよび外務省と対立していたゲーリングは、ドイツ警察長官ハインリヒ・ヒムラーや国家保安本部長官ラインハルト・ハイドリヒらと結んで、独自の東アジア政策を追求していた。彼は、配下の情報員クルト・ヤーンケをスイスに派遣し、スイスに本拠地を置く中国の情報機関との接触にあたらせた。そこでの話の中心は、日中和平にドイツが仲介を行うという計画であった。国家保安本部外国局長ヴァルター・シェレンベルクは、ハイドリヒ、ヒムラーを通じて、外務大臣リッベントロップを回避しながら、ヒトラーに日中講和問題を提起したという。ただし、このときは日中の提出する条件が折り合わず、一九四二年九月には日本側が交渉からの撤退を宣告してきたと言われている。[82]一九四二年七月一〇日、ゲーリングがヤーンケおよびスイス駐在中華民国武官桂永清中将を通じて「インドを背後から突き、ドイツと協力を」するよう中華民国の宋子文外交部長に提案してきた。このゲーリングの提案は一見突拍子もない非現実的なものであったが、背後にはヒムラー、ゲーリングらの日中和平論があったものと思われる。[83]

当時南京の汪兆銘政権には、シュターマーが大使として派遣されていたが、東京駐在大使オットの更迭後、シュターマーが東京に転任となり、南京では一時期ピンチヒッターとしてコルトが臨時代理大使職に就いていた。その後一九四三年三月にはエルンスト・ヴェアマンが正式の南京駐在大使に任命され、七月末に着任した。

しかし一方、大戦中にドイツは、外交使節こそ引き揚げたものの、重慶の蔣介石政権に武器貿易会社ハプロの代表者を半官的なミッションとして存置し、密かに重慶とのコンタクトを維持した。[84] これは一方において戦後における中独関係の再建にそなえた措置であったが、他方では、戦争状態にあるナチス・ドイツと中国国民政府を情報面で連絡するチャンネルとして機能した。

また、かつての在華ドイツ軍事顧問団長（当時フランス・ベルギー軍政長官）アレクサンダー・フォン・ファルケンハウゼン、親中派の最高統帥部国防経済幕僚部長ゲオルク・トーマスや元経済大臣兼ライヒスバンク総裁ヒャルマール・シャハトは、当時スイスのルツェルンで中国国民政府名誉領事の職にあったクラインを通じて、重慶とのコンタクトを維持し、ドイツの国内情報、とりわけ反ヒトラー派の情報を蔣介石に伝達した。[85]

第二次世界大戦中、ドイツ国防軍最高司令部防諜部は、日本占領下の上海に中国駐在戦時特務機関(Kriegsorganisation China, 略称 KO-China）を置き、主としてアジア・太平洋地域に対する情報活動を展開した。中国駐在戦時特務機関を率いたのはルイス・テオドーア・ジーフケン、次いでローター・アイゼントレーガー（別名ルートヴィヒ・エアハルト）であった。戦時特務機関（エアハルト機関）は、広州、北京、ハルビンなど各地に支部を有していたが、戦時下でドイツ本国からの統制が利かない場合もあった。たとえばハルビンの防諜部員イーヴァー・リスナーは、テロ部隊を組織して「満洲国」とソヴィエト国境を横断させ、ハンカ湖沿いに走るシベリア鉄道の爆破を試みていた（ただし、失敗した）。[86] さらにリスナーは、ハルビンからゾルゲ事件の真相を暴露してドイツ大使オットを告発し、ゾルゲの無実を信じるリッベントロップ外相やヨーゼフ・マイジンガー親衛隊大佐とも激しい政治的敵対関係に入っていく。しかもリスナーはハルビン在住のロシア人と不用意に接触し（ハルビン駐在ソヴィエト領事館に出入りしていたとも言われる）、ついには一九四三年六月、マイジンガーと結託した日本の憲兵隊によって逮捕されてしまう。[87] さらに、エアハルト機関は、一九四五年五月八日（日本時間）のドイツ降伏後も、停戦協定に違反し、日本軍の戦争遂行に協力したとされている。[88]

東京駐在ドイツ大使館では、すでに見たように、一九四三年にオットが更迭された。オットは戦時下での帰国の困難を理由に東アジアに留め置かれ、北京での蟄居に追い込まれた。オットが去った東京駐在ドイツ大使館は、リッベントロップの部下シュターマーのもとで、閉塞状態に追い込まれた。東京駐在大使館でナチス化を象徴的に示していたのは、マイジンガー親衛隊大佐であった。[89]

東京駐在ドイツ大使館では、シュターマーへの不同調の態度が拡大した。大使館員のシュターマーに対する不満は、ドイツの敗北（日本時間一九四五年五月八日）後、マイジンガーを除く館員一二名の抗議署名となって爆発した（海軍武官パウル・ヴェネカーおよび陸軍武官アルフレート・クレッチマーも賛同した）。それは同時にドイツの東アジア政策におけるガバナンスの崩壊を象徴していたのである。

河口湖、一九四五年六月一一日

H・G・シュターマー大使閣下

貴殿は東京駐在ドイツ大使の任にあった二年半の間、大使館を指導する上で必要とされる技術的および人格的な能力に欠けていることを露呈され、それは最近になってますます顕著になっております。それゆえここに署名した官吏は、貴殿が大使館の指導者としての立場から身を引かれることを勧告いたします。いずれにせよここに署名した者たちは今後一切貴殿の指令を受けないことを決定いたしました。[90]

▼注

▼1　一〇年前にヒトラーがランツベルクの刑務所で口述筆記した『わが闘争』を見ると、そこで言及された国は、オーストリアが二一二回、イギリスが一八四回、フランスが一五七回、ロシア（ソ連）が八三回、イタリアが四三回であった。これに対し、ヨーロッパ外の大国では、アメリカ合衆国が三四回、日本は二二回、中国にいたってはたった三回であった。田嶋信雄『ナチズム外交と「満洲国」』千倉書房、一九九二年、七五頁。

▼2　Göring an Neurath, 4. März 1933, Politisches Archiv des Auswärtigen Amts (PAAA), Abt. IV-OA, Geheimakten OA, „Fall Heye".

▼3　Erich Kordt, "German Political History in the Far East during the Hitler Regime", The Library of Congress, Washington, Captured German documents Box 809, p. 4.

▼4　ナチス・ドイツの東アジア政策について、「ヒトラーを頂点とするピラミッド構造」を想定し、そこでのドイツ外務省の役割に分析を限定する著作として、石田憲『日独伊三国同盟の起源――イタリア・日本から見た枢軸外交』講談社、二〇一三年。同書は「対外政策を外務省の関与なしに決定し、履行することは不可能」という立場に立っている。同書、七頁。イタリアは措くとしても、ナチス・ドイツや軍国日本の対外活動を分析する際の視点としてはまったく不適切であろう。

▼5　ドイツの「満洲事変」への対応については、Gabriele Ratenhof, *Das Deutsche Reich und die internationale Krise um die Mandschurei 1931-1933*, Frankfurt/M. 1984を参照。

▼6　田嶋信雄『ナチス・ドイツと中国国民政府　一九三三－一九三七』東京大学出版会、二〇一三年。

▼7　クラインについては、本書第三章を参照のこと。

▼8　Anmerkung der Herausgeber（3）, *Akten zur deutschen auswärtigen Politik 1918–1945* (*ADAP*), Serie C, Bd. III, S. 353.

▼9　Kreditzusatzvertrag zu dem zwischen der chinesischen Regierung und Hans Klein abgeschlossenen Warenaustausch-Vertrag vom 23. August 1934, *ADAP*, Serie C, Bd. V, S. 382-383;「中徳信用借款合同」、中国第二歴史档案館編『中徳外交密档　一九二七－一九四七』桂林：広西師範大学出版社、一九九四年、三二九－三三〇頁。

▼10　William C. Kirby, "Limited Partners: China's Relationships with Germany, the Soviet Union, and the United States, 1928-1944", presented to the Chongqing Conference on "Foreign relations during the Sino-Japanese War", Chongqing, 6-9 September 2009, pp. 4-9 (Kirby, Chongqing Paper).

▼11　駐満大使菱刈隆発外務大臣廣田弘毅宛、一九三三年一〇月五日、外務省外交史料館「フェルデナント、ハイエ」(JACAR, Ref. B08060548900)。

▼12　本書第二章参照。

▼13　永渕三郎「空の『シルクロード』」、満洲航空史話編纂委員会編『満洲航空史話』一九七二年、一六七－一七五頁。

▼14　国立公文書館「日満独連絡航空路設定に関する件」(JACAR-Ref. A03023592000)。

▼15　Einrichtung von Fluglinien, Stand der Entwicklung der Eurasia-Fluggesellschaft, Bd. 8, 10. 38 - 6. 39, PAAA, Peking II, 2890. 本交換公文の和文テキストは残されていないようである。日本外務省は、この交換公文を「日独航空協定」ないし「日独連絡航空協定」と認識していた。「独国人「カール、アウグスト、フライヘル、フォン、ガブレンツ」叙勲ノ件」(JACAR, Ref. A10113310100)。

▼16　田嶋信雄「日独航空連絡の展開　一九一九－一九四五——民間の航空熱から軍事航空へ」、高田馨里編『航空の二〇世紀』日本経済評論社、二〇二〇年。

▼17 田嶋信雄『日本陸軍の対ソ謀略——日独防共協定とユーラシア政策』吉川弘文館、一三八－一六二頁。
▼18 ドーナートについては、本書第六章を参照のこと。
▼19 田嶋信雄『ナチス・ドイツと中国国民政府　一九三三－一九三七』東京大学出版会、二〇一三年、三二四－三三〇頁。
▼20 Aufzeichnung Neurath, 17. August 1937, *ADAP*, Serie D, Bd. I, Dok. Nr. 478, S. 612.
▼21 Notiz für den Führer, 2. Januar 1938, *ADAP*, Serie C, Bd. I, S. 132-137.
▼22 伊藤智已「宇垣時代の外務省と『宇垣外交』——『外交陣営強化』を巡る政治過程」、堀真清編著『宇垣一成とその時代——大正・昭和前期の軍部・政党・官僚』新評論、一九九九年、二六四－三三九頁、とくに二八七－二八八頁。
▼23 Dirksen an das AA, 5. Februar 1938, *ADAP*, Serie D, Bd. I, Dok. Nr. 565, S. 676-677.
▼24 Arbeitsgemeinschaft für Kriegsgerät, Jahresbericht 1937, PAAA, R901/106417, Anhang.
▼25 Keitel an Mackensen, 12. Februar 1938, Bernd Martin (Hrsg.), *Die deutsche Beraterschaft in China*, Düsseldorf 1981, Dok. Nr. 29, S. 451.
▼26 等松春夫『日本帝国と委任統治　南洋群島をめぐる国際政治　一九一四－一九四七』名古屋大学出版会、二〇一一年、一〇一－一二六頁。
▼27 Schnellbrief Göring, 5. April 1938, PAAA, R901/106419.
▼28 Göring an Oshima, 7. Mai 1938, Theodor Richard Emessen (Hrsg.), *Aus Görings Schreibtisch: ein Dokumentenfund*, Berlin 1947, Dok. Nr. 35, S. 86-88.
▼29 Ribbentrop an die Botschaft in Hankow, 13. Mai 1938, *ADAP*, Serie D, Bd. 1, Dok. Nr. 583, S. 699-700.
▼30 Ribbentrop an die Botschaft in Hankow, 17. Mai 1938, *ADAP*, Serie D, Bd. 1, Dok. Nr. 583, S. 699-700.
▼31 Oshima an Göring, 18. Mai 1938, Theodor Richard Emessen (Hrsg.), *Aus Görings Schreibtisch: ein Dokumentenfund*, Berlin 1947, Dok. Nr. 36, S. 89-90.
▼32 Pro-Memoria, 20. Mai 1938, *ADAP*, Serie D, Bd. 1, Anlage zu Dok. 587, S. 703.
▼33 Grundlage zur Studie „Grün", *ADAP*, Serie D, Bd. II, Dok. Nr. 133, S. 190-191.

▼34 Hitlers Weisung für den Plan „Grün“, 30 Mai 1938, *ADAP*, Serie D, Bd. II, Dok. Nr. 221, S. 281-285.
▼35 参照、工藤章「総説Ⅱ　ドイツの通商政策と東アジア　一八九〇－一九四五」、田嶋信雄・工藤章編『ドイツと東アジア　一八九〇－一九四五』東京大学出版会、二〇一五年、一三七－一四六頁。
▼36 加藤陽子『模索する一九三〇年代――日米関係と陸軍中堅層』山川出版社、一九九三年。
▼37 田嶋信雄（翻訳・解説）「独ソ不可侵条約・秘密議定書（一九三九年八月）」、歴史学研究会編『世界史史料』第一〇巻、岩波書店、二〇〇六年。
▼38 欧洲において対ソ謀略を推進していた馬奈木敬信（当時大佐、オランダ駐在武官）の言葉。Hermuth Groscurth, *Tagebücher eines Abwehroffiziers*, Stuttgart 1970, S. 164.
▼39 角田順編『現代史資料』第一〇巻（「日中戦争　3」）みすず書房、一九六四年、一三三頁。
▼40 田嶋信雄（翻訳・解説）「ドイツのポーランド攻撃（一九三九年九月）」、歴史学研究会編『世界史史料』第一〇巻、岩波書店、二〇〇六年。
▼41 『朝日新聞』一九三九年九月四日号外。
▼42 鹿錫俊「蔣介石対蘇徳訂約及欧戦爆発的反応」、『戦時国際関係――中日戦争国際共同研究第四次会議　論文集』重慶、二〇〇九年、参照。
▼43 田嶋信雄「総説Ⅰ　東アジア国際関係のなかの日独関係」、工藤章・田嶋信雄編『日独関係史』第一巻、東京大学出版会、二〇〇八年、三－七五頁。
▼44 Halder, Franz (1962-1964), Arbeitskreis für Wehrforschung Stuttgart (Hrsg.), *Kriegstagebuch*, Stuttgart 1962-1964, Bd. II, S. 46-50.
▼45 外務省編『日本外交年表竝主要文書 下』原書房、一九六五年、四五九－四六二頁。
▼46 外務省編『日本外交年表竝主要文書 下』原書房、一九六五年、四六〇頁。詳しくは、渡辺延志『虚妄の三国同盟発掘　日米開戦前夜外交秘史』岩波書店、二〇一三年、五五－一〇七頁。
▼47 細谷千博「三国同盟と日ソ中立条約（一九三九年－一九四一年）」、日本国際政治学会太平洋戦争原因研究部編『太平洋戦争への道』第五巻、朝日新聞社、一九六三年、二六六－二六八頁に引用。日本外務省の内部にまで分け入って

「四国協商」構想の内実を分析したものとして、森茂樹「松岡外交と日ソ国交調整」、『歴史学研究』第八〇一号、二〇〇五年を参照のこと。

▼48 Ribbentrop an Stalin, 13. Oktober 1940, *ADAP*, Serie D, Bd. XI, Teilband I, Dok. Nr. 176, S. 248-253.

▼49 たとえば、以下を参照。Некоторые Директивы к Берлиской Поездке, 9. Ноября 1940г., *Документы Внешней Политики* 1940-22 Июня 1941, Стр. 30-32.

▼50 Schulenburg an das AA, 26. November 1940, *ADAP*, Serie D, Bd. XI, Teilband II, Dok. Nr. 404. S. 597-598.

▼51 Hilters Weisung Nr. 21 Fall Barbsrossa, *ADAP*, Serie D, Bd. XI, Teilband II, Dok. Nr. 532. S. 750-753.

▼52 Halder, Franz（1962-1964）, Arbeitskreis für Wehrforschung Stuttgart（Hrsg.）, *Kriegstagebuch*, Stuttgart 1962-1964, Bd. II, S. 335-338.

▼53 Andreas Hillgruber, *Hitlers Strategie. Politik und Kriegführung 1940-1941*, München 1982, S. 566-567, S. 572.

▼54 Weisung Nr. 24. Über Zusammenarbeit mit Japan, *ADAP*, Serie D, Bd. XII, Teilband I, Dok. Nr. 182, S. 181-182.

▼55 外務省編『日本外交年表竝主要文書 下』原書房、一九六五年、四八〇－四八二頁。

▼56 Aufzeichnung ohne Unterschrift, 31. März 1941, *ADAP*, Serie D, Bd. XII, Teilband I, Dok. Nr. 230. S. 334-337.

▼57 Aufzeichnung ohne Unterschrift, 31. März 1941, *ADAP*, Serie D, Bd. XII, Teilband I, Dok. Nr. 233, S. 340-346.

▼58 ボリス・スラヴィンスキー『考証 日ソ中立条約』岩波書店、一九九六年。

▼59 大木毅『独ソ戦――絶滅戦争の惨禍』岩波書店、二〇一九年。

▼60 細谷千博「三国同盟と日ソ中立条約（一九三九年－一九四一年）」、三一一頁。

▼61 外務省編『日本外交年表竝主要文書 下』原書房、一九六五年、五三一－五三二頁。

▼62 Ribbentrop an die Botschaft in Tokyo, 28. Juni 1941, *ADAP*, Serie D, Bd. XIII, Teilband I, Dok, Nr. 53, S. 51-53.

▼63 Ribbentrop an die Botschaft in Tokyo, 1. Juni 1941, *ADAP*, Serie D, Bd. XIII, Teilband I, Dok. Nr. 35, S. 33-34.

▼64 大木毅「ドイツの対米開戦（一九四一年）」『国際政治』第九一号、一九八九年、一一一頁。

▼65 Aufzeichnung Hewel, 15. Juli 1941, *ADAP*, SerieD, Bd. XIII, Teilband II, Anhang II, S. 829-834.

▼66 Tagebucheintrag Weizsäcker, 21. Oktober 1941, Leonidas Hill（Hrsg.）, *Die Weizsäcker Papiere 1933-1950*, Frankfurt/M.

1974, S. 274.

▼67 「対米英蘭蒋戦争終末促進に関する腹案」、外務省編『日本外交年表竝主要文書 下』原書房、一九六五年、五六〇－五六一頁。

▼68 波多野澄雄「開戦過程における陸軍」、細谷千博・本間長世・入江昭・波多野澄雄編『太平洋戦争』東京大学出版会、一九九三年、五一－三二頁。

▼69 大木毅『独ソ戦――絶滅戦争の惨禍』岩波書店、二〇一九年。

▼70 Ott an das AA, 3. März 1942, *ADAP*, Serie E, Bd. II, Dok. 4, S. 8-10.

▼71 Ribbentrop an Ott, 7. März 1942, *ADAP*, Serie E, Bd. II, Dok. 19, S. 36-37.

▼72 Ott an das AA, 15. Juli 1942, *ADAP*, Serie E, Bd. III, Dok. Nr. 92, S. 157-159.

▼73 Undatierte Aufzeichnung des Legationsarats Gottfriedsen, *ADAP*, Serie E, Bd. III, Dok. Nr. 255, S. 435-441.

▼74 以上、独ソ和平に関する詳細は、大木毅「独ソ和平工作をめぐる群像――一九四二年の経緯を中心に」、『第二次世界大戦の〈分岐点〉』作品社、二〇一六年、二七一－三〇一頁を参照。

▼75 Erwin Wickert, *Mut und Übermut. Geschichten aus meinem Leben*, Stuttgart 1991, S. 436.（エルヴィン・ヴィッケルト『戦時下のドイツ大使館――ある駐日外交官の証言』（佐藤眞知子訳）中央公論社、一九九八年、一六二頁）。ヴォールタートについては、本書第五章を参照。

▼76 Aufzeichnung über Flugverbindung nach Japan, 21. Mai 1942, PAAA, R29654, Bd. 7, Bl. 131438-440.

▼77 Aufzeichnung über Flugverbindung nach Japan, 21. Mai 1942, PAAA, R29654, Bd. 7, Bl. 131438-440.

▼78 Ribbentorp an Ott, 3. Oktober 1942, PAAA, R29656, Bd. 9, Bl. 14417.

▼79 Der Chef der Luftwehr Orlovius an Weizsäcker, 16. März 1943, Bundesarchiv-Militärarchiv（BA-MA）, RL6/33 „Flugverbindung mit Japan 1942-1943".

▼80 Weizsäcker an Milch, 5. März 1943, *ADAP*, Serie E, Bd. V, Dok. Nr. 180, S. 346-347.

▼81 Jeschonnek an Milch, 7. April 1943, BA-MA, RL6/35; Peter Herde, *Der Japanflug. Planungen und Verwirklichung einer Flugverbindung zwischen den Achsenmächten und Japan 1941-1945*, Stuttgart 2000, S. 202.「弱い独裁者」テーゼに

ついて、さらに、詳しくは、田嶋信雄『ナチズム外交と「満洲国」』千倉書房、一九九二年を参照のこと。また、戦間期・戦時期の日独航空連絡問題について、詳しくは、参照、田嶋信雄「日独航空連絡の展開 一九一九―一九四五――民間の航空熱から軍事航空へ」、高田馨里編『航空の二〇世紀』日本経済評論社、二〇二〇年。

▼82 Walter Schellenberg, *Aufzeichnungen. Unter Verwendung bislang unveröffentlichten Dokumente neukommentiert von Gerhard Flemming*, Wiesbaden 1979, S. 230-235（シェレンベルク『秘密機関長の手記』角川書店、一九六〇年、二〇五―二一三頁）; Nele Friederike Glang, "Back-Channel Diplomacy and the Sino-German relationship 1939-1945", Ph.D in East Asian Studies, The University of Sheffield, 2014, pp. 85-97.

▼83 楊天石「蔣介石とインド独立運動」、西村成雄・石島紀之・田嶋信雄編『国際関係のなかの日中戦争』慶應義塾大学出版会、二〇一一年、二八九―三二二頁、とくに三一七頁（譚伯羽から宋子文宛、一九四二年七月一〇日、フーヴァー図書館所蔵の宋子文文書にもとづく）。

▼84 Udo Ratenhof, *Die Chinapolitik des Deutschen Reiches 1871-1945*, Boppard am Rhein 1987, S. 526.

▼85 田嶋信雄「アレクサンダー・フォン・ファルケンハウゼンと東アジア」、桑名映子編『文化外交の世界』山川出版社、近刊。

▼86 Wagner an das AA, 27. Juni 1942, PAAA, R101934.

▼87 詳しくは、田嶋信雄「リシュコフ・リスナー・ゾルゲ――『満洲国』をめぐる日独ソ関係の一側面」、江夏由樹・中見立夫・西村成雄・山本有造編『近代中国東北地域史研究の新視角』山川出版社、二〇〇五年、一八五―二一一頁。

▼88 そのため、戦後上海ではアメリカ軍による戦犯裁判（アイゼントレーガー裁判）が行われた。アイゼントレーガー裁判の記録は、National Archives and Records Administration (NARA), RG153, War Crimes Branch, Record of the Ehrhardt Trial にある。

▼89 本書第七章を参照。

▼90 Wickert, S. 458（一九一頁）.

第一章　フリードリヒ・ハック
――日独防共協定締結の影の立役者

図１　日独防共協定調印の日（1936 年 11 月 25 日）のフリードリヒ・ハック、大島浩、ヴィルヘルム・カナーリス（1936 年）
NHK"ドキュメント昭和"取材班編『ドキュメント昭和９　ヒトラーのシグナル』角川書店、1987 年。

大木　毅

フリードリヒ・ハック（Friedrich Wilhelm Hack 1887 − 1949 年）
ドイツの武器商人。1887 年、フライブルクに生まれる。1910 年に国家学の博士号を取得した後、製鉄・兵器企業クルップ社の重役ヴィートフェルトの秘書として来日、第一次世界大戦勃発後に青島へ義勇兵として赴いて、同地で日本軍の捕虜となる。ドイツへ帰国した後、ベルリンで日独間の兵器取引を仲介するブローカーとして活動する。1933 年にナチスが政権を獲得すると、ハックは日独の軍部との人脈を活かして外交政策にも影響を及ぼし、国防軍防諜局長カナーリス、駐独日本大使館付陸軍武官大島浩、ヒトラーの外交顧問リッベントロップの間を仲介して、1936 年 11 月に日独防共協定の締結にこぎつける。ハックは 1937 年に男色罪で逮捕・投獄され、政治の舞台から一時姿を消すが、第二次世界大戦中にはスイスで情報ブローカーとして活動を再開し、日本・米英間の和平交渉の仲介に奔走した。

はじめに

筆者はかつて、ナチズム外交分析への視座の一つとして、「政治的投機者」なる概念を提唱したことがある。しばしばいわれているように、一九三三年一月三〇日のヒトラーによる政権掌握以降、ナチス勢力は国家機構に侵入し、激烈な権限争いを演じて、旧体制を動揺させた。その結果、伝統的官僚は弱体化し、行政は権力構成および権力関係の絶えざる変化の場となっていった。[1]

これを外交・対外経済政策の場に敷衍《ふえん》するならば、ヒトラーとナチスの権力掌握以前に職業官僚と大企業によって管理されていた政策分野に、従来の支配層にあらざる異端者の参入が可能となったものとみなし得る。しかも、そのような旧体制下で政治的・社会的・経済的不満をたぎらせていた分子の政策への介入は、ドイツ外交の周縁部――極東政策はまさにそれにあたる――において顕著であり、彼らは、単なる対外ブローカーの域を超えて、自らの社会的上昇、さらには政治的影響力の獲得をも担っていく。こうした分子を「政治的投機者」と規定したのである。

筆者が、かかるモデルを想定する際に、その典型例としたのが、本章のテーマとなるフリードリヒ・ハックであった。[2] この人物は、第一次世界大戦前に得たコネクションを使って、日独を股にかける政商となり、さらには政治外交に影響を及ぼすに至った。こうした「政治的投機者」としての活動の結果、ハックは、日独関係、ひいては第二次世界大戦の開戦と終結の過程において、おそらくは彼自身も考えていなかったような重大な役割を担うことになった。具体的にいうなら、一九三六年に締結された日独防共協定、そして、一九四五年に中立国スイスで展開された日米和平交渉のそれぞれについて、仲介者として働いたのである。以下、この、二度にわたり、歴史に大きな影を落とした人物の生涯を叙述していくこととしたい。

一　捕虜から政商へ

フリードリヒ・ハックは、一八八七年一〇月七日に、南西ドイツの古都フライブルクに生まれた。[3] 父は医学教授、母は詩人であった。[4] 一九一〇年に国家学の博士号（Dr. d. Staatswissenschaft）を取得したのち、[5] 当時の鉄道院・満鉄総裁であった後藤新平がドイツから招聘《しょうへい》した製鉄・兵器企業クルップ社の重役「ゲハイムラート・ウィートフェルド」（枢密顧問官オットー・ヴィートフェルト）の秘書として来日、ヴィートフェルトが駐米大使となったのちに、その顧問事務所を引き継いだとされる。[6] 第一次世界大戦が勃発すると、ドイツの植民地青島で休暇を取っていたハックは志願して義勇兵となり、膠州湾総督府で通訳・情報収集に携わるスタッフとして勤務、そこで日本軍の捕虜となる。[7]以後、福岡、のち習志野の収容所で捕虜生活を送ったが、福岡収容所時代の一九一六年に、やはり捕虜だったパウル・ケンペ陸軍中尉の脱走を援助し、その罪を問われて、一年半の懲役刑を宣告された。だが、刑期満了以前の同年一二月に釈放され、[8]大戦が終わったのち、一九二〇年にドイツに戻っている。[9]

帰国したハックは、ベルリンでアルベルト・シンツィンガーという人物に協力し、日独実業界の仲介に従事することになった。シンツィンガーは退役陸軍少佐で、日露戦争当時クルップ社の駐日代表を務め、「日露戦争後、日本の名誉総領事となった経歴を有し、独逸政界でも隠然たる勢力を有した人」であった。ハックはシンツィンガーとともに「シンツィンガー＝ハック商会（Schinzinger, Hack & Company）」を設立、仲介した事業の代理権を得て、それらの手数料を取ることとした。彼は、一九二〇年代から三〇年代にかけて、この商会をテコとして、日本陸海軍、またドイツ外務省とのつながりを深めていく。[10]その際、ハックに期待されたのは、単なる通商の促進のみならず、兵器ブローカーとしての役割であった。

筆者が調査したかぎり、ハックの名が初めてドイツ海軍当局の文書に登場するのは、一九二三年六月一三日付の海軍統帥部政務局所属のヴェルナー・シュテファン海軍大尉宛意見書である。この文書で、近く帰国する駐独海軍武官荒城二郎大佐と「双方において関心があるといえる、潜水艦および火器、その他の分野で話し合いを行う」（強調は大木による）よう、ハックは進言している。しかも、本意見書の冒頭には、「われわれのこれまでの会談に続いて」とあり、ハックとドイツ海軍当局の連絡が、この案件にはじまったわけではないことを窺《うかが》わせるのである。[11] ついで、一九二五年二月六日、駐独海軍武官小槇和輔中佐とドイツ海軍代表のあいだで、日本の援助による航空機用ディーゼル・エンジンの開発、ロールバッハならびにハインケル航空機の日本への供給といった件が話し合われた際にも、このエンジン開発計画はハックの発案になるものであると明言されていた。[12]

かくのごとく、ハックが日独両国の海軍関係において初めて介入した分野が潜水艦と航空機であったことは、当時の情勢を色濃く反映していたといえる。というのは、一九二二年のワシントン会議によって主力艦の保有量を制限された日本海軍は、航空機と潜水艦の活用を考えざるを得なくなった。加えて、一九二一年の日英同盟廃棄にともなって、イギリスからの軍事技術導入も困難になったため、日本海軍はおのずからドイツの軍事テクノロジーに注目することを余儀なくされたのである。一方のドイツ海軍にとっても、ヴェルサイユ条約で保有を禁止された潜水艦や航空機に関する技術水準を、外国との協力によって維持することはきわめて重要であった。[13] このように、軍事技術面での協力が両国海軍に不可欠となった状況にあって、ハックは恰好のチャンネルとして機能したのだ。

こうして日独のパイプ役としての地位を獲得したハックが、主たる活動領域として選んだのは航空機の分野であった。当時の日本陸海軍は、航空技術における欧米列強との格差を埋めることに躍起になっており、航空機のサンプル、あるいはパテントの購入に熱心だった。一方のドイツ航空界もまた、日本という有望な市場に期待を寄せていたのである。そのドイツ航空産業のうち、とくに日本海軍に注目されたのが、のちの第二次世界大戦でドイツ空軍の主力爆撃機 He111型を生産することになるハインケル社であった。[14] たとえば、海軍武官補佐官としてベルリンに赴任していた小島秀雄大尉は、艦船からの航空機の発進に関心を抱き、一九二五年にカタパルトと航空機の開発を同社の社長エルンスト・ハインケル博士に依頼した。このプロジェクトは、ハインケル博士の来日、戦艦「長門」艦上の発進実験の成功に結実する。さらにハインケルは、来日中、航空機開発を手がけていた愛知時計電機と接触し、同社との関係も深めていく。[15]ハックは、このハインケル社の日本代表となったのである。

しかしながら、ハックとハインケルの関係の端緒は、残念ながら判然としない。前述のドイツ軍事文書館の史料から、遅くとも一九二五年には、ハックが日本海軍とハインケル社の仲介人になっていることが看取できる。けれども、いかにして両者の関係がはじまったのかを、一次史料にもとづいてあきらかにすることは困難なのである。だが、ハックの日本人脈が、市場を求めるハインケルにとって重要であったことは想像に難くない。やがてハックは、ハインケル社の対日代表となって、日本への売り込みに奔走することになる。

若干の実例を挙げよう。一九三一年から三二年にかけて、ハックは、ハインケル工場を見学した橋口義男造兵少佐（当時、海軍航空本部勤務。のち横須賀海軍鎮守府に配置）を通じ、日本海軍への新型飛行艇売り込みを試みた。ハックとハインケルの歓待を受けた橋口は、彼らの企図に乗り、飛行艇採用に向けて運動した。[16]一九三一年七月一四日付で橋口がハインケルに送った書簡には、「あらゆる提督と他の士官たち」に新型飛行艇に関するすべてを語り、「〔海軍〕省内に大きなセンセーションを起こした」と記されている。[17]また、一九三二年には、ハックはハインケルの紹介を得て、自らの会社設立をはかっていたフェルディナント・ポルシェ博士に接触し、ディーゼル・エンジン技術の日本への導入を計画している。[18]

こうしたハックの活動は、ライバルのユンカース社を代表する人物とのあつれきを生じせしめることとなり、ついには彼が日本を逐《お》われる遠因となるのだが、それについては後段で述べよう。

さらにハックは、兵器商人としての活動と並行して、自らの対日コネクションを強化することも忘れなかった。一例を挙げれば、一九三一年の満洲事変勃発とともに、中国との関係から利益を得ていたドイツの各方面に反日感情が高まるのをみたベルリンの日本海軍武官府は、日本よりの情報を翻訳、ドイツ側の関係官庁に配布することにした。ハックは、この翻訳作業にも関わっていたのである。[19] こうした日独関係におけるハックの重要性が、もっとも明瞭に示されたのは、ドイツからの帰国途上、満洲で一九三二年八月二〇日に急死した小槇和輔海軍少将の葬儀に際してであったろう。ハックは、持てる影響力を行使し、ドイツ外務省を通じて、軍令部長エーリヒ・レーダー大将を筆頭とするドイツ海軍の要人たちの弔文を東京に送り、葬儀に花輪を供えさせたのだ。[20] すなわち、日独両海軍筋に対して、おおいに得点を稼いだのであった。

一九三三年にヒトラーが政権を奪取すると、ハックは、かようにして得た政治的投機の資本をもとに、外交政策にも影響をおよぼしていくことになる。

二　ハックとナチス

そのような政治活動に際して、ハックは、政権を握ったナチスに対し、いかなる姿勢を取ったのだろうか。彼自身は、のちに亡命を強いられた際に、反ナチを貫いてきたと主張しているけれども、それはどこまで妥当するのか？

ヒトラーの政権掌握からおよそ三カ月後の一九三三年四月二六日、プロイセン内務省警察局長・特務全権委員であるクルト・ダリューゲ親衛隊中将は、ナチ党大ベルリン大管区から一通の報告書を受け取った。その内容は、独日協会会長ヴィルヘルム・ハースはユダヤ人であり、ベルリンを訪れる日本人に反独感情を植え付けるような言動がみられるとするものだった。ゆえに、ベルリン在住の日本人たちが、ハース解任を求めているというのである。[21]

ダリューゲは、この一件をドイツ外務省に伝達したが、意外な反応が返ってきた。外務省側は、すでに数週間前から、ハースの解任について、日本側の名士たちと意見を交換しており、独日協会改編の全権は日本海軍武官府勤務の酒井直衛ならびに「ダリューゲ氏とも面識がある〔!・〕」ハックに委任されていると回答してきたのだ。[22]さらに、六月一三日には、外務省および宣伝省の代表とハックを参加者とする会議が催され、独日協会の改編は従来通りハックと酒井が実行すること、協会首脳部を可能なかぎり強力にし、望ましくない分子を協会から遠ざける権限を持たせること、古参のナチ党員を総書記程度の役職に据えることなどが定められた。同日午後一〇時には、この会議の結論を受けて、ベルリン日本人クラブで、酒井を代表とする日本側とのあいだに会談が持たれ、ハースほかユダヤ人幹部を辞任させ、パウル・ベーンケ退役海軍大将を独日協会会長とすると決めたのである。[23]

この事例だけをみれば、ハックは、ナチ党筋とも親しく、ユダヤ人排斥にも積極的に協力した人物であったかのように思われる。しかし、彼とナチスの関係は、より陰翳《いんえい》に富んでいた。たとえば、一九三四年四月に、カフェでオランダならびにチェコスロヴァキアで生産されている機関銃の設計図を広げて話していた日本陸軍武官補佐官と大倉商事のベルリン代表がゲシュタポに逮捕されるという事件が起こったが（約一時間後に釈放）、ハックは、この事件を秘密裡にドイツ外務省に報告している。それを受けた外務省の担当者は、ゲシュタポの外交官に対する扱いについて、不満の意を洩らしたのであった。[24] もし、ハックが親ナチ分子と認識されていたのなら、外務省側も、そのような赤裸々な反応を示すことを慎んだであろう。また、政権奪取後のナチ党には、機会主義的な入党希望者が殺到したのであるが、今日残されている文書で判断するかぎり、ハックがナチ党員になった形跡はない。[25] さらに、ハックを知る人々の回想を調べても、彼がナチ党員だったとする記述は見当たらないのだ。

したがって、ハックをナチス追随者と決めつける、あるいは、彼自身が主張したことを額面通りに受け取って「反ナチ」とみなすような見解は、いずれも適切ではなかろう。その経歴からもわかるように、ハックは、ナチ党「古参闘士」(alte Kämpfer. ナチ党が泡沫政党であったころからの支持者) タイプとは程遠い存在であるし、とうていナチズムのイデオロギーに完全にコミットしているとは思えない。おそらく、ハックは、ナチスに共鳴こそしなかったものの、先に述べた「政治的投機者」として、ヒトラーの政権掌握によって生じた旧体制の動揺を十二分に利用したのである。

かかるハックの立場を表す挿話がある。一九三五年のナチ党大会に招かれたときのことだ。その際ある会合において、酒井が「〝ナチ党はナチス・ア〔ー〕リアでなければ人間でない〟というような人種差別感を持っているが、こんな観念では日独協会などを作って日独国民間の親善を計ろうとしても意味のないことだ。〔……〕今日は猶太人〔ユダヤ人〕を差別対象にしているが、明日 Polen〔ポーランド人〕、明後日は Japanisch〔sic. 日本人〕となるかも知れぬ……」と「啖呵を切」ると、「Dr. Hack も困惑しておろおろした」というのだ。[26] ここに、ナチス新政権に活路を見いだしながらも、そのイデオロギーの問題性を知っていたハックの矛盾が露呈しているとみても、けっして牽強《けんきょう》付《ふ》会《かい》ではなかろう。

なお、ハックがナチズムに幻滅を感じたのは、かなり早い時期であったと推測される。駐独海軍武官を務めた小島秀雄は、戦前（一九三六年から一九三九年のいずれか）に、パリでハックと知り合ったと回想している。その当時、ハックは、小島からナチ党に関する情報を得ようとしており、反ナチ派ならびに外国スパイと多々連絡を取っていたという。[27]

いずれにせよ、ハックは、こうした状況を背景として、兵器商人から情報ブローカーとなり、さらに政治的活動に踏み入っていく。さりながら、いつ、そうした変化をとげたのか、その時期は必ずしもあきらかではない。筆者が調査したかぎり、情報ブローカーとしてのハックの動きを一次史料で確認できるのは、一九三三年のことである。この年、八月二八日付で、ハックはドイツ外務省宛に、在ベルリン日本海軍武官府の構成員リストを送った。これは、海軍武官遠藤喜一大佐から雇員に至るまでも記した詳細なものであった。[28] まったく断片的な史料ではあるが、ハックが、日本側、とくに日本海軍に対して有しているパイプが、ドイツ側においても注目されはじめていたことを示す文書といえよう。

この日独関係における重要な情報の結節点であるハックと深い関係にあったのが、国防軍防諜局長ヴィルヘルム・カナーリス海軍少将だった。反共主義を奉じていたカナーリスは、防諜局長に就任するや、ソ連の隣接国、あるいは反共性を有する国家（たとえば、ファシスト・イタリア）の軍部と接近し、情報活動上の「対ソ包囲網」形成を企図するようになっていた。当時、ソ連の潜在的敵国と目されていた日本も、当然カナーリスの関心を寄せるところだったのである。[29] したがって、豊富な日本人脈を持つハックと、「対ソ防諜包囲網」への日本の抱き込みをはかるカナーリスが、いつしか親交を持つに至ったとしても、驚くにはあたらない。

両者が接近した時期は、史料的困難からつまびらかにはできないが、少なくとも、一九三五年に日独防共協定交渉が開始されたころには、ハックは、カナーリスのためにも働いていると自称していた。[30] また、一九三七年にハインケル社のための活動で問題が生じた際に、ハックの人物や日本との交渉における彼の貢献について「国防省防諜局長カナーリス提督がいつでも、いかなる情報をも与え得る」と記されるほどに、両者は親密になっていた。[31]

しかも、カナーリスは、情報活動上の必要から、一九三四年にドイツに赴任した駐在陸軍武官大島浩大佐（日独提携を持論としていた）や、後年に外務大臣となるヒトラーの腹心ヨアヒム・フォン・リッベントロップとも接触していた。とくにリッベントロップは、ドイツ外務省に対抗して、独自の外交政策を展開する必要から、日本への接近を考慮していたのである。[32] つまり、それぞれに思惑は異なるにせよ、カナーリス、リッベントロップ、大島の三者は、日独協同の推進という点で一致していたのだ。ここに、ハックが外交政策の舞台に躍り出る条件が整った。

三　日独防共協定

ハックの最初の仕事は、日本海軍首脳部を、日独接近支持の側に獲得することだった。一九三五年一月、ハックは、リッベントロップの特命を受けて、ロンドンに旅立つ。彼の任務は、ロンドン軍縮予備会議代表団の一員として訪欧する山本五十六海軍中将をベルリンに招き、ヒトラーとの会見を実現させることであった。しかも、その際、ハックは「日本には、日本・ドイツ・ポーランド間で対ソ同盟を結ぶことに賛成する空気があるか否か」を慎重に打診することになっていたのである。[33]

だが、山本・ヒトラー会談は実現しなかった。英仏伊が対独連合を結成するような情勢下（この三国は、一九三五年のドイツの再軍備宣言に抗議し、オーストリアの独立擁護などを内容とする決議を採択することになった）、孤立するドイツに接近することに、日本の外交官が不安を覚え、それゆえに松平恒雄駐英大使と武者小路公共駐独大使が妨害に走ったためだというのが、ハックの見解だった。

にもかかわらず、ハックは後日、日独接近の推進に自信を持っており、武者小路が反対したのは、彼が新任かつ信任状奉呈前で、ドイツ事情についても、ほとんど外国筋の情報しか聞かされていなかったからだと主張している。加えて、のちの防共協定交渉では、武者小路はドイツの外交的に有利な立場と国内的な強さを承知しており、「さらに、戦前からの私の旧友である〔!〕」から、おそらくは頼りにできるとまで記した。[34]実際、大島ならびに駐独海軍武官横井忠雄中佐の尽力もあって、ハックは、山本訪独にこぎつけることはできた。[35]ところが、山本は「リッベン〔トロップ〕に逢わせレーダーに紹介したがその対応はテキパキとして相手に好感を持たせるが、自分から進んで話題を見出そうとは決してしない」という対応に終始したのである。▼36

このように、最初の一手につまずいたハックではあったけれども、続く日独防共協定をめぐる交渉では、枢要な役割を演じることになった。一九三五年九月一七日、日本に対するグライダー供給に関して、大島と会談した際に、日独協定を結ぶ可能性はないかと問いかけられたのだ。そのとき、大島は、日独両国の外務省を通じた正規の交渉は望ましくないとし、リッベントロップに打診してみるよう、ハックに要請した。ついで一九日に行われた協議でも、大島は「総統とリッベントロップ氏が、本交渉において、より明確な解決策を与えてくれるだろう」と念を押している。彼は意図的に、リッベントロップ経由で、日本陸軍とヒトラーのあいだで直接交渉し、武者小路大使やドイツ外務省を迂回することをもくろんでいたのである。かかる二元外交のためには、カナーリスやリッベントロップと緊密に連絡しているハックは、仲介役として、うってつけなのであった。かくて、日独防共協定の種子が播かれ、すぐに芽を吹くこととなる。

九月二〇日、ハックと会談した大島は、締約国の一方がソ連と戦争になった場合に、他方はソ連と協定を結ばないとする「保障協定」、ソ連との戦争が生起した場合に締約国に自動参戦義務を負わせる「軍事同盟」、ソ連攻撃の場合に行動をともにすることを定めた「攻守同盟」と、三つの案を提示した。ハックは、この大島提案を、二一日にカナーリスに示した。対ソ諜報網形成を構想していたカナーリスは大島案に飛びつく。九月二五日、カナーリスはハックを帯同して、国防大臣ヴェルナー・フォン・ブロンベルク上級大将を訪問、大島案について協議したのである。ブロンベルクは「非常に大きな関心」

を示し、「可及的速やかにリッベントロップと話し合うよう」ハックに求めた。

かかるブロンベルクの反応を知らされた大島は、ドイツ軍も乗り気であると信じ、協定草案の準備に取りかかる一方、東京の陸軍参謀本部に訓令を乞うた。一〇月一八日、参謀本部は協定の基本的な構想に賛成するとし、一一月下旬に特使をドイツに派遣すると応じてきた。一介の政商ハックを通じて、のちの日独伊三国同盟につながる大きなうねりが生じたのであった。

以後の日独交渉が、親中派の多かったドイツ国防軍やドイツ外務省の反対（ブロンベルクも国防省下僚の突き上げを受け、態度をひるがえして、日独接近に消極的になった）や、ソ連のタス通信が日独協定の調印近しと暴露した（一九三五年一二月一二七日）ことなどにより、ブレーキをかけられたことはよく知られている。その結果、一九三六年一一月二五日に締結された日独協定は、当初の軍事同盟をめざすものから、反共活動における提携を約した「防共協定」に留まることになった。しかし、防共協定締結へのハックの貢献は、たとえ公には認められないにせよ、きわめて大きかったことは日本側もよく識っていた。その功績により、ハックは勲三等瑞宝章を授けられたのである。[37]

さて、本節の補足として、この間に彼が取っていた立ち位置について、触れておこう。右のような経緯から、大島主導による「陸軍の協定」締結の仲介役となったハックではあったが、やはりなお日本海軍との関係が深かったことが指摘し得る。事実、大島＝日本陸軍の線で秘密裡に進められてきた交渉を、日本海軍にリークしたのはハックであった。一九三六年前半に、彼は、日独合作映画『新しき土』プロデュースのためと称して、日本に滞在している。その際、出発直前の一九三五年一二月末に日本海軍武官府に挨拶に来たハックは、訪日の真の目的は映画制作にあらず、実は日独協定をめざしての根回し、情報収集であると洩らした[38]。これを聞いた横井海軍武官は、ただちに東京の海軍次官ならびに軍令部総長に情報を打電し、日本海軍は陸軍側が日独協定を策していることをようやく知ったのだった[39]。

一方、防共協定締結交渉と並行して、ハインケル航空機の対日売却も順調に進んでいた。一九三四年末にはじまった急降下爆撃機の日本海軍への売却交渉も、ドイツ航空省との交渉を重ねつつ、愛知時計電機を通じて具体化していた。またハックは、高速輸送機Ｈｅ70型の売り込みにも着手している[40]。

つまり、ハックは、リッベントロップ、カナーリス、ハインケルといったドイツ側要人の支持と自らの日本人脈を活用し、そのキャリアの絶頂にあったのだ。だが、翌一九三七年、ハックの運命は暗転することになる。

四　失脚と亡命

一九三七年三月一〇日、ナチ党東京・横浜地区指導者ハインリヒ・ロイは、ナチ党外国組織(Auslandorganisation der NSDAP)指導部宛に一通の報告書をしたためた。そこには、「ハック博士が、一九三六年春と夏に〔映画制作のための〕派遣団員、もしくは私人のビジネスマンとして日本に滞在していた折、ドイツの某筋から、日本における何らかの政治的任務を委託されていたのではないか」という疑問が率直に表明されていたのである。しかも、ハックは「当地のドイツ通信社代表に対し、事態の経緯について講釈した」というのであった。[41] ついで四月五日には、ハックが防共協定締結推進の任を帯びていたとの噂の真相解明を求める手紙が、ナチ党外国組織指導部に送られている。[42]

これら二通の書簡は、同指導部の意見書を添付した上で、組織部長に提出された。その組織部長とは、総統代理のルドルフ・ヘスを後ろ盾とし、リッベントロップと激しい政争を繰り広げていたエルンスト・ヴィルヘルム・ボーレだったのである。このボーレ宛報告書には、「ハック博士とのあいだに、何らかのかたちで存在している関係について、リッベントロップ大使の事務所に照会するのは不適切である」と、意味深長な意見が表明されている。[43]

ナチ党外国組織指導部は、ただちに調査に乗り出した。その結果、「ハック博士は、事実、示唆されたような方向での一定の任務を有していた」と伝える手紙が「伝書使による送達・極秘」扱いで、日本支部宛に送られた。[44] これを受けた日本支部は、「この問題は、今日もはや公式に否定するかどうかということではない。ハック博士の軽率さのおかげで、現在、あらゆる民族同胞〔Volksgenossen. この場合は在日ドイツ人の意〕が、本当の経緯を知っている」と、憤懣《ふんまん》をぶちまけたのである。[45]

こうしたやり取りからは、ライバルたるリッベントロップの手の者によって、防共協定交渉のような外交上の重要事項を抜け駆け的に実行されたナチ党外国組織の驚愕、さらには、情報をリークしたばかりか、在日ドイツ人に対して、おのが功績を誇ったハックに対するナチ党東京支部の憤怒が伝わってくる。ハックが自覚していたか否かは措くとして、ここで彼はナチス・ドイツ内部の権力闘争において、強力な敵をつくったのであった。そして、敵はナチ党だけではなかった。

前述のように、ハックはハインケル航空機の売り込みに長年従事し、日本陸海軍に食い込んでいた。

ライヒ航空産業連盟（Reichsverband der Luftfahrt-Industrie）日本代表ゴットフリート・カウマンは、かかる状況を快く思わなかった。カウマンは元来ユンカース社の人間であり、ハインケル社を背景とするハックが持つ日本への影響力は、おのが業務の障害になると考えたのである。かくて、両者の関係は、最初から険悪なものとなった。

カウマンはまず、一九三三年一月一二日に、ハインケル社に対し、以後同社の日本代表業務は自分が引き受けると通告している。当惑したハインケル社側は、ハックの存在をカウマンに告げ、彼と直接協議するように求めた。むろん、ハックは、この会談でカウマンの介入を拒否している。ところが、カウマンは日本海軍武官府を訪ね、ハインケルはハックの仕事ぶりを不満に思っているから、「私――カウマン――が同社の日本における代表権を引き継ぐ」と宣言したのであった。日本海軍武官からこの発言を聞いたハックは激怒し、三月二三日にハインケル社のベルリン事務所を訪問、同社の責任者を詰問した上で、ハインケル社の日本での代表権は唯一ハックが有しているとの証明書を発行するように迫ったのである。[46]

こうして、ハックとカウマンの抗争は激烈なスタートを切ったのだが、それは単なる兵器ブローカーの利権争いにとどまらなかった。というのは、ハックとカウマンは、いわばドイツの極東政策における二つの潮流を代表していたからだ。当時のドイツ極東政策は、親日と親中の二つの路線のあいだで動揺していたのであるが、ハックが前者の代表であるとするなら、カウマンは後者の線で動いた。一例を挙げれば、カウマンは、一九三四年ごろ、中国国民政府に働きかけて、同国にユンカース社の航空機工場を建設すべく、画策している。[47] しかも、カウマンが、かかる方針を堅持する限りは、同じく親中派の航空大臣兼空軍総司令官ヘルマン・ゲーリングの支持を期待できた。ゲーリングは、一九三六年初めには経済政策の全権奪取を策していたが、彼の対外経済政策において、中国は重要な地位を占めたからである。当時のドイツが軍拡実行のために追求していた工業製品と原料のバーター協定の相手国として、多くの資源を有し、近代化の途上にある中国はうってつけだったのだ[48]。したがって。親日政策を取るハック＝ハインケル勢力は、親中派のカウマン＝ゲーリングにとっては、排除すべき存在ということになる。

いずれにせよ、ナチ党、そして、ゲーリングを後ろ盾とするカウマンと対立したハックは、一九三七年七月初頭にドラスティックな転落を迎える。カナーリスの命を受け、パリに出張する直前、「男色罪」（当時のドイツでは、刑法により同性愛は犯罪とされていた）の名目で逮捕・投獄されたのである。この事件の裏には、国家保安本部長官ラインハルト・ハイドリヒ親衛隊中将とカナーリスの確執があったと、酒井直衛は推測している[49]。その真偽を史料的に裏付けることはできないが、すでに述べたような経緯から、ハック逮捕は、リッベントロップ＝カナーリス連合に対するゲーリングと党・親衛隊筋の反撃とみても、あながち的外れではなかろう。

ともあれ、この一撃に対し、日本側はすぐさまハック救出に乗り出した。まず駐独大使となっていた大島からリッベントロップに、またハックの友人を通じてゲーリングにも運動したけれども、効果が現れない。そこで、ドイツが軍拡のために外貨獲得を必要としている点に着目し、日本海軍のハインケル機購入交渉にあたり（当然、日本からの外貨獲得が期待される）、ハックが自由に活動できる立場にあることが必要であると小島海軍武官がドイツ側に申し入れた。こうして、ハックはようやく釈放されたが、ドイツ国内にいることに危険を感じ、一九三七年末に日本に渡ったのである。だが、そこには仇敵カウマンが待っていたから、日本に滞在することも困難になり、パリに赴いたのであった。[50]

おわりに——情報提供から和平仲介へ

流浪の身となったハックは、欧州戦争勃発直前、一九三九年八月一四日にパリを離れ、同二五日、チューリヒ市クーアハウス通り六五番地の「グランドホテル・ドルダー」に居を構えた。以後、彼は、このホテルを拠点として、戦争を逃れてきた富裕な商人を装いつつ、[51]日本海軍のために働くことになる。スイスにおける武器取引や機械購入資金の金融などを担当しながら、[52]その人脈を通じて得た情報をベルリンの日本海軍武官府に送ったのだ。

こうしたハックの活動は、合法的なそれのみならず、諜報の領域に踏み入ったものも少なくなかったと思われる。スイス警察当局の報告によれば、ハックは、一九四〇年一月の「ミンゲルハム卿」との交友に関してスパイ活動の嫌疑をかけられたのを皮切りに、一九四二年八月、一九四三年二月と、秘密捜査の対象になっていたのである。[53]かかる危険を冒しているだけあって、ハックは、ドイツ国内情勢の分析、一九三八年のドイツとオーストリアの合邦問題の背景など、貴重な情報をもたらしていた。[54]

しかし、欧州戦争が勃発し、日本の対応が問題となってくると、ハックの報告は、しだいに警告の色彩を帯びてくる。たとえば、一九四一年には、アメリカは「しきりに対独開戦の口実を捜している。もし此の正面工作がうまく成り立たない場合には必ずや後門の工作、即ち日本を刺激昂憤せしめて、開戦に捲き込む方策をとるかも知れぬ。日本側としては絶対に此の謀略に引きずり込まれぬことが肝要だ」と日本の軽挙妄動を戒めている。[55]

この忠告にもかかわらず、日本が参戦すると、ハックは早期和平を唱えだした。酒井直衛は、こうした意見を容れ、一九四二年一月ないし二月ごろから、ハックを通じて米英との接触を保持するように努めた。酒井の回想によれば、駐独海軍武官横井忠雄大佐は、この件を了承、東京に報告するとともに、アメリカとの了解を得るべく試みよと命じたとの由である。これを受けて、酒井は一九四三年にスイスに向かった。ベルンからチューリヒへ向かう列車の車室内で、ハックにより、アメリカ戦略事務局(Office of Strategic Services)欧州総局長アレン・ダレスの秘書ゲーロ・フォン・ゲヴァーニッツに引き合わされた。ゲヴァーニッツはハックの同級生で、合衆国の市民権を取った人物であった。この会談で、日本海軍とアメリカの接触を維持することが確認されたのだ。[56]

一九四四年に入ると、和平工作はまた一歩前進する。一九四三年に横井の後任として、潜水艦でドイツに赴任した小島秀雄は、酒井から、ハックを通じたアメリカとの接触について打ち明けられた。さらに、ハックは、ダレスとの交渉のため、将官クラスの人物をスイスに派遣するよう要請してきた。小島は自ら責任を負い、スイスに赴く決意を固めたが、スイス当局にヴィザ発給を拒否されたため、それは成らなかった。小島が、のちにスイス駐在のドイツ陸軍武官より聞いたところによると、イギリスのBBC放送が、小島は特命を帯びてドイツに来たとのコメントを出したおかげで、スイス政府が警戒したということであった。[57]

小島はやむなく、一九四五年二月末、自分の代わりにスイスに向かい、ハックと連絡を取って、連合国に関する資料情報を調達せよと、藤村義一海軍中佐に命じた。[58] 藤村は三月初めにスイスに入り、[59] ハックならびにダレス機関と接触した。いわゆる「藤村工作」が開始されたのである。この和平の試みが東京の不信と懐疑に遭って挫折したことは、よく知られている。しかしながら、かくのごとき重大な工作が、フリードリヒ・ハックという一民間人によって主導されていたことは記憶されて然るべきであろう。

ハックという「政治的投機者」は、ヒトラーの政権掌握とともに生じた旧体制の動揺に乗じて、極東政策というドイツ外交の「周縁」部に台頭し、防共協定の仲介役を果たした。ついで、国際政治における日本ファクターが、第二次世界大戦の拡大によって、より重要となったときには、日米和平交渉で枢要な位置を占めるに至ったのだ。ハックはまさしく、ナチズム体制の成立過程で出現した「政治的投機者」の顕著な例であった。かくのごとき人物の存在は、ナチズムがドイツの政治と社会にもたらした変動の大きさの一証左となっているのである。

注

▼1　たとえば、Peter Hüttenberger, „Nationalsozialistische Polykratie“, *Geschichte und Gesellschaft*, 2. Jg. (1976), H. 4, S. 424-431 を参照のこと。

▼2　筆者は、ハックに関して、一九九五年に二本の論文を発表している。大木毅「フリードリヒ・ハックと日本海軍」、『国際政治』第一〇九号；同「『藤村工作』の起源に関する若干の考察」、『軍事史学』第三一巻第一・二合併号。本章は、これらの論文をもとに、その後の研究の進展を踏まえて、あらたにまとめたものである。なお、そうした拙稿発表以降

の新しい文献として、足立邦夫『臣下の大戦』新潮社、一九九五年や、中田整一『ドクター・ハック　日本の運命を二度にぎった男』平凡社、二〇一五年があるが、本章の趣旨を変更する必要は認めなかった。

▼3　ND.1404/44, Polizeikorps des Kantons Zürich an das Polizeikommando Nachrichtendienst, 19. Juli 1944, Schweizerisches Bundesarchiv (SBA), C. 16.3097, von Gaevernitz, Gero 1901. この史料は、スイス警察当局の報告書である。以下ND.1404/44 と略記する。

▼4　*Reichshandbuch der deutschen Gesellschaft*, Bd. 1, Berlin 1931, S. 631f. ただし、この紳士録に収められているのは、ハックその人ではなく、兄ヴィルヘルム（Wilhelm）の経歴である。

▼5　スイスで終戦工作に関与した藤村義一（戦後、義朗と改名）の回想およびＧＨＱに対する陳述による。藤村義朗「痛恨！ダレス第一電」、文藝春秋編『「文藝春秋」にみる昭和史』第一巻、文藝春秋、一九八八年（初出は『文藝春秋』五月号、一九五一年）、六一四－六一五頁；同『想い出の記』私家版、一九七三年、六－七頁；Dec. No. 64118, Statement of October 24, 1950 and October 26, 1950 by ex-Cmdr. FUJIMURA Yoshikazu, National Archives and Records Administration (NARA), YD 128, Japanese Officials on World War II（筆者は、国立国会図書館憲政資料室所蔵のマイクロフィルム版を利用した。また、この史料の抄訳は、江藤淳監修、栗原健・波多野澄雄共編『終戦工作の記録』下巻、講談社、一九八六年、二八六－二九五頁に収められている），p. 5. ハックの学位については、「日本帝国俘虜情報局独逸及墺洪国俘虜名簿　大正六年六月改訂」、二頁（外務省外交史料館 5. 2. 8. 38「日独戦争ノ際俘虜情報局設置並独国俘虜関係雑纂」第一巻の一）による。以下、邦文史・資料は、旧字旧かなを新字新かなに直し、句読点を補って引用する。

▼6　駐独海軍武官府に長く勤務した酒井直衛の回想による。『ウェスタン・トレーディング株式会社小史「二十年のあゆみ」』私家版、一九六八年、三一－三二頁；秦郁彦編『世界諸国の制度・組織・人事　一八四〇－一九八七』東京大学出版会、一九八八年、二九四頁。ただし、この酒井の回想には矛盾がある。というのは、ヴィートフェルトが駐米大使に任命されたのは一九二二年のことであり、そのあとに満鉄顧問事務所を継承したというのでは、「大戦終了後独逸に送還された」とする酒井の別の記述と齟齬《そご》を来《きた》すのである。本章では、時期はともかくとして、ハックがヴィートフエルトの事務所を引き継いだという記述のみを採用したい。おそらく実際にはヴィートフェルトが大使に転じる以前に、ハックが事務所を引き継いでいたものと思われる。

▼7　Bescheinigung des Konteradmirals a.D. Saxer, Zuletzt Chef des Stabes beim Gouvernement Kiatschou, 10. Dezember 1934, Hack-Papiere. この証明書を含む文書群は、ミュンヘン在住のハックの甥、ラインハルト・ハック氏が所蔵していたものを、フライブルク大学名誉教授ベルント・マルティン博士が発掘された。筆者の閲覧を快諾されたマルティン名誉教授ならびに、その写しの通読を許可してくださった田嶋信雄成城大学教授に心より感謝したい。以下、本文書群はHack-Papiere と略記する。

▼8　前掲「日本帝国俘虜情報局独逸及墺洪国俘虜名簿」、二頁。Foreign Office, No. III b 13602, 79839, Note Verbale, Berlin, April 28, 1916; Letter from Japanese Foreign Minister to the Ambassador of the USA, Tokyo, Jan 31, 1917（外務省外交史料館、五．二．八．三八、「日独戦争ノ際俘虜情報局設置並独国俘虜関係雑纂」第九巻)。C・バーディック／U・メースナー『板東ドイツ人捕虜物語』海鳴社、一九八二年、第三章も参照。

▼9　注6に示したように、酒井の回想には若干の矛盾がある。ハック文書によれば、三菱商事が一九二〇年にヨーロッパ視察団を派遣した際、彼を随行させるとの契約を結んでいる。ハックはおそらく、この三菱視察団とともに帰国したものと思われる。Agreement between Mitsubishi Co. and Dr. Hack, Tokyo, January 26, 1920, Hack-Papiere.

▼10　『二十年のあゆみ』、三二頁；『臣下の大戦』、九八頁。

▼11　Dr. Hack an Kapitänleutnant Steffan, 13 Juni 1923, Bundesarchiv-Militärarchiv（BA-MA), RM 20/1638, Bl. 7.

▼12　Unterredung mit dem japanischen Marineattaché, 6. Februar 1925, BA-MA, RM 20/1638, Bl. 34-35. 酒井の回想にも、日本に仲介された主なものはロールバッハ飛行艇とハインケル飛行機とあり、ドイツ側の文書と一致する。『二十年のあゆみ』、三三頁。

▼13　こうした事情に関する研究として、以下を参照。John W.M. Chapman, Japan and German Naval Policy, 1919-1945, Josef Kreiner（Hrsg.), *Deutschland-Japan. Historische Kontakte*, Bonn 1984; ders, „Japan in German Aviation Policies of the Weimar Period“, Josef Kreiner（Hrsg.), *Japan und Mittelmächte im Ersten Weltkrieg und in den zwanziger Jahren*, Bonn 1986, S. 163-171; Berthold J. Sander-Nagashima, Die deutsch-japanischen Marinebeziehungen 1919 bis 1942, Diss., Universität Hamburg, 1998, S. 50-109. また、兵器のみならず、より広範な両国の技術関係に関するエーリヒ・パウアーの論文「日独技術交流とその担い手」、工藤章・田嶋信雄編『日独関係史　一八九〇－一九四五　III　体制変動の社会

的衝撃』東京大学出版会、二〇〇八年。

▼14　ハインケル社の文書によって氏名を特定できるかぎりにおいても、一九二八年の吉村定雄造兵少佐の視察を初めとして、片平琢治機関少佐（一九二九年）、安本武之助造兵大尉（一九三〇年）、鉾立毅機関中佐および星忠雄機関大尉（一九三〇年）ほか、多数の海軍技術関係者が、ヴァルネミュンデその他のハインケル社工場を訪問している。Briefwechsel des Dr. Ernst Heinkel mit den japanischen Marineleute, Archiv der Firma Heinkel (AFH), Korresp. Prof. Heinkel mit Japanern 1928 u. Dr. Hack, Brief Oshima 1955, 1953-1957, 1986 Japan. Fernsehen（以下 Heinkel-Japan と略記）. 一九九二年の筆者の調査にあたり、こころよくハインケル社文書の閲覧を許可してくださった当時の同社社長K・エルンスト・ハインケル氏に深甚なる感謝を捧げる。

▼15　Ernst Heinkel, *Stürmisches Leben*, Stuttgart 1953, S. 149-166（エルンスト・ハインケル『嵐の生涯』（松谷健二訳）フジ出版社、一九八一年、一一〇－一二一頁）; Briefwechsel zwischen Heinkel und Hideo KOJIMA, 18. Dezember 1952 u. 21. Januar 1953, AFH, Heinkel-Japan. いちいち引用しないが、愛知時計電機とハインケルの関係を示す文書は、Heinkel-Japan に多数みられる。

▼16　Briefwechsel zwischen Heinkel und Y. HASHIGUTCHI, 8. April, 14. Juli, 12. August 1931 u. 1. Februar 1932; Hacks Brief an Heinkel, 6. Mai 1931, AFH, Heinkel-Japan.

▼17　HASHIGUTCHIs Brief an Heinkel, 14. Juli 1931, AFH, Heinkel-Japan. なお、〔　〕内は大木の補註。以下同様。

▼18　Hacks Brief an Heinkel, 26. August 1932, AFH, Heinkel-Japan.

▼19　『二十年のあゆみ』、三四頁。

▼20　Briefwechsel zwischen Hack und Heinkel, 22. August, 23. August u. 26. August 1932, AFH, Heinkel-Japan; Hacks Brief an das Auswärtiges Amt (AA), 5. September 1932; Bericht der deutschen Botschaft in Tokyo J. Nr. 2531, 8. September 1932; Briefwechsel zwischen Hack und dem Legationsrat Cziburinski, 4. Oktober u. 7. Oktober 1932, Politisches Archiv des Auswärtugen Amtes (PAAA), R85934. なお、本章で引用したドイツ外務省政治文書館所蔵史料の整理番号は、筆者が一九九〇年から九二年にかけて調査した当時のものである。その後、旧東ドイツが保管していた外交文書の受け入れとともに、同文書館の整理番号は全面的に改められた。したがって、ここで引用されているドイツ外務省文書を調

査する場合には、閲覧の前に、アーキヴィストの協力を得て、新旧の整理番号を照合する必要がある。以下同様。

▼21 NSDAP Gauleitung Groß-Berlin ag 2065, 24. April 1933, PAAA, R104900.

▼22 Leg. Rat Czibulinski an der Gauleitung Groß-Berlin und Daluege, 17. Mai 1933, PAAA, R104900.

▼23 Aufzeichnung E.O. IV Ja 553, 13. Juni 1933; Sitzungsprotokoll, 13. August 1933, PAAA, R104900.『二十年のあゆみ』、三六頁も参照。

▼24 Vermerk e.o. IV Ja 438, 12. April 1934, PAAA, R85952.

▼25 ナチ党員関係の文書が保管されているベルリン・ドキュメント・センターには、ハックの党員カードその他はなかった。Berlin Document Centers Antwort an den Verfasser, 11. 2. 1993. ベルリン・ドキュメント・センターはアメリカ合衆国の管理下にあったが、一九九四年にドイツ連邦文書館に編入され、所蔵文書もドイツに返還された。

▼26『二十年のあゆみ』、三八頁。

▼27 ベルント・マルティンが実施したインタビューによる。Prof. Dr. Bernd Martins Interview mit Hideo KOJIMA, 19. September 1969. 貴重なインタビュー記録の閲覧を許可してくださったマルティン名誉教授に心より感謝したい。

▼28 Hacks Brief an Leg. Rat Czibulinski, 28. August 1933, PAAA, R85918.

▼29 田嶋信雄『ナチズム極東戦略』講談社、一九九七年、三八－五〇頁。

▼30 Prof. Dr. Bernd Martins Interview mit Naoe SAKAI, 12. August 1969.

▼31 Heinkels Brief an den Dirktor der Deutschen Lufthansa A.G., Frhr. v. Gablenz, 30. April 1937, AFH, Heinkel-Japan.

▼32 田嶋、五六－六八頁。

▼33 Akten-Notiz, Besprechung mit General von Blomberg, 25. September 1935, Hack-Papiere.

▼34 zu dem Entwurf, 4. Oktober 1935, Hack-Papiere.

▼35 Canaris an M des Ob. d. M., Nr. 30/35 g. Kdos., 12. November 1935, Mitteilung von General Oshima, BA-MA, RM11/1, Bl. 302. なお、この史料と同文の一九三五年一一月七日付文書が「ハック文書」中にあるため、このカナーリス報告はハックを情報源としているものと推測される。Akten-Notiz, 7. November 1935, Hack-Papiere.

▼36 武者小路公共『外交裏小路』講談社、一九五二年、一九一頁。

▼37　田嶋、六九－一四八頁。

▼38　その成否は不詳であるが、ハックは、陸軍参謀総長、参謀次長、陸軍大臣、海軍大臣、海軍軍令部・外務省の要人、陸海軍の侍従武官、三井・三菱・住友・大倉の各商事の幹部、関東軍司令官などとの会見を企図していたらしい。Aktennotiz ohne Datum, Hack-Papiere.

▼39　読売新聞社編『昭和史の天皇』第二〇巻、読売新聞社、一九七二年、一四三－一四四頁。

▼40　AFH, Heinkel-Japan, pssim; Telegramm Nr. 143, 27. November 1935, PAAA, R30087, Bl. E413877; Drahtbericht des deutschen Marineattachés Tokio Nr. 31, 8. März 1935, Deutsche Botschaft. Der Marineattaché B. Nr. G80 an das Reichsluftfahrtministerium, 15. März 1935, BA-MA, RM11/18.

▼41　Brief der Landesgruppe Japan/Ortsgruppe Tokyo-Yokohama Nr. 559 an die Leitung der Auslandorganisation der NSDAP, 10/31. März 1937, PAAA, R27202, Bl. 39457.

▼42　Brief der Landesgruppe Japan Nr. 291 an die Leitung der AO. der NSDAP, 5. April 1937, PAAA, R27202, Bl. 39458.

▼43　Meldung von der Leitung der AO der NSDAP an den Chef der AO. im AA, 26. April 1937, PAAA, R27202, Bl. 39454.「大使」とあるのは、当時リッベントロップが駐英大使に任ぜられていたためである。

▼44　Brief von der Leitung der AO. der NSDAP an Landesgruppe Japan, 30. April 1937, PAAA, R27202, Bl. 39465.

▼45　Brief der Landesgruppe Japan Nr. 334 an die Leitung der AO. der NSDAP, 28. Juni 1937, PAAA, R27202, Bl. 39466.

▼46　Aktennotiz über Besprechung mit Dr. Hack im BB, 22. März 1933, AFH, Heinkel-Japan.

▼47　Trautmanns Telegramm Nr. 8 an AA, 30. März 1934; Durchschlag Deutsche Gesandtschaft Nr. 233, 14. März 1934, PAAA, R32877, Bl. E630062, E630064ff.

▼48　ゲーリングの親中路線については、Alfred Kube, *Pour le mérite und Hakenkreuz. Hermann Göring im Dritten Reich*, 2. Aufl., München 1987, S. 166-171 を参照。

▼49　『二十年のあゆみ』、三八頁。

▼50　『二十年のあゆみ』、三九－四一頁。

▼51　ND. 1404/44. この報告によれば、ハックは「当地で課税対象となる財産が三〇万フラン（それ以上所有していると

いう!·)、一万二〇〇〇フラン以上の収入」があると豪語していたという。

▼52 Sb. Jap. 861.0 Nb. Notiz, 27. Mai 1942; Zahlungsverkehr mit Japan, SBA, 2001（D）285.

▼53 ND. 1404/44.

▼54 小島秀雄海軍少将文書「勤務録」、一九三七年二月八日条、一九三八年「車中談」。本文書は、小島少将のご子息、故小島尚徳氏のご理解とご厚意によって可能となった。記して感謝申し上げたい。

▼55 『二十年のあゆみ』、四三－四四頁。

▼56 Prof. Dr. Bernd Martins Interview mit Naoe SAKAI, 12. August 1969.『二十年のあゆみ』、四四－四五頁。

▼57 Prof. Dr. Bernd Martins Interview mit Naoe SAKAI, 12. August 1969; Prof. Dr. Bernd Martins Interview mit Hideo KOJIMA, 19. September 1969; SAKAIs Brief an Dr. B. Martin, 20. Februar 1970.

▼58 Prof. Dr. Bernd Martins Interview mit Hideo KOJIMA, 19. September 1969.

▼59 HUZIMURAs Gesuch um Erteilung einer Einreisebewilligung in die Schweiz, 6. Februar 1945, SBA, 2001（D）3/85.

第二章　フェルディナント・ハイエ
――ドイツの対「満洲国」外交で暗躍した政商

図 2-1　フェルディナント・ハイエ
Bruno Kammann, *Gerresheimer Glas. Geschichte einer Weltfirma (1840-2000). Ein Beitrag zur Wirtschafts-, Sozial- und Stadtgeschichte Düsseldorfs*, Essen 2007, S. 153.

図 2-2　アルフレート・ローゼンベルク
Wikimedia Commons (Bundesarchiv, Bild 146-1969-067-10).

田嶋信雄

フェルディナント・ハイエ　(Ferdinand Heye 1897 – 1950 年)
ドイツの実業家。祖父はデュッセルドルフ近郊ゲレスハイムでワインの瓶などを生産するドイツ有数のガラス会社の創設者であり、ハイエ自身、第一次世界大戦後にゲレスハイム硝子会社の理事に就任した。他方すでに 1920 年代から満洲における商売に関心を持ち、「アイゼントレーガー＝ハイエ商会」を奉天とベルリンに設立した。1933 年 1 月 30 日にナチスが権力を握ると、ナチ党外交政策局に参加し、ゲーリングおよびヒトラーの後ろ盾を得て、「ドイツ帝国政府コミッサー」として独「満」貿易関係に介入した。しかしそのディレッタントな交渉態度と交渉内容が東アジアで異様な混乱を引き起こしたため、ドイツ外務省の働きかけを受けたヒトラーに最終的に解任された。その後ハイエはオランダにあるガラス工場の経営に専念したが、第二次世界大戦の前夜アメリカに亡命し、1950 年に死去した。

はじめに――一九三三年九月の新京

一九三三年九月、フェルディナント・ハイエと名乗る一人のドイツ人が「満洲国」の首都新京を訪問した。関東軍の謀略による満洲事変の勃発（一九三一年九月一八日）から約二年が経過した時点であった。

その二年の間、一九三二年三月一日には傀儡国家「満洲国」が成立し、一九三三年五月二八日には塘沽停戦協定が締結され、満洲事変には一応の終止符が打たれた。

日本は、一九三二年九月一五日に日満議定書に調印し、すでに「満洲国」を承認していた。しかしながら一九三三年二月二四日に開催された国際連盟総会ではリットン報告書とヘンリー・スティムソンの不承認主義を反映した決議が採択されており、三月二七日、日本は国際連盟の対日勧告決議案採択に抗議して国際連盟からの脱退を正式に通告した。

一方、一九三三年一月三〇日に成立したドイツのナチス政権は同年二月二四日の国際連盟決議に賛成しており、必ずしも東アジアにおける日本の侵略行動を支持していたわけではなかった。ハイエが東アジアにやってきたのはまさしくこのような時期であった。

ハイエはまず九月六日、関東軍司令部に小磯国昭参謀長を訪ねた。その際ハイエは「満洲産業開発に寄与する目的を以て日独満三国の合弁会社を設立」する希望を述べたのである。次いでハイエは、「これを許容せらるるにおいては、ドイツは満洲国の独立を承認」するだろうと表明したのである。[1] 小磯が当惑したのは言うまでもない。

さらに小磯につづき、ハイエは在満洲国日本大使館（大使は菱刈隆関東軍司令官の兼任）の谷正之参事官を訪問した。その際谷は、ハイエの「満洲国承認論」に対し、「連盟の不承認決議に参加し居れる独逸政府の立場を如何に調和すべきや」と尋ねたのである。ハイエはこれに対し次のように答えた。「秘密条約により承認すべし」。これを聞いた谷は呆れ返り、当然にも、ハイエに対し「一般に重きを置くに足らざる印象」を抱いたのである。

一見して明らかに外交の素人であるハイエは、しかし、その後東アジアの国際関係において異様な緊張をもたらすことになる。しかもその騒動は、ドイツ本国における伝統的支配層の牙城ドイツ外務省と、ナチ党、とくにアルフレート・ローゼンベルクを長とするナチ党外交政策局との激しい権力闘争の反映でもあった。

本章では、このハイエがもたらした東アジア国際関係の混乱状態を分析することとしたい。[2]

一　ハイエの「満洲国」訪問（一九三三年九月）前史

(1) フェルディナント・ハイエ

ハイエは一八九七年にデュッセルドルフに生まれた。祖父はデュッセルドルフ近郊（当時）ゲレスハイムでワインの瓶などを生産するドイツ有数のガラス会社の創設者であり、父も同社の理事であった。[3]祖父と父はともにデュッセルドルフ市の商業顧問官をも兼任していた。ハイエはいわば名家の三代目として生まれたのである。大学卒業後、プロイセン槍騎兵隊の少尉として第一次世界大戦に参加し、戦後はゲレスハイム硝子会社の理事に加わり、また同時に多くの企業に監査役として関わるなど、実業面での活動を開始した。[4]

他方すでに一九二三年頃から満洲における商売に関心を持ち、知人とともに「アイゼントレーガー＝ハイエ商会」を奉天（現瀋陽）に設立し、ベルリンにも同名の会社を設立した。[5]ただし満洲ではこの会社が密貿易や悪徳商売に手を出しているという噂が絶えなかった。ハイエはモルヒネ商売の内輪もめで、かつての商売仲間の一人を自殺に追いやっている。他方でハイエは関東軍の特務機関とも一定の政治的接触を保っていたようである。[6]

そのような具合で、満洲での商売ははかばかしくなかったが、その後ドイツに戻り、おそらくルール地方経済界での人脈を通じて親ナチス派の大物財界人フリッツ・テュッセンと知り合いになった。さらにテュッセンを通じて、ナチスの権力掌握前の一九三一年一一月にナチ党の幹部ヘルマン・ゲーリングに接近したのである。[7]ハイエは、「まもなくわれわれが渇望していた政府の樹立が期待される。われわれの目的も達成しうる」とほくそ笑んだのである。[8]

(2)ナチスの権力掌握とハイエの登場

一九三三年一月三〇日、ハイエが「渇望」していたヒトラー内閣が成立した。ハイエは、ナチスの権力掌握後、ゲーリングに加え、今度はナチ党外交政策局の後ろ盾を得るにいたった。ナチ党外交政策局は、党のイデオローグであるローゼンベルクの指導のもとにあった党機関で、外交政策分野におけるナチ党の活動を担うことを目的とした組織であった。[9]こうしたことから、ナチ党外交政策局は、ドイツの伝統的な官僚組織である外務省とは厳しい対立関係にあった。ナチ党外交政策局の局長ローゼンベルクと、その対外貿易課長ヴェルナー・ダイツは、外交政策分野におけるチャンスとしてハイエの構想する独満貿易論に飛びついたのである。

権力掌握後の約一カ月後の一九三三年三月六日、ハイエは、ゲーリングの推薦状をもって初めてドイツ外務省を訪問した。ゲーリングの紹介状には、「私の立場からは極東情勢の重要性の程度が見渡せない」と記してあった。対応した外務省第四局長(北欧・東欧・東アジア担当)リヒャルト・マイアーに対しハイエは次のように述べた。ドイツ資本とドイツ産品により満洲国および内蒙古を開発するために、ドイツ国家予算にもとづく銀行を設立すべきである。さらに、「日本に影響力を行使してウラジオストックを攻撃せしめ、ボリシェヴィズムに止めを刺すために、シベリアからバイカル湖へと攻撃せしめる」必要がある。その上でハイエは、「一種の特命全権大使として東京を訪問し、そこで交渉を行いたい」

という希望を述べたのである。

外務省のマイアー局長がこうしたハイエの態度に呆れ返ったのは言うまでもない。マイアーはハイエに提案を具体的な書類にして再び提出するようもとめたが、それはゲーリングやローゼンベルクに配慮した上での「丁重なお断り」以外の何物でもなかった。実際マイアーは、会談についてのメモの末尾に次のように書き加えたのである。「ハイエはルガーノに帰ったほうがいいだろう」。ちなみに、イタリアのルガーノは当時のハイエの居住地であった。

しかしながらハイエは計画を断念しなかった。すなわち彼は、ナチ党外交政策局長ローゼンベルク、同対外貿易課長ダイツおよびテュッセンの委託を受け、一九三三年夏、日本および満洲国を視察旅行し、両国の関係当局と独満貿易に関する交渉を試みるにいたったのである。

二　ドイツ外務省とナチ党外交政策局との対立

(1)ハイエとナチ党外交政策局

その後、一九三三年九月にハイエが日本および満洲国を訪問し、関東軍の小磯国昭参謀長や満洲国駐在日本大使館参事官の谷正之参事官と会談したことはすでに本章の冒頭で見た通りである。すなわちハイエは、ナチ党外交政策局やテュッセンの後ろ盾のもとに満洲国を訪ねてみたものの、小磯や谷らからほとんど相手にされることなく終わったのである。

しかしながら、もちろんハイエはそれにまったく甘んずることがなかった。すなわちハイエは、この東アジア旅行からの帰国後、ベルリンにおいて、一層強力に対満洲国政策への組織的介入を試みることとなった。ハイエは、テュッセンの協力を得て、一九三三年一一月一四日、「独満輸出入有限会社」を設立したのである。[10]

この貿易会社は半官的な組織であったが、その目的は、ナチ党外交政策局のもとに「外交政策の観点」から独満貿易をコントロールし、事実上それを独占しようというものであった。独満貿易に関わる既存の貿易商社は、ナチ党外交政策局の指導に従い、独満輸出入有限会社に協力しなければならないというのである。[11] しかもナチ党外交政策局対外貿易課長ダイツは、この会社の社長すなわちハイエを「経済上の全権使節ないし経済的全権を有する総領事」として満洲国に派遣するつもりでいたのである。[12] こうしてこの会社は、公的・独占的な権限を持ちながら独満貿易を独占することを目的とするものとして構想された。

こうした会社の設立が、外務省など権限が重なる関係各省庁や、独満関係を担う既存の貿易商社の反発を招くであろうことは言うまでもない。たとえば一九三三年一一月二三日にハイエおよびダイツと会談した外務省貿易政策局長カール・リッターは、「外務省は公的交渉や協定は一切望まない」と断言し、さらにハイエへの全権付与を否定していたのである。[13]

ハイエは、外務省からの支援を得られぬまま、一二月一六日に再び東アジアへ向けて旅立った。他方、ローゼンベルクおよびナチ党外交政策局は、外務省の抵抗を排除するため、ヒトラーに直訴するにいたった。「テュッセン＝満洲国問題とそれをめぐる様々な困難は、以下のことを明瞭に示しております。すなわち総統ご自身が個々の問題に介入しなければ、計画は一歩も前進しないということです」。「ほとんどすべての省庁でいまなお旧い利益集団が行動しており、また、国民社会主義者も一定の領域で活動しています。こうした理由から、以下のことが緊急に必要となります。すなわち、わが国の対外経済政策総体の組織化に関する仕事については、それを、総統の経済政策に知悉し、かつけっして一定の地位やグループの特殊利益にとらわれない人物の指導のもとに置くことです。それにより必要な事項が権威的に実現されるでしょう[14]」。

このローゼンベルクの報告は、満洲国問題をめぐるヒトラーの政治指導を考える場合、非常に興味深い点を含んでいる。すなわちここでは、満洲国問題において当時ヒトラーが確固とした政治指導を行っていなかったために、「必要な事項が権威的に実現」されていなかったことが示されているのである。

ハイエは一九三四年一月一八日に東京に到着して再び活動を開始し、一応東京駐在ドイツ大使館に出頭して支援をもとめた[15]。しかしその後東京駐在大使館は本省の指示に従い、ハイエの交渉が「私的」であることを強調したのである。すると、いままで「帝国宰相の口頭での支持と国務省ヘスの全権」を誇示していたハイエは、「次第に小さくなってしまった」のである。彼と面会した駐日大使ヘルベルト・フォン・ディルクセンによれば、ハイエは、「前年に極めて政治的な行動をしたのにいまさら私人扱いでは日本人に対しメンツを失う」ことを恐れているのであった[16]。

ハイエの当初の予定では、二月七日から九日のうちに渡満し[17]、三月一日の皇帝溥儀の即位前に満洲国を承認し、自分は「満洲国駐在初代ドイツ公使」として華々しいデビューを飾るはずであった[18]。しかるに、以上に見た外務省の態度により、こうした夢想は潰え去ってしまったのである。しかしハイエはそれにまったく満足せず、満洲国訪問を延期し、ナチ党外交政策局に救援をもとめた。ハイエによれば、誤解を生む「私的」という表現に代えて「党と国家の利益」を確認すべきであり、皇帝即位前の満洲国承認を含めて事態を調整することが「将来のために決定的に重要」なのであった。さらに彼は、「満洲国をめぐる状態はまことに嘆かわしく」、外務省の「人事的利害」は排除すべきであり、「公的利益のみが重要」と訴えたのである。[19]

(2) ヒトラーの決定（一九三四年二月中旬）

ハイエの交渉をめぐる停滞に危機感を抱いたローゼンベルクは、ダイツに加え、経済界における親ナチス派の立役者テュッセンをわざわざルール地方から呼び出し、ヒトラーとの面会を要求した。一九三四年二月中旬（一五日か一六日）、テュッセン、ローゼンベルク、ダイツとの会談でヒトラーはハイエの活動に承認を与え、彼に「満洲国との貿易関係の確立をめざす交渉の遂行」を委ねることに決したのである。[20] このヒトラーの決定は、それ以後の執行過程における激しい政府内政治の結果、ほぼ一年後に撤回されてしまう運命にあるが、この決定が、ナチ党外交政策局にとって望外の勝利であったことは言うまでもない。

ナチ党外交政策局は、この勝利にもとづき、ハイエに広範な行動の自由を与えるため、次のような訓令草案を用意したのである。「ハイエは、ベルリンで定められた経済計画に従い、暫定的なドイツのコミッサーとして、独満貿易関係を取り結ぶよう委託される。ハイエにはあらゆる支援が保証される。彼の活動に背馳する措置は停止される。日本政府には以上のことを通知するものとする」[21]。

しかし、外務省もこうした敗北に甘んずることはなかった。彼らは、ハイエに対する広範な権限付与を阻止し、ヒトラー決定の執行過程で自らの影響力を確保するため、満洲国との大豆貿易に利害を有する食糧農業相リヒャルト・ヴァルター・ダレーの支持を確保しつつ、先の訓令案に次のような留保を加えることに成功したのである。「自明のことではあるが、上記の権限にもとづくいかなる種類の取り決めも、正式な締結にいたる前に、承認の手続きのため帝国政府に提出されなければならない」[22]。この外務省による但し書きは、のちの政府内政治において大きな意味を持つこととなろう。

二　東アジア各界の混乱

(1)ハイエの再度の渡満

ナチ党外交政策局およびテュッセンへの支援要請に対するベルリンからの返答を待って帝国ホテルで焦燥の日々を送っていたハイエは、彼を「ライヒ全権委員」(Reichskommissar)に任命した一九三四年二月一七日付外務省電報を得て雀躍し、早速二月下旬にドイツ人秘書ツォーレスおよび数人の日本人顧問とともに渡満し、新京のヤマトホテルに居を構えて満洲国関係各部（外交部、財政部、実業部など）および満鉄、関東軍など関係各組織と交渉を行うこととなった。

ハイエは、二月二二日、外交部に加藤日吉・通商司政商課長を訪問し、さらに三月三日付で「独満経済協約に関する解説」なる文書を提出した。その趣旨は、要するに、独満輸出入有限会社を通じて、一億二〇〇〇万ＲＭ（ライヒスマルク）規模の満洲産大豆とドイツの工業産品をバーター取引しようというものであった。[23]

一方この間ハイエと接触した人々は、彼の行動に大きな不満を抱いた。まず日本・満洲国側は、駐日ドイツ大使ディルクセンに対し、「ヒトラーの全権」との自意識にもとづくハイエの言動が、東洋人に対する「心理学的な予備知識をほとんど有さず」、「余りに粗野且つ断定的」と訴えたのである。[24] また、日本および満洲国側から見れば、ハイエが連れている日本人顧問にも問題があった。ハイエの協力者は、「榊原農園主」榊原政雄、「謝介石の友人にして支那浪人」後藤武、「元宣教師にして専ら通訳の任に当たる」伊藤某らであった。このうち榊原政雄は奉天土地利権をめぐって中国側のみならず日本外務省や満鉄ともトラブルを起こした人物で、しかもその農園はアヘンの栽培で有名であった。[25] 日本および満洲国側は、彼らを「評判の悪い人物」と見なしていたのである。[26] さらにハイエの言動は、嘘偽りに満ちたものであった。彼は満洲国側との交渉において、自らの諸提案がすべて日本外務省および陸軍省の承諾を得ていると吹聴していたが、これはもちろんまったく根も葉もない主張であった。

(2)満洲在住ドイツ人社会との軋轢

さらにハイエは、東アジアのドイツ代表部やドイツ人社会に対しても問題ある行動を取った。ハイエは東京駐在ドイツ大使館や満洲国駐在ドイツ各領事館とのコンタクトを極力回避した。ディルクセン東京駐在大使によれば、「私が繰り返し継続的且つ完全な報告を強く要求しているにもかかわらず、ハイエの対応はまったく不十分」であった[27]。さらに、奉天駐在ドイツ領事館はハイエに、「貴下は交渉の詳細を月に一度も報告していない」と苦情を述べていた[28]。また、東アジア在留ドイツ経済界においてハイエと私企業たる独満輸出入有限会社のつながりが露呈すると、ハイエは「私は独満輸出入有限会社の設立には何等関与していない」との虚言で乗り切ろうとする有様であった[29]。さらにハイエの交渉が難航してくると、ハイエはその困難の責任をドイツ外務省およびその各出先機関に転嫁する姿勢を示した。すでに三月一四日の段階でハイエは次のように外務省を批判していた。「同権的な基礎にもとづく貿易・通商協定案は、相手方がそれに結び付けた〔満洲国〕承認要求をベルリンが拒否したから暗礁に乗り上げてしまった[30]」。こうしたハイエの姿勢はその後軟化するどころかいよいよ目に余るものとなり、ついには奉天駐在ドイツ領事館をして次のようにハイエを激しく批判せしめるほどとなった。「貴下の奉天での行動は、貴下があたかもミッションの破綻に備えて贖罪の羊をもとめて躍起になっているかのような印象を惹起している[31]」。

　ハイエとドイツ外務省出先の対立を典型的に示していたのは、彼と奉天副領事カール・クノールとの対立であった。クノールは満洲国側に問われて前年のハイエの満洲国旅行が「単なるナチ党の代表」ないし「単なる一商人」の資格で行われたことを明らかにした。このことは「ヒトラーの全権代表」と「ドイツの満洲国承認」を日本側に吹聴していたハイエにとっては著しく面子を潰される言動であった。東京に到着後満洲国側からこの話を聞いたハイエは「仰天」し、東京駐在ドイツ大使館を次のように批判した。「私は総統の了解のもとに行動しているのであるから、これは困ったことになる」。「これは総統の意思に合致するものではない」[32]。このハイエとクノールの対立は、結局二月中旬のヒトラー決定によりハイエの勝利に終わるが、これは両者の対立の第一幕にすぎなかった。現地満洲でクノールは、ナチ党奉天支部指導部と会談を持ち、「ハイエの新京での活動はもはや不可能である」としてハイエへの反撃に転じることになる。ナチ党奉天支部からこの話を聞いたハイエは激怒し、ただちにクノールに、いったいいかなる方法で「私の全権代表としての活動を支援しているのか」と書簡で詰問した[33]。この詰問に対するクノールの反応は強烈であった。「貴下は私に、いかに全権委員としての活動を支援したかと問うている。しかしどのようにそれをせよと言うのか。貴下は交渉計画の詳細について一度も報告を行っていない。貴下が新京で行った提案の内容を、私が日本人や満洲人に尋ねよとでも言うのか?」。「たとえば当地では次のように語った日本人もいるのである。『われわれは二人のハイエ氏を知っている。一人は非常に良い人間だがもう一人は無能者で、その名はフェルディナントという』。貴下は、しかし、満洲国で貴下に不快をもたらした原因を、すべて満洲国在留のドイツ同胞の陰謀に帰せしめようとしているのである」[34]。この侮辱に対しハイエも激しく感情的に反発した。「いったい日本人の誰が私を無能者呼ばわりする信じがたい発言を行ったのか、知らせていただければ有り難い」[35]。クノールはこうした通信に次のようなコメントを付して駐日ドイツ大使ディルクセンに送った。「ハイエは非常に激しい口調で外務省、東京駐在ドイツ大使館、奉天駐在ドイツ領事館を攻撃しているのである」。このように、日本および満洲国駐在ドイツ代表部とりわけクノールとハイエの感情的対立は、ディルクセンも認めているように、「ほとんど不幸」なほど険悪化するにいたったのである[36]。

(3)日本側および満洲国側の不満

日本および満洲国側は、ハイエの提案内容に関しても多くの疑念を抱いていた。

第一に、日本および満洲国側は、ハイエのいうバーター貿易案に関し、多くの困難を認識していた。ハイエが満洲国外交部を最初に訪問した二日後の二月二三日、日本および満洲国側は在満日本大使館で協議会を開いたが、そのとき日本大使館の谷正之参事官は、この問題に関し、次のように述べていたのである。「ハイエの申出の如き物々交換案は関係複雑につき満洲国単独にては実行困難にして、或いは満日ブロックを相手とするならば可能性あるべきも、但し一般商人の利害緊密なるにつき、相当実行困難あらん」[37]。さらにハイエは、一〇日後の三月三日、より具体的に毎年一億ＲＭ規模のバーター貿易を満洲国側に提案していたが、それは当時の日満貿易の総額をも凌ぐものであり、日本および満洲国側にはとうてい受け入れ難いものであった[38]。すなわち、この提案は、ドイツ商品に比べ安価な日本商品が満洲国市場において占める位置をまったく無視したものであり、また、それは「日満経済ブロック」を必然的に損なうものであった。したがって、「わが方としては大豆の対独輸出額の仮に一部分にても独逸工業品の輸入を保証するが如きは尚大に考量を要する」ものと判断されたのである[39]。

第二に、ドイツが経済上の譲歩と引き換えに満洲国を承認するというハイエの提案も、日本および満洲国側にとって信じ難いものであった。満洲国政府は、ドイツ政府が当時満洲国承認宣言を行う意思のないことを承知していたのである。ドイツ駐在日本大使永井松三は二月二三日、以下のようにドイツ政府の方針を東京の外務省本省に伝えている。「満洲国承認については政府当局殊に外務省筋としては欧州政局に於ける独逸の一般的地位にも鑑み差し当たり之を行う意嚮なきものと認められるのみならず、独逸としては支那の『ボイコット』を恐れ居るは事実なり[40]」。

第三に、日本および満洲国側は、ハイエの策動の背後にテュッセン・グループの私的利害が存在していることを早くから承知していた。すでに二月二三日、永井大使は本省に宛てて次のように打電していた。「『ハイエ』の取扱に関しては、同人は『テュッセン』と親近の関係にあること及び『テュッセン』は『ナチ』の政権掌握以前其の運動に資金を供したりと伝えられ同党と深き関係ある事実御含みの上然る可く措置ある様致度し[41]」。これを受けて満洲国政府は、ハイエとテュッセン・グループのつながりを意識しつつ、ドイツ側に次のような疑念を表明していた。「今日ハイエは突然承認問題と経済問題を結び付け、承認を対価として経済的利点を得ようとしている。しかもそれは特定の経済グループのためなのである[42]」。

第四に、したがって、日本および満洲国側から見れば、ハイエの行動がどの程度ドイツ政府およびドイツ外務省の政治的意思を代表しているのかは甚だ疑問であった。永井大使の見るところによれば、「『ハイエ』の任務に関しても党側と外務省との間に多少の齟齬あるやに感ぜらるる処」であり[43]、また「大豆の輸入丈け対満輸出の保証を取り付けんとする案に付ては外務省当局においては之を事実困難と認め余り真面目に考慮し居らざるものとみとめらるる」有様であった[44]。

以上の如き理由から、日本および満洲国側は、ハイエとの交渉に慎重に対処せざるを得なかった。二月二三日、満洲国側は、「取り敢えず」、外交部、実業部、財政部よりなる協議会を設立し、独満通商状況やハイエ提案がもたらすべき経済的影響に関し、「詳細調査」することにした[45]。しかしその際、日本大使館の谷正之参事官は、満洲国外交部の加藤日吉通商司商政課長に対し、「慎重考慮の上東京方面とも充分の連絡を取りたる上ならでは苟も『コミット』するが如きは事控えられ度旨注意し置」いていたのである。[46]

以上に見たように、ハイエの満洲国での存在および行動様式、交渉内容は、東アジア各界で大きな動揺を引き起こした。ハイエは、各界からの批判の集中砲火を浴びてほとんど四面楚歌の状態に陥ることとなったのである。

このようなハイエの対満洲国交渉の破滅的な事態を受けて、四月七日、東京駐在大使ディルクセンは、外務省本省に宛てて報告書を起草し、「新京での交渉の継続に関し、ただちに決断が下されるべきである」と主張した。ディルクセンによれば、「ドイツの名誉」への考慮から、ハイエに「報告のためベルリンに帰国することを要求するのが最善」であるとされたのである。[47] これは事実上ハイエの解任をもとめるに等しいものであった。

四　熱い夏・一九三四年

(1)満洲国側のゼロ回答

以上に見た満洲国現地でのハイエの行動様式や交渉態度、およびそれらが東アジア各界にもたらした動揺とハイエへの激しい批判は、ドイツ本国の各政策参画者たちの間での対立と論争を惹起せずにはおかなかった。
まず外務省は、ハイエの活動に関して入手した各界の批判を、総統付経済特別顧問ヴィルヘルム・ケプラーや総統代理ルドルフ・ヘスらに送付し、反撃を開始した。すなわち外務省貿易政策局長リッターは三月二三日にケプラーと会談し、彼を外務省の側に獲得しようと試みたのである。この席でケプラーは、「私には、外務省がダイツによる対外政策や対外経済政策への恒常的な介入を甘受しているのが理解できない。もう少し強い態度に出ればダイツの活動は阻止しうるであろう」と外務省を批判した。これに対しリッターは「それはあなたの仕事でしょう」と無愛想に答えたが、それにもかかわらず両者は「ハイエは解任されるべきであろう」という点で一致した。[48]
このケプラーとの合意を受けてリッターは四月二六日にテュッセンと会談する。この会談でリッターは、まず東アジア各界からのハイエ批判を示し、ハイエの東アジアでの活動が破綻したことを厳しく指摘した。これに対しテュッセンは、「ハイエが今日まで何等の成果も上げ得ず」、また「もはや今後も成果を期待し得ない」ことを渋々認めたが、ただしその責任は東アジア各界がハイエの活動に対して様々な困難をもたらしている点にあると指摘し、とりわけクノール副領事の反ハイエ活動を厳しく批判した。こうしてこの会談は、リッター自身が「ハイエを直ちに解任する必要をテュッセン氏に納得させようとしたが、この目的は達成されなかった」と認めているように、何らの成果も上げ得ずに決裂した。[49]
こうした外務省からの反撃に対し、ローゼンベルク、ダイツらナチ党外交政策局も政治的な緊張感を高めていた。たとえばローゼンベルクは五月一二日に「イギリスとドイツ」と題する覚書をヒトラーに提出していたが、その中で彼はヒトラーに「敵の策動の排除」をもとめていた。[50] これは当然にも外務省に向けられていたものであった。また、彼は三日後の五月一五日に短時間ヒトラーと面会して「日本の膨張政策」に関するメモを手渡したが、その会談ののち、「新たな権力闘争が地平線上に」現れてきたとの悲壮感を示したのである。[51]

一方東アジアでは、ハイエが、満洲国外交部の対応に不満を示し、今度は外交部ではなく、関東庁や満鉄、あるいは満洲国総務庁を相手に選び、再び執拗な交渉を開始していた。しかしながら、それらは当然のことながら不首尾に終わった。たとえば関東庁の御厨信市外事課長は、関係各方面と連絡を取ったのち、ハイエを次のようにたしなめていた。「独逸が一億二千万円の満洲大豆を輸入する代わりに満洲国も同額の独逸商品を買わざるべからずと言うが如きは満洲国の実情に即せず殆ど不可能を強要するに等しく、此の種の基礎を固執するは徒労に終わるの外なかるべき」。こうしてハイエは「対満交渉が予想に反し容易に結果を得ざるべきを察知」し、「焦燥の中に本件対策を考究し居りたる有様」となったのである。[52]また、ハイエは新京に満洲国財政部次長（総務司長）星野直樹を訪ね、「折衝を重ねたる結果」、五月二三日、星野との間に一通の「覚書」の交換にいたったが、以下のように、この「覚書」はほとんど「ゼロ回答」に近いものであった。[53]

一　満洲国政府は、独逸の満洲国商品の大輸入国たること、独逸今日の貿易上の状態とを顧慮し、自国に要する工業生産品中、日本又は満洲国に於て製作し得ざるものを、好意を以て独逸より購入すべし。

二　前記前提の下に独逸政府は大豆輸入をして支碍なからしむべく、又現存する制限をなるべく速に撤廃又は緩和すべし。

右目的達成の為両国は直に具体的協議を為さんとす。此覚書を有効にする為伯林政府のコンフォームを必要とする旨独逸側に於て申添う。

新京　五月三〇日

満洲国財政部次長　星野直樹

ドイツ帝国政府コミッサー　F・ハイエ

一見して明らかなように、この「覚書」は、満洲国政府に何らの実質的義務をも課さず、一方的にドイツの努力をもとめるものであり、ハイエ自身でさえ「対外的ポーズ」と不満を隠しきれないものであった。[54]

こうした事態を踏まえ、日本の外務省通商局長来栖三郎は、五月二五日、東京駐在ドイツ大使館に対しハイエ交渉への不満を表明し、「ハイエの活動をめぐってのドイツ大使館の苦境」に憐憫の情を示したのち、次のようにはっきりと質問したのである。「いつハイエは満洲国を去るのか？[55]」。ディルクセンはそれをただちにドイツ外務省本省に打電した。

(2) ヒトラーの政治指導の不在

この五月二五日のディルクセン電報は、ドイツ本国政府内部での政治闘争を激化させた。たとえば翌五月二六日、リッター貿易政策局長はケプラーと会談し、「国務大臣ヘス氏が決断を下す機は今日完全に熟した」と主張した。同時に外務大臣ノイラートは直接ヘスにこのディルクセン電報を送付し、次のようにヘスの態度決定を迫ったのである。「満洲国におけるハイエ氏のライヒ全権委員としての活動を継続する可能性に関し、可及的速やかに貴下の見解を小職に伝えていただければ有り難い[56]」。

さらにリッターは、食糧農業省とも連絡を取り、「ハイエ覚書」を拒否することに関する同省の同意を取り付けた。そののち、六月二〇日、リッターは、ナチ党外交政策局対外貿易課長ダイツに対し、次のように挑発的に述べたのである。「管轄権ある専門官庁の意見によれば、帝国政府はハイエ覚書を承認し得ないということになる[57]」。

このリッターのダイツ宛書簡に対しナチ党外交政策局の示した感情的反発は、ハイエ問題に関する両者の権力闘争の激しさを示して余りあるものである。たとえばローゼンベルクは六月下旬、日記に次のように記していた。「外務省はリッターのダイツ宛書簡でわれわれとの外交関係を断絶した」。「対満洲国事業総体を否定する決定が東京のディルクセンに打電された。八カ月の仕事とテュッセンの二〇万RMが水泡に帰し、総統の命令が排除された[58]」。「リッターは満洲国問題における外務省のサボタージュ行為に自ら承認印を押したのである。これはナチズム運動とナチズム宰相への経済的反逆でありサボタージュである。リッターを強制収容所送りにする機は完全に熟している。彼はそこで真の仕事を見出すであろう。彼の生涯で一度きりの〔……〕[59]」。

こうした外務省の政治攻勢に直面し、ローゼンベルクは、ヒトラーの政治的支援をもとめるにいたった。すなわち六月六日、ローゼンベルクは、「対外貿易問題がいよいよ切迫している」との認識からヒトラーと会談し、その際、もし宰相から全権と権威が与えられるならば、「外交政策局により多くの事業が進行しうる」と泣きついていたのである。しかしその際ヒトラーは、ローゼンベルクに経済相クルト・シュミットと相談するように勧めただけであった。[60]というのも、この頃のヒトラーの外交政策上の関心は、もっぱら数日後に迫っていたヴェネツィアでのムッソリーニとの初めての首脳会談（六月一四日）に注がれており、したがって、彼には満洲国問題や対外経済政策問題といった争点はまったく関心外だったからである。六月一一日のローゼンベルクの日記は、この頃のヒトラーの政治指導の態様を示しており、興味深い。すなわち「対外貿易問題がいよいよ差し迫っている」という激しい危機意識に取り憑かれていたローゼンベルクは、ヒトラーの政治指導の不在に不満を吐露しつつ、次のように日記に記していたのである。「対外貿易問題では再びまったくの大混乱。総統も総統だ。彼はすっかりヴェネツィアに夢中になっている有様だ[61]」。

六月二七日、ローゼンベルクは、ついにヒトラーとの短時間の面会に成功し、「外務省のサボタージュに関する三カ月にわたる調査作業の結果」を提出した。ローゼンベルクによれば、その際ヒトラーは、ローゼンベルクに「感謝」しつつ、外務省に「激高」したというが、しかしヒトラーから具体的な指示を引き出すことには失敗した。すなわち、この日、ローゼンベルクとの会談の後、ヒトラーは、内閣官房長官ハンス・ハインリヒ・ラマースを通じて各閣僚に、「とくに政治的に重要な問題」を除き、自分に「決定を委ねる」のをやめるよう指示を出していたからである。[62]

ヴェネツィアでの両巨頭会談を無事に終えたヒトラーにとって、次の「政治的に重要な問題」とは、いわゆる「レーム事件」（六月三〇日）の準備およびその善後策であった。この間エルンスト・レーム幕僚長らが率いるナチス突撃隊は、武装勢力として大きく成長し、「第二革命」をめざすほどの存在となっていた。この突撃隊の危険性を排除することは、正規軍たるドイツ国防軍の支持を確保し、ナチス体制を強固にするためには避けて通ることのできない課題であった。ヒトラーはすでに六月二一日に国防軍の圧力によってレームの粛清を決断していたが、六月下旬にはいよいよその準備に政治的エネルギーの総力を傾注していたのである。[63] もちろんこの頃のヒトラーに「満洲国問題」や「貿易問題」などに関わっている余裕などなかった。

ローゼンベルクが、レーム事件ののち、ヒトラーとの面会に成功したのはようやく七月一〇日のことであった。このときローゼンベルクは「腹の立つ対外貿易問題」や「満洲国問題におけるサボタージュ」について触れ、「諸官庁の怠慢と想像力の欠如により、数十億の外国為替が失われてしまった」とヒトラーに泣きついていた。それに対しヒトラーは――ローゼンベルクによれば――「わが官僚制に激高」し、ローゼンベルクに対し「ライヒ貿易全権委員を私個人に直属させ、諸官庁からこれに関する全権を剝奪する」とまで吹聴したのである。これに対しローゼンベルクは「ついに！　唯一の正しい解決」と感涙にむせぶことになるが、[64] しかし以後ヒトラーからこの発言に沿った指令が出されることは一度としてなかったのである。

(3) ナチ党外交政策局の組織的排除

この間の各機関からの報告でハイエの交渉適格に疑問を抱き始めたテュッセンは、六月中旬、ハイエの秘書ツォーレスを帰国させ、善後策を検討することとなった。七月二〇日、外務省側（貿易政策局長リッターおよび東アジア担当部長オットー・フォン・エールトマンスドルフ）とテュッセン側（テュッセンおよびツォーレス）の会談が持たれた。この席ではツォーレスの報告をもとに「大豆輸入の支払いに関し、封鎖マルク口座という方法で、満洲国に工業品受注を強いることができるか否かという問題」を検討するため、翌週に関係各省庁（財務省、経済省、食糧農業省、ライヒスバンク）と協議を持つことで一致した。またこの過程でテュッセンは、独満輸出入有限会社を第三者に譲渡してもよいと主張した。テュッセンは、明らかに、満洲国問題から手を引き始めたのである。また、この会談を受けたリッターとテュッセンの個別会談では、リッターが、ハイエがもし純粋な私人として活動するならば、外務省はこれを支持すると言明した。[65] リッターは、満洲国と何らかの貿易取り決めを締結すること自体には反対しない立場を示したのである。

この日の会談で合意された外務省、経済省、食糧農業省、ライヒスバンクの会議は、七月二〇日に開催されることとなった。そこでは、以下の諸点につき合意を見た。一、独満輸出入有限会社は「全ドイツ経済の観点」からバーター貿易を推進し、一方、ドイツの生産者は、場合によっては、各自の供給量の比率に応じて、還付によって、コストを差し引いた純益に参与することとする。二、満洲国現地における大豆の購入はいままで通りドイツの輸出入業者が行うこととする。三、大豆の輸送は、外国為替節約の観点から、可能な限りドイツ海運業者が行うこととする。四、国立貸付会社に封鎖口座を設置し、ここに記帳された大豆輸出代金は、独満輸出入有限会社を通じた満洲国側の支払い委託により、満洲国へ工業製品を輸出する業者にその代金として支払われる。五、当面の交渉基盤は、一〇〇〇万ＲＭとする。[66]

以上の合意を踏まえ、外務省貿易政策局のカール・アウグスト・クローディウスは、八月一日にツォーレスと会談し、私的貿易会社としての独満輸出入有限会社による満洲国との交渉に賛意を示した。そして両者は、交渉に際しハイエではなくツォーレスを前面に押し出すことで一致した。[67] ここにはハイエのライヒ全権委員としての資格を事実上剝奪しようとする外務省の意図が存在していたのである。

このようなベルリンでの議論を踏まえ、ツォーレスは再び東アジアに戻り、満洲国との交渉を再開することになる。

以上のように、一九三四年夏の満洲国問題をめぐるナチス・ドイツの政府内政治危機は、ヒトラーの政治指導とは無関係なところで、ナチ党外交政策局を組織的に排除しながら、外務省貿易政策局長リッターのヘゲモニーが貫徹される形で、一応の決着を見たのである。ローゼンベルクは、こうした事態の進展にまったくなす術もなく、次のように日記に不満を叩きつけるしかなかったのである。「諸氏が懸念を抱いているいま、突然すべてが進行してしまった。他省庁の代表者が出席した外務省での会議。その後ツォーレスは満洲国へ戻るが、そこでは外務省がすべてを支配しているのだ。ナチズム国家のなかでこんなことが！[68]」。

五　独満貿易協定（一九三六年四月）の成立

(1)ハイエの解任

一方ライヒ全権委員としての地位をペンディングにされたハイエは、にもかかわらず、相変わらず新京でライヒ全権委員としての「資格」で交渉をつづけていた。しかしながら、ハイエの地位をペンディングとし、彼をツォーレスに従属させる交渉方式は、この二人の人間関係を決裂させるにいたった。すなわち、対満洲国交渉が難航するにつれて、ツォーレスはハイエの「ディレッタンティズム」と「交渉への恒常的な介入」を激しく批判し、ハイエの側も「ツォーレスはその険しい態度ゆえに満洲国での交渉に適していない」と批判していたのである。この対立の原因は、駐日大使ディルクセンも正しく指摘しているように、「ハイエはライヒ全権委員としての資格に固執し、ツォーレスに服する用意がない」という点にあった。こうしてハイエは、「いよいよナーバスになり動揺」し、「自分の地位が不確かだ」という思いと、「ベルリンで自分に対する陰謀が行われている」という被害者意識を強めていくことになる。[69]

また、日本側も、バーター貿易に反対する立場およびドイツ側交渉者への批判から、ツォーレスとの交渉に難色を示すことになった。日本および満洲国側から見れば、「大豆事業は、そのような取引を行うにはあまりに複雑」であると考えられたのである。[70] また、かつてハイエと覚書に合意した星野直樹自身も、次第にハイエへの疑惑を深め、ディルクセンに対し、「個人的に会談し、ハイエの地位に関する正式の通知を得たい」との希望を伝えていたのである。[71]

こうして、日本および満洲国における交渉は、ハイエの資格の問題性や交渉主体たる独満輸出入有限会社の内部的・感情的分裂という点でも、また日本および満洲国側の拒否的対応という意味においても、再び袋小路に陥ることとなった。

さらに一九三四年秋、ナチ党外交政策局を取り巻く政府内の政治環境がドラスティックに悪化することとなった。とくに決定的であったのは、この頃、ローゼンベルク、ナチ党外交政策局および対外貿易課が、ヒトラーの支持を完全に失っていたという事実である。すなわち、ナチ党外交政策局対外貿易課員ゲオルク・フェルディナント・ドゥクヴィッツが、ルーマニアとのバーター的清算協定締結をめぐるドイツ外務省との交渉において、例によって「ヒトラーの支持」というシンボルをふりかざし、自己の方針の貫徹を試みていたのである。それを外務省貿易政策局長リッターから聞きつけたヒトラーは、「総統の名前の悪用」に激怒し、一二月二日、ローゼンベルクに電話して怒鳴りつけたのである。これに対しローゼンベルクは激しく畏怖しつつも、この事件は、「満洲国に関する報復のためリッター氏の官庁ビューロクラシーから試みられた」ところの「外交政策局に対する武器」であろうと弁明した。その上でローゼンベルクはヒトラーに対し、「私は、今日の突発的な事件に関しては、外務省関係当局から新しい意識的サボタージュ政策および扇動行為が開始されたとの確信を表明し得るのみです」と弱々しく述べ得たにすぎなかった。[72]

この事件で惹起されたヒトラーのナチ党外交政策局に対する怒りは、二カ月後の一九三四年末にいたるまでも継続した。すなわち一二月二六日、ローゼンベルクは、この事件を生々しく再現しつつ、「外務省からの卑劣な一撃」に激しい憎悪を示し、ヒトラーの怒りが今日までも収まらないことを嘆いているのである。彼によればヒトラーは「あらゆる接見を拒否」し、ローゼンベルクとの会見は「つねに延期されている」有様であった。その上でローゼンベルクは、「サボタージュと官僚制」が自分の「継続的な苦悩」であると嘆いていたのである。[73] こうして一九三四年末から翌年以降にかけて、ナチ党外交政策局にとっては最悪の政府内政治環境が出現するにいたった。

外務大臣ノイラートが総統代理ヘスに次のように書き送ったのは、翌一九三五年二月四日のことであった。「総統兼帝国宰相は小職に以下のことを言明した。総統は、ハイエ氏から全面的に手を引く。一九三四年二月にハイエに与えられた任務、すなわち暫定的なライヒ全権委員として独満貿易関係を取り結ぶという任務は、終了したものと見なされるべきである。この決定は、ただちに効力を発する」。[74]

八カ月後の一九三五年一〇月、ローゼンベルクは活動報告を起草し、満洲国問題について次のように述べていた。「まず、総統も知悉している満洲国問題が重要である。この件については、ベルリンおよび東京における外務省の代表者たちの対抗策によって、最悪の形でサボタージュが行われてしまったのである」。[75] これは、満洲国問題をめぐる政府内の政治的抗争における、ローゼンベルクとナチ党外交政策局の敗北宣言にほかならなかった。

⑵独満貿易協定の成立（一九三六年四月三〇日）

ハイエを政治的に排除することに成功した外務省貿易政策局長リッターは、一九三五年四月三〇日、「独満経済関係」に関する覚書を作成し、次のごとき見解を示した。まず、ハイエの交渉は、両国貿易の全面的バーター化と独満輸出入有限会社の介在を予定したため、「日本人のメンタリティ」に合致せず失敗した。「日本人の執念深さと内面的不屈性」を考慮するならば、独満貿易収支を改善しようとする場合、日本人の思考様式に合致した試みがなされなければならない。一方満洲国側からは交渉再開の呼びかけがなされており、また、公式ルート以外でも、多くのプラント輸出に関するプロジェクトがドイツ企業に持ち込まれている。こうしたプロジェクトに関しては、特定の中間組織を介在させずに既存の商社ルートで進める方が望ましいが、しかしこれらの貿易の大枠を決定する総輸出入量、クレジット、生産方式に関しては、ドイツの政府代表および経済界代表と満洲国の政府機関の間で貿易協定交渉を行うべきである。[76]

リッターが独満貿易交渉の担当者として選んだのは、オットー・キープ無任所公使であった。キープは一九三四年七月から翌三五年一月までの半年間にわたって小規模の使節団を率いてラテン・アメリカ諸国を訪問し、それら諸国との間で貿易のバーター化を内容とする多くの清算協定の締結に成功していた。その成功に気をよくしたリッターは、キープを東アジア、とりわけ満洲国に派遣し、同様の協定の締結をめざしたのである。リッター貿易政策局長の言葉を借りれば、「目下のところ、ドイツ貿易政策の関心は東アジア諸国に向けられている」のであった。[77]

キープ使節団は一〇月上旬に東アジアに向けて出発し、約五カ月の視察と技術的交渉ののち、一九三六年四月三〇日、次のごとき要点の独満貿易協定を締結するにいたった。

(1)ドイツ為替管理局は、昭和一一年六月より向こう一カ年の間に、一億円の額に相当する満洲国生産品のドイツ輸入を承認すること。

(2)満洲国主務官庁は、同一期間内に、二五〇〇万円の額に相当するドイツ国生産品の満洲国輸入をなし得るよう必要な措置を取ること。

また、この協定は、支払い方法に関し、次のように規定していた。「輸入に関する支払いはその四分の三、すなわち七五〇〇万円については外国為替にて、また四分の一、すなわち二五〇〇万円についてはライヒスマルクにてなされるべきものとし、前記ライヒスマルクは満洲国官憲により指定された銀行の特別勘定に振り込まれ、満洲国に輸入せられたるドイツ国生産品に関しなされるべき支払いに充当されるべきものとす」とされていた。一定規模のバーター貿易が協定されたことになる。なお、本協定の調印者は「満洲国官憲代表謝介石」および「ドイツ国外国為替管理局代表オットー・キープ」とされていた。キープに「ドイツ政府」の肩書きを入れないことにより、政府間協定ではない単なる行政上・手続き上の協定という外装を整えたのである。

協定締結から四カ月後の一九三六年八月一七日、リッターはドイツ在外代表部への同文訓令で次のように記していた。そこには独満貿易協定に対する一定の満足感が表明されていたのである。「一九三四年－三五年の南アメリカの場合と同様、東アジア事情を調査するため、キープ公使の統率する貿易使節団が最近派遣された。その活動の第一の成果は、満洲国との協定に示されている。この協定は、ドイツにとっていまなお不可欠な大豆の輸入を容易ならしめるものである。われわれは、この協定が、東アジア諸国との貿易関係をより精力的に処理するための単なる第一歩にすぎないと考える」。[78]

おわりに

フェルディナント・ハイエは、ドイツ経済界における親ナチス派の巨頭であるテュッセンおよびナチ党の大物ゲーリングの支援を受けて満洲との貿易関係の形成を画策していたが、一九三三年一月三〇日のナチスの権力掌握を奇貨として、ローゼンベルク率いるナチ党外交政策局の手先として突然「満洲国」に出現し、一九三四年を通して東アジアの国際政治とナチズム東アジア外交を攪乱しつづけた。しかしそのディレッタントな交渉スタイルと問題ある発言、日独満貿易関係の実態に合わない様々な提案は、満洲国側および日本側の否定的態度を惹起してしまった。その過程で彼はドイツ外務省、とりわけ貿易政策局長リッターとの権力闘争に敗北し、最終的にはヒトラーの支持をも失って政治的に打倒された。

しかしながらハイエの役割は、東アジア国際政治およびナチズム東アジア政策に対し、単なる幕間のピエロのそれで終わったわけではもちろんない。ハイエおよびナチ党外交政策局により当初構想されたバーター的清算方式による独満貿易の調整は、当の外務省リッターの対東アジア政策に受け継がれた。また独満貿易協定は、「政府」の名を付さない行政的・実務的協定とされたが、それは日本側および満洲国側において、ナチスによる事実上の満洲国承認と受け取られたのである。[79]

その後のハイエの行方については、必ずしも詳細が知られているわけではない。ゲレスハイム硝子会社の社史によれば、ハイエはその後オランダのシーダムにあるガラス工場の経営に専念したが、一九四〇年にナチス・ドイツがオランダを占領すると、彼のガラス工場は敵産として接収・管理された。その後ハイエはイタリアのジェノヴァ経由でアメリカに亡命し、そこで市民権を獲得し、一九五〇年に死去したという。▼80

▼注

▼1　関東軍参謀長発参謀次長宛、昭和八年九月九日、外務省外交史料館「各国ノ対満経済発展策関係雑件／独国ノ部／「フェルデナント、ハイエ」関係」(JACAR, Ref. B08060549000, 9100, 9200, 9300、以下「フェルデナント、ハイエ」と略記)、一三―一四頁。

▼2　本章は田嶋信雄『ナチズム外交と「満洲国」』千倉書房、一九九二年の分析にもとづいている。田嶋著に依拠して本問題をトレースしたものとして、馬振犢『反法西斯戦争時期的中国與世界研究』第九巻『戦時徳国対華政策』武漢大学出版社、二〇一〇年がある。その他に、以下も参照のこと。Gerald Mund, *Ostasien im Spiegel der deutschen Diplomatie: die privatdienstliche Korrespondenz des Diplomaten Herbert v. Dirksen von 1933 bis 1938*, München 2006, S. 92-99.

▼3　現在のゲレスハイムには、祖父(フェルディナント・ハイエ、同名)の名にちなんだ小学校や認知症患者を重点とした総合福祉施設が存在している。https://ferdinand-heye-schule.de/(二〇一九年三月七日閲覧); https://www.de-menz-duesseldorf.de/ueber-uns/ferdinand-heye-haus(二〇一九年三月七日閲覧)。

▼4　駐独大使永井松三発外務大臣広田弘毅宛、昭和九年三月四日、「フェルデナント、ハイエ」、一九〇―一九二頁; Bruno Kammann, *Gerresheimer Glas. Geschichte einer Weltfirma (1840-2000). Ein Beitrag zur Wirtschafts-, Sozial- und Stadtgeschichte Düsseldorfs*, Essen 2007, S. 151-153.

▼5　Erklärung Georg von Viebahn u. Ferdinand Heye, 15. November 1933, Politisches Archiv des Auswärtigen Amts (PAAA), Abteilung IV Ostasien, „Fall Heye"(以下„Fall Heye"と略記)(6693/H098886). アイゼントレーガー(Lothar Eisenträger)はのちに太平洋戦争中上海に設立されたドイツ国防軍防諜部の特務機関である「中国駐在戦時特務機関

（Kriegsorganisation China, 略称 KO-China）」の機関長となった。KO-Chinaについては、本書第七章を参照のこと。

▼6　Testament C. Halsteinbach an den Deutschen Konsul in Harbin Tiggers, 23. März 1925, „Fall Heye“（H098874-878）. 「満洲国」のモルヒネとドイツの関係については、本書第五章四を参照のこと。

▼7　駐独大使永井松三発外務大臣広田弘毅宛、昭和九年二月二二日、「フェルデナント、ハイエ」、六三－六八頁。

▼8　Heye an Göring, 15. Juni 1932, „Fall Heye“（G098857）.

▼9　ナチ党外交政策局の組織および外交構想については、田嶋、一三八－一四六頁、参照。日本ではしばしばヒトラーの外交顧問リッベントロップの率いた事務所を「ナチ党外交部」、リッベントロップを「ナチ党外交部長」と訳す例が見られるが、誤りである。

▼10　Meyer an Daitz, 16. November 1933, „Fall Heye“（6693/H098912）.

▼11　Exposé von Werner Daitz betreffend die Neuregelung des deutsch-mandschurischen Handelsverkehr, 7. November 1933, „Fall Heye“（6693/H098915-917）.

▼12　Meyer an Daitz, 16. November 1933.

▼13　Aktenvermerk Ritter, 23. November 1933; Aktenvermek Meyer, 23. November 1933, „Fall Heye“（6693/H098932-933; H098925）.

▼14　Bericht Rosenberg an Hitler, 18. Dezember 1993, über die außenpolitische Lage（Nürnberger Dokument 048-PS）, Afred Robenberg, *Das politische Tagebuch Alfred Rosenbergs aus den Jahren 1934/35 und 1939/40*（hrsg. von Hans-Günther Seraphim）, Göttingen 1956（以下 *Tagebuch Rosenberg* と略記）, S. 153-162.

▼15　Dirksen an das Auswärtige Amt（AA）, 18. Januar 1934, „Fall Heye“（6693/H098960）.

▼16　Neurath an Dirksen, 7. Februar 1934, *Akten zur deutschen auswärtigen Politik 1918–1945*（*ADAP*）, C-II, Dok. Nr. 241, S. 444-446.

▼17　Heye an Thyssen, 3. Februar 1933, „Fall Heye“（6693/H098979）.

▼18　Heye an Daitz, Anfang Februar 1934, „Fall Heye“（6693/H098977）.

▼19　Heye an Thyssen, 3. Februar 1933.

▼20 Aufzeichnung Ulrich, 19. Februar 1934, *ADAP*, C-II, Dok. Nr. 269, S. 498.

▼21 Entwurf vom Außenpolitischen Amt der NSDAP, „Fall Heye“（6693/H098994）.

▼22 Neurath an die Deutsche Botschaft in Tokio, 17. Februar 1934, *ADAP*, C-II, Dok. Nr. 269, S. 498.

▼23 ハイエの覚書、昭和九年二月二一日、「フェルデナント、ハイエ」、八四－八八頁；「独満経済協約に関する解説」、「フェルデナント、ハイエ」、一一六－一一七頁。

▼24 Dirksen an AA, 7. April 1934, „Fall Heye“（6693/H099588-592）.

▼25 「榊原農園事件」については、江夏由樹「土地利権をめぐる中国・日本の官民関係——旧奉天の皇産をめぐって」、『アジア経済』第三八巻第一号、一九九七年一月を参照。先に述べたハイエのモルヒネ事件（一九二五年）には、あるいは榊原が関わっていたのかもしれない。

▼26 Dirksen an AA, 7. April 1934, „Fall Heye“（6693/H099043）.

▼27 Dirksen an AA, 14. März 1934, *ADAP*, C-II, Dok. Nr. 326, S. 595-596.

▼28 Knoll an Heye, 6. April 1934, „Fall Heye“（6693/H099419-421）.

▼29 Heye an Dirksen, 18. April 1934, „Fall Heye“（6693/H099439）.

▼30 Heye an Dirksen, 14. März 1934.

▼31 Knoll an Heye, 6. April 1934, „Fall Heye“.

▼32 Heye an Dirksen, 13. Februar 1934, „Fall Heye“（6693/H099027）.

▼33 Heye an Dirksen, 23. Februar 1934, „Fall Heye“（6693/H099031）.

▼34 Knoll an Heye, 6. April 1934, „Fall Heye“（6693/H099419-412）.

▼35 Heye an Knoll, 9. April 1934, „Fall Heye“（6693/H099424-426）.

▼36 Knoll an Dirksen, 6. April 1934, „Fall Heye“（6693/H099418）.

▼37 外交部通商司「独逸通商代表ハイエの対満通商問題（未定稿）」、「フェルデナント、ハイエ」、三一三－三二一頁。

▼38 Aufzeichnung Bülow, 10. März 1934, *ADAP*, C-II, Dok. Nr. 312, S. 567-568; Aufzeichnung AA, 12. März 1934, „Fall Heye“（6693/099003-004）.

▼39 駐独大使永井松三発外務大臣広田弘毅宛、昭和九年二月二三日、「フェルデナント、ハイエ」、九五－九七頁。

▼40 駐独大使永井松三発外務大臣広田弘毅宛、昭和九年二月二三日、「フェルデナント、ハイエ」、九五－九七頁。

▼41 駐独大使永井松三発外務大臣広田弘毅宛、昭和九年二月二一日、「フェルデナント、ハイエ」、六三－六八頁。

▼42 Das Deutsche Konsulat Harbin an AA, 6. April 1934, „Fall Heye“ (6693/E589607-610).

▼43 駐独大使永井松三発外務大臣広田弘毅宛、昭和九年二月二一日、「フェルデナント、ハイエ」、六三－六八頁。

▼44 駐独大使永井松三発外務大臣広田弘毅宛、昭和九年二月二三日、「フェルデナント、ハイエ」、九五－九七頁。

▼45 駐満大使菱刈隆発外務大臣広田弘毅宛、昭和九年二月二三日、「フェルデナント、ハイエ」、一〇〇頁。

▼46 駐満大使菱刈隆発外務大臣広田弘毅宛、昭和九年二月二七日、「フェルデナント、ハイエ」、一〇四－一〇六頁。

▼47 Dirksen an Bülow, 7. April 1934, „Fall Heye“ (6693/H099388-392).

▼48 Aufzeichnung Ritter, 23. März 1934, *ADAP*, C-II, Dok. Nr. 353, S. 650-651.

▼49 Aufzeichnung Ritter, 27. März 1934, *ADAP*, C-II, Dok. Nr. 429, S. 767-769.

▼50 Denkschrift Rosenberg, „England und Deutschland“, 12. Mai 1934 (Nürnberger Dokument PS-049), *Tageebuch Rosenberg*, S. 163-167.

▼51 ローゼンベルクの「日本の膨張政策」に関するメモは、日本駐在ドイツ陸軍武官オットの東アジア認識を下敷きにしたものであったと考えられる。詳しくは、田嶋信雄『日本陸軍の対ソ謀略――日独防共協定とユーラシア政策』吉川弘文館、二〇一七年、六〇－六四頁。

▼52 関東長官菱刈隆発外務大臣広田弘毅宛、昭和九年四月二六日、「フェルデナント、ハイエ」、二三八－二四〇頁。

▼53 関東長官菱刈隆発外務大臣広田弘毅宛、昭和九年五月三〇日、「フェルデナント、ハイエ」、二六〇－二六二頁。

▼54 Dirksen an AA, 11. Juni 1934, „Fall Heye“ (6693/H099668).

▼55 Dirksen an AA, 25. Mai 1934, „Fall Heye“ (6693/H099453-454).

▼56 Neurath an Heß, 29. Mai 1934, „Fall Heye“ (6693/H099556).

▼57 Ritter an Daitz, 20. Juni 1934, „Fall Heye“ (6693/H099686-687).

▼58 *Tageebuch Rosenberg*, 28. Juni 1934, S. 41.

▼59 *Tagebuch Rosenberg*, 29. Juni 1934, S. 44.
▼60 *Tagebuch Rosenberg*, 8. Juni 1934, S. 37-38.
▼61 *Tagebuch Rosenberg*, 11. Juni 1934, S. 39.
▼62 Lammers an Frick, 27. Juni 1934, Bundesarchiv Berlin（BAB）, R43/II, 495.
▼63 レーム事件の経緯については、黒川康「『レーム事件』の経過とその意義――『第三帝国』の支配的権力構造をめぐって」、『季刊 社会思想』第三巻第三・四号、一九七四年、五五―八四頁を参照のこと。
▼64 *Tagebuch Rosenber*, 11. Juli 1934, S. 49-51.
▼65 Aktenvermerk Ritter, 21. Juli 1934, ADAP, C-III, Dok. Nr. 107, S. 204-205.
▼66 Deutsch-Mandschurische Export- und Import G.m.b. H. an Clidius, 28. Juli 1934, PAAA, Abteilung W, „Austauschgeschäfte, Kompensationsabkommen usw. zwischen Deutschland und Mandschukuo“（8987/E630180-185）.
▼67 Deutsch-Mandschurische Export- und Import G.m.b. H. an Clidius, 2. August 1934, „Austauschgeschäfte“（8987/E630180-185）.
▼68 *Tagebuch Rosenberg*, 2. August 1934, S. 52-54.
▼69 Dirksen an AA, 8. Dezember 1934, „Fall Heye“（6693/099748-758）; Auszug aus dem Privatbrief Dirksen, 12. September 1934, „Fall Heye“（6693/099730-731）.
▼70 Dirksen an AA, 5. Dezember 1934, „Austauschgeschäfte“（8987/E630224-233）.
▼71 Dirksen an AA, 8. Dezember 1934, „Fall Heye“（6693/099748-758）.
▼72 Rosenberg an Hitler, 2. November 1934, BAB, NS8/175, Bl. 167-168; Rosenberg an Neurath, 3. November 1934, BAB, NS8/168, Bl. 203. ドゥクヴィッツは戦時中コペンハーゲン駐在大使館に勤務していたときにデンマーク・ユダヤ人の移送計画をデンマーク側に漏洩し、多くのユダヤ人のスウェーデンへの脱出を実現した。一九七一年三月二九日、ヤド・ヴァシェムはドゥクヴィッツに「諸国民のなかの正義の人」の称号を授与した。Auswärtiges Amt（Hrsg.）, *Biographisches Handbuch des deutschen Auswärtigen Dienstes 1871-1945*, Bd. 1, Paderborn 2000, S. 467-469; https://www.yadvashem.org/righteous/stories/duckwitz.html（二〇一九年三月七日閲覧）.

▼73 *Tagebuch Rosenberg*, 26. Dezember 1934, S. 60-63.

▼74 Neurath an Heß, 4. Februar 1935, *ADAP*, C-III, Dok. Nr. 478, S. 883.

▼75 Kurzer Tätigkeitsbericht des Außenpolitischen Amtes der NSDAP, Oktober 1935（Nürnberger Dokument 003-PS）, Internationaler Militärsgerichthof Nürnberg, *Der Prozeß gegen die Kriegsverbrecher vor dem Internationalen Militärsgerichthof Nürnberg*, Bd. 25, S. 15-25.

▼76 Aufzeichnung Ritter, 25. April 1935, PAAA, Ha-Pol, Handakten Ritter, „Mandschukuo".

▼77 Runderlaß des AA, 17. August 1935, *ADAP*, C-V, Dok. Nr. 511, S. 837-847.

▼78 Runderlaß des AA, 17. August 1935, *ADAP*, C-V, Dok. Nr. 511, S. 837-847.

▼79 その後の独満関係の推移については、本書第五章を参照されたい。

▼80 Bruno Kammann, *Gerresheimer Glas. Geschichte einer Weltfirma*（*1840-2000*）. *Ein Beitrag zur Wirtschafts-, Sozial- und Stadtgeschichte Düsseldorfs*, Essen 2007, S. 161-163; „Vermögensverwaltung Ferdinand Heye", BAB, R87/6128.

第三章　ハンス・クライン
――中独軍事経済協力で暗躍した政商

図 3-1　ハンス・クライン、蔣介石、ヴァルター・フォン・ライヒェナウ（1936 年南京）
Wikimedia Commons.

図 3-2　ハンス・フォン・ゼークト
Wikimedia Commons.

田嶋信雄

ハンス・クライン（Hans Klein 1879 年－没年不詳）
ドイツの武器商人。第一次世界大戦前にアフリカを舞台とした武器貿易に関わる。1920 年代にはドイツ国防軍の後援を得て独ソ武器貿易関係の分野で暗躍した。1933 年のナチスによる権力掌握後、独ソ関係が破綻すると、翌 34 年 1 月 24 日、国防省国防経済幕僚部長トーマスの支援を得て、中独貿易に特化した武器貿易会社ハプロを設立した。クラインは南京中央政府以外にも、陳済棠、李宗仁ら西南派との武器貿易交渉を進め、蔣介石の怒りを買うこともあったが、1936 年 4 月 8 日に調印された中独条約（ハプロ条約）の成立に寄与した（ドイツ側の調印者は経済大臣兼ライヒスバンク総裁シャハト）。第二次世界大戦中はスイスのルツェルンで中華民国名誉領事として活動し、シャハト、トーマスら反ヒトラー派と蔣介石政権の連絡役を務めた。戦後はリヒテンシュタイン侯国に武器商社「オクタゴン・トラスト」を設立した。

はじめに――蒋介石＝クライン会談（一九三五年六月一六日）

一九三五年の春から夏にかけ、国民政府軍事委員会委員長蒋介石は、「大西遷」途上にある紅軍を追撃するため、貴州省、雲南省、四川省を転戦していた。同年六月、四川省の重慶で、そうした多忙な蒋介石との面会を待つ一人のドイツ人がいた。武器商人ハンス・クラインである。クラインは重慶で、元ドイツ在華軍事顧問団長ハンス・フォン・ゼークトや国防大臣ヴェルナー・フォン・ブロンベルク、国防省国防経済幕僚部長ゲオルク・トーマスらドイツ国防省の幹部と電報で連絡を取り合いながら、蒋介石との面会の機会をうかがっていたのである。クラインが当時進めていた南京中央政府との国防経済協力関係構築＝「南京プロジェクト」の成否は、実にこの蒋介石との会談が成功するか否かにかかっていた。

蒋介石とクラインの面会は遷延したが、六月中旬に蒋介石からのアポイントメントを得たクラインは雀躍し、助手のハインツおよび国民政府軍事委員会弁事処ドイツ語通訳の齊焌を引き連れ、二〇時間バスに揺られて四川省の省都成都に向かい、ようやく六月一六日に蔣介石と会談の機会を持つにいたった。[1]蔣介石はその会談の結果をベルリン駐在ドイツ公使館の譚伯羽商務書記官に打電し、ゼークトに転電するよう指示した。[2]

本日クライン氏と詳細な会談を行い、甚だ愉快でした。彼の建議を実行することを許可しました。将軍〔ゼークト〕がクライン氏を信任しているので私も信任いたします。

この蔣介石の決定は、いわば「玉虫色」の決定であった。なぜならクラインは、当時、南京中央政府との国防経済協力関係の形成＝「南京プロジェクト」と並行して、一九三三年夏以降、反中央派（広東省や広西省からなる国民政府西南執行委員会＝西南派）との間で大規模な「広東プロジェクト」を推進していたからである。この「広東プロジェクト」は、中央政府の政治的敵対者を軍事的に強化しようとするものであり、蔣介石にとって許容できるものではなかった。クラインの「広東プロジェクト」を明確には否定しなかったこの蔣介石の態度表明は、結果的に、のちに禍根を残すこととなる。

しかしいずれにせよこの会談は、蔣介石自身が大規模な中独軍事協力計画である「南京プロジェクト」をクラインに対して承認した瞬間であった。本章では、クラインの中国での活動を追っていきたい。[3]

一　中独軍事協力の背景

(1)ハンス・クライン

ハンス・クラインは一八七九年二月一五日にドイツに生まれた。[4] 第一次世界大戦前に彼はアフリカを舞台とした武器貿易に関わっていたと言われるが、一九二〇年代に入ると、その活動の舞台はソヴィエト・ロシアへと移った。当時のドイツ軍はヴェルサイユ条約の帰結として、兵器生産と兵器輸出を禁じられていたが、他方ドイツ陸軍総司令官ゼークトは、秘密再軍備の一環として極秘裏にソヴィエト・ロシアとの軍事協力関係を推進していた。同じ時期、クラインは国防軍の後援を得たＳＴＡＭＡＧ(Stahl- und Maschinengesellschaft m.b.H.) と称する商社の社長として独ソ武器貿易関係の分野で暗躍した。[5] ゼークトとクラインの結びつきは、このような独ソ間の軍事協力関係を通じて形成されていた。

ところが一九三三年一月三〇日にナチスが権力を握ると、ヒトラー政権の急進的な反ソ政策により独ソ秘密軍事協力関係は終焉を迎え、独ソ武器貿易も同様に著しく困難となった。そこでクラインは、ソ連よりもさらに東の国、すなわち中国に活動の場を移すこととなったのである。しかもクラインの中国での活動には、対ソ武器貿易の場合と同様、退役したゼークトの支持とともに、国防省幹部、とりわけ国防省国防経済幕僚部長トーマスの支持があった。[6]

(2)「第一次広東プロジェクト」とハプロの成立

ナチス政権が成立した直後の一九三三年四月半ばから同年七月半ばまでの約三カ月間、蔣介石の招きでゼークトが中国を訪問した。クラインは船を一つ遅らせながら中国へ向かい、ゼークトと基本的に別行動を取りながら、広州で西南派を相手に武器工場建設計画を推進した。その交渉は、一九三三年七月二〇日、広東武器工場建設契約（第一次広東プロジェクト）となって結実した。契約は、広東省清遠県琶江口の南に以下のごとき武器工場を建設するというものであった。(1)大砲工場（一八五万香港ドル）、砲弾・信管・薬莢工場（一〇七万五〇〇〇香港ドル）、(3)毒ガス工場（四九万香港ドル）、(4)防毒マスク工場（六万五〇〇〇香港ドル）。その他の費用を含め、契約総額は約五五〇万香港ドルに上った。[7] さらに同年一二月一四日、広州において、上記契約を受ける形で、クラインの代理人と広州の永隆公司の間で、琶江口の各兵器工場の建築に関する契約が締結された（なお、あらかじめ述べておくと、工場は二年後の一九三五年に完成する。一万六〇〇〇㎡の敷地を有し、三四〇台の機器設備を誇る工場は、同年一二月、正式に「広東第二武器制造廠」（通称「琶江武器廠」）と命名され、生産を開始することになる）。[8]

クラインの広東プロジェクトには、当初より、ドイツ外務省や在華ドイツ軍事顧問団から強い批判が投げかけられた。「第一次広東プロジェクト」調印直後の八月二四日、駐華公使オスカー・トラウトマンは、「広東政府と中央政府との関係は非常に不安定なので、このような契約を締結するには重大な疑念を呈せざるを得ない」と主張していたのである。[9] さらに肝心の中国中央政府も、一九三四年二月一日、ベルリン駐在中国公使館に訓令を発し、ドイツ外務省に「西南における軍拡計画は中国中央政府にとって非常に不快」なので、ドイツ政府がクラインの計画を「阻止するよう」強く申し入れしたのである。[10]

こうした外務省側の疑念にもかかわらず、国防省の強力な支援を得た半官的な有限会社ハプロ(Handelsgesellschaft für industrielle Produkte、略称ＨＡＰＲＯ)がベルリンに設立され、同年二月一四日に商業登記された。創業時の二〇万ＲＭ(ライヒスマルク)の出資金のうち一九万九〇〇〇ＲＭ(九九・五％)をクラインが支払った。取締役会議議長は国防省国防経済幕僚部長のトーマスであり、そのほかに、総統直属経済特別顧問ヴィルヘルム・ケプラーらが取締役となった。ハプロは以後クラインの計画を推進する母体となる。▼11

(3)「南京プロジェクト」と「第二次広東プロジェクト」

一方クラインの「南京プロジェクト」仮契約は、「第一次広東プロジェクト」から約一年遅れて調印された。その機会はまたもやゼークトの訪中によってもたらされた。前年のゼークト訪中後、蔣介石は、第三代軍事顧問団長ゲオルク・ヴェッツェルに代えて、ゼークトを第四代の軍事顧問団長として招聘した。クラインは一九三四年七月、北戴河でゼークトと詳細な打ち合わせをした後、ゼークトの紹介状を持参しつつ、広州経由で牯嶺を訪問、南京国民政府を代表する孔祥熙財政部長と交渉を行ない、八月二三日、鉄道、製鉄工場、港湾設備、爆薬工場、ガスマスク工場の建設などを主な内容とする大規模な仮契約を交わすにいたった。この仮契約の特徴は、ドイツの工業品ないし工業プラントを、中国で産出する農業産品および鉱業産品とバーターで交易することにあった。鉱業産品の開発にはドイツの技術者があたることとし、クラインは、鉱業開発および先行支払いのため、一億ＲＭのクレジットをベルリンで獲得するよう努めることとされたのである。さらに、この契約では、おそらくドイツ国内・中国国内および国際社会からの様々な批判の可能性を念頭に置きつつ、「両当事者は、この契約を無条件で極秘とすることに合意」したのである（契約前文最終段落）[12]。

しかしながら、中国駐在のドイツ外交官は、「第一次広東プロジェクト」と同様、「南京プロジェクト」に対しても極めて批判的であった。たとえば駐華公使トラウトマンは、五日後の八月二八日、外務次官ベルンハルト・フォン・ビューロに手紙を送り、次のような批判的なコメントを加えた。トラウトマンによれば、ゼークトらは中国との間で商品交換という形での「一種の計画経済」を行おうとしている。しかしながら、「提案されたような方法で中国政府が原料資源の輸出を組織することができるとは思えない」。しかも「豊かな経験、市場に関する知識および事業組織を持ったわが国の在中商社」を排除することになる。「私は軍人が経済の歯車装置に手を出そうとするときはいつも不安を感じる」。さらにトラウトマンは、クラインの人物についても、次のように述べる。「私はクライン氏に何か不安を——あるいは暗いものを感じる[13]」。ここには、ゼークトとクラインの計画に対するトラウトマンの外交官僚としての本能的な違和感が表現されていたのである。

しかし、この間クライン、ハプロ、国防省とトーマスが最も力を入れていた交渉相手は、南京中央政府ではなく、西南派、とりわけ陳済棠率いる広東派であった。なぜならドイツ国防省およびハプロは、広東省と中華ソヴィエト共和国（江西ソヴィエト）の境界に存在していた豊穣なタングステン鉱に多くの魅力を感じていたからである。当時中国は世界のタングステン生産の半分以上を占めると言われた[14]。

実際クラインは、七月初旬の北戴河におけるゼークトとの会談ののち、南京に赴く前に広州を訪れて広東省政府と交渉し、前年に調印した「第一次広東プロジェクト」に加え、まず七月二〇日に、⑴中国の原料資源とドイツの工業製品をバーターで交易するための契約を締結し、翌二一日には、(2)鉄道建設に関する契約と、(3)港湾施設に関する契約を交わしたのである。[15] さらに八月の南京プロジェクト契約の締結後再び広州に向かい、九月八日、広東派との間で防毒マスク工場（二九万香港ドル）の建設契約を締結した。また、広東派は返済をタングステン等の鉱物資源の対独輸出で行うこととし、鉱山開発のため、二億RMのクレジットをクラインに要請した。[16] こうした「第二次広東プロジェクト」は、前年七月二〇日にクラインと広東派との間で締結されていた「第一次広東プロジェクト」と一体となって、クライン・ハプロの全体的な「広東プロジェクト」を形成することとなったのである（ただし、一九三三年七月の広東契約はクレジット払いではなく、現金払いであった）。

ここで注目されるのは、南京プロジェクトに用意すべきクレジットが一億RMであったのに対し、広東プロジェクトに用意すべきクレジットが二億RMであったことである。さらにこの間のクラインの行動を見ると、前述のように北戴河でのゼークトとの会談ののち、七月二一日に広州で契約を締結し、その後牯嶺を訪れて八月二三日に孔祥熙との間で南京プロジェクト契約を締結した後、再び広州に戻って九月八日に広東派との間で追加契約を締結している。クラインの活動の重点が広東プロジェクトの実現に置かれていることは明らかであった。実際、のちにハプロの一メンバーが認めたように、ドイツ国防省にとって「広東の方が重要」であり、「南京協定は南京政権の不満を緩和するため」のものにすぎなかったのである。[17]

二　南京プロジェクトの進展と中国情勢の展開

(1)蔣介石の曖昧な態度

広東での武器工場建設の進展は当然南京中央政府の知るところとなり、その激烈な反応を引き起こした。一九三四年一〇月八日、国民政府外交部はドイツ駐在中国公使館に電報を打ち、こうした広東への武器工場建設を「あらゆる手段を以て阻止するよう」指示し、翌九日には蔣介石自身がドイツ駐在中国公使館参事官譚伯羽個人に直接同様の指示を打電した[18]。さらに一一月六日、中国公使館側は抗議のレベルをさらに引き上げた。すなわち同日、ドイツ駐在中国公使劉崇傑が南京政府外交部の指示にもとづきドイツ外務省のリヒャルト・マイアー第四部長〔東アジア担当〕を訪問し、「広東への武器輸出を止めるよう蔣介石から指示を得ている」と述べ、広東プロジェクトに重大な抗議を行ったのである[19]。

しかしながら、蔣介石は、クラインの後見人であるゼークトには、様々な配慮から、直接には広東プロジェクトについて厳重な抗議をしなかったようである。一九三五年二月一二日、ゼークトを訪問した南京駐在ドイツ公使館参事官ハインツ・ラウテンシュラーガーに対し、ゼークトは以下のように述べた[20]。

蔣介石の側からは、いままでクラインの広東プロジェクトに関して明示的な承認は行われていないし、またそれを期待することもできないだろう。したがって私はいままでそのような問い合わせをしていない。総司令〔蔣介石〕に立場表明を強いなければ、彼は時折形式的な抗議を行う以外はとくに難題を持ちかけることはないだろう。

すなわち蔣介石は、様々な外交ルートでドイツ政府にクラインの広東プロジェクトを強く批判していたが、肝心のゼークトには、強い抗議を控えていたのである。

⑵南京中央政府による国家統一の進展

しかしその間中国における政治情勢はめまぐるしく変転していた。一九三三年五月三〇日の塘沽停戦協定成立後、蔣介石は「安内攘外」路線のもと、国内統一に政治的エネルギーを注入することとなった。一九三四年一月に「福建人民政府」を制圧した蔣介石は、江西ソヴィエトを主な対象とした第五次「囲剿戦」を継続し、ドイツ軍事顧問団の助言をも受けながら、トーチカ戦術により紅軍への包囲網を一歩一歩狭めていった。[21]その結果、一九三四年秋、紅軍はついに「大長征」と呼ばれる軍事的敗北を強いられることとなったのである。[22]広東派の陳済棠はこの「剿共戦」において蔣介石から「剿匪南路軍総司令」に任命されていたが、広東軍の南からの包囲活動は不活発で、紅軍第一方面軍はその隙を突く形で一〇月一六日、江西省西南部からの「西遷」に出発したのである。[23]蔣介石は紅軍第一方面軍の逃走およびそれを許した広東軍の行動に驚き、一〇月三〇日、陳済棠に関して「何を以て天下と後世に対するか」と怒りをあらわにしたが、[24]それはともかく、「大西遷」の結果、西南派は、南下してきた南京中央政府およびその軍隊の政治的・軍事的圧力に直接さらされることとなった。[25]

さらに蔣介石は、一九三五年三月二三日に貴州省の省都貴陽に入り、「大西遷」下の紅軍に対する

「剿共戦」に関して貴州軍の督戦を行った。四月二四日、蔣介石は貴州省主席兼第二五軍長王家烈を罷免して呉忠信を新たな省主席の地位に就け、貴州省の中央化を進めた。さらに五月一〇日、蔣介石は貴陽から雲南省の省都昆明に入り、特別支出費を支給して雲南省主席龍雲との関係を強化した。[26] また四川省でも三五年二月一〇日、「剿共戦」の過程で中央に接近してきた劉湘を主席とする政府が発足して統一へと向かっていた。[27] こうして西南派五省連合のうち雲南、貴州、四川が中央政府の支配下に入り、[28] 残るは両広（広東省・広西省）のみとなっていた。

クラインが重慶に入り、南京プロジェクトに関して蔣介石と面会する機会をうかがっていたのは、まさしくこのようなときであった。すでに見たように、一九三五年六月一六日、蔣介石はクラインを接見し、「広東プロジェクト」には触れぬまま、「南京プロジェクト」へのゴーサインを出したのであった。

さらに蔣介石は、「南京プロジェクト」を実施に移すにあたり、一九三五年八月、孔祥熙に加え、翁文灝を南京プロジェクト担当の直接の責任者とし、クラインとの交渉を委ねた。[29] 翁文灝は当時中国国民政府のなかで国防建設の重要部分を任されていた「資源委員会」の責任者であり、さらに地質学者として、ドイツが何よりも欲していたタングステンなどのレアメタルをも含む中国の鉱物資源開発に精通していたのである。

(3) クラインの「組織建議」

六月一六日の蔣介石との会談後、クラインは、南京プロジェクトとは別に、中独協力の具体化と中国の軍拡に関する計画の立案を開始し、「実力中心点を建設するための組織建議」と題する八項目にもわたる広範な政府組織改革案を作成した。[30] その計画は、「一、臨時建設署の設立」、「二、臨時建設署署長」、「三、民族青年の結集」、「四、建設署署長の工作幹部」、「五、技術経済団各署の組織およびその重要職責」、「六、ドイツ代表団」、「七、建設事業全体に関するその他の重要項目」、「八、銀行団および運輸組織」の各項目からなっていた。

第一項「臨時建設署の設立」では、中国各地に「実力中心点」を建設するために、蔣介石に直属する「(臨時)建設署」を設けよと述べられていた。第二項「臨時建設署署長」ではこの「建設署」を、中国の行政管理、国防軍事力、国防経済、鉱業、工業、農林業、交通など、つまり「全国国民経済」の「新生命発源地」であると位置づける。第三項「民族青年の結集」では、建設署署長の第一の任務は、青年の力を集中して能力を引き出すことにあるとする。第四項「建設署署長の工作幹部」では、建設署の組織を「軍事参謀団」と「技術経済団」の二つに分けることが重要であるとした。このうち「軍事参謀団」は中国に派遣される「ドイツ国防軍現役軍官」と密接に連携しながら業務を進め、「技術経済団」は、やはりドイツから派遣される技術経済専門家と密接に連携しながら業務を進めることなどが規定された。第五項「技術経済団各署の組織およびその重要職責」では、前項で規定した「技術経済団」のなかに設ける多数の下部組織を規定した。第六項「ドイツ代表団」では、蔣介石に直属するドイツ代表団を設置し(既存のドイツ軍事顧問団との関係については言及なし)、ドイツ代表団長のもとに「軍事参謀主任」および「技術経済主任」を置き、それぞれが中国の「建設署」の「軍事参謀団」および「技術経済団」と協力しつつ、第一歩として「一〇万陸軍およびその空軍戦闘力の建設」を行うとされた。第七項「建設事業全体に関するその他の重要項目」では「中独両国責任指導者の密接な連絡」や「三カ年計画」の実施などの重要事項が規定された。第八項「銀行団および運輸組織」では、銀行決済の手続きや貨物交換の方法などが規定された。

一見して明らかなように、このクラインの「組織建議」は中国の国家行政組織全般にわたる提案であり、その核心は、いわば「第二の政府」とも言うべき行政機関を設置し、そのもとで極めて緊密な中独協力を行おうというものであった。

(4)「南京プロジェクト」交渉の進展と蔣介石の書簡（一九三五年一一月二三日）

一九三五年六月一六日の蔣介石＝クライン会談を受けて、一九三五年秋、南京プロジェクトをめぐるクラインと翁文灝の実務交渉が本格化した。九月、翁文灝は国民政府資源委員会統計処処長孫拯に中独貿易総量やドイツの対中国信用借款状況に関する各種統計表などを提出させ[31]、一〇月七日、孔祥熙も、ライヒスバンク総裁シャハトに打電し、現在クラインの計画書を「慎重に検討中」であると伝えたのである[32]。さらにクラインは、一〇月末、ドイツ国防省の「急需の各種農鉱原料」として大豆一〇万トン、落花生一〇万トン、胡麻などの油種五万トン、桐油二五〇〇トン、綿花一万トン、錫四〇〇〇トン、アンチモン四〇〇〇トン、タングステン四〇〇〇トンなどのリストを翁文灝に提出し[33]、これにもとづき国民政府は、一一月上旬、二〇〇〇トンのタングステンを用意する手はずを整えた[34]。南京プロジェクトは大枠においてほぼ合意に達したのである。

これを受けて国防大臣ブロンベルクは一一月一六日、蔣介石および孔祥熙宛に次のような感謝状を送付した。「〔中独両国の〕協力関係が迅速に実際上の成果をもたらしたことを喜ぶとともに、閣下の力強い援助に感謝の意を表します」[35]。

以上の展開を受け、一一月二三日、蔣介石はゼークトに長文の礼状を認《したた》めた。その手紙のなかで蔣介石はまず「昨年中国政府とクライン氏が立案したバーター契約」を実施するのに「いささかの障害もない」と述べ、クライン＝ゼークトの南京プロジェクトに明確に「賛意」を表明したのである。タングステン等の鉱業産品およびその他の農業産品について蔣介石は、「明年初春に対ドイツ貨物輸送を開始することが可能」であると保証した。

さらに蔣介石はこの礼状のなかで、クラインが策定した上述の「組織建議」は中国国防経済、国民経済および行政管理の「基本材料」になる、との考えを示し、このクラインの建議に従って「中国全体を建設するための基本工作を策定」すると述べた。蔣介石によれば、それを三期に分けて進め、一期を三年とする計画であった。第一期では「中心区」を樹立し、「およそ一〇万人の国防軍および相当量の空軍力、および海軍の初歩的基礎の建設」を行うとされた。第二期では「建設範囲を中心点以外にも拡張すべき」であるとされた。第三期は「建設計画内のすべての予定工作を確立し、この期間内に完成させるべき」であるとされた。さらに蔣介石は、クラインの報告および「組織建議」を「認可」すると述べ、「貴国の元勲および軍同僚」にこの計画を周知するようゼークトにもとめた。加えて蔣介石は、こうした計画を推進するため、既存のドイツ軍事顧問団とは別の「ドイツの高級参謀団」の中国訪問を強くもとめ、その訪問の時期を明示するようゼークトに要請したのである[36]。

以上のように、この蔣介石のゼークト宛書簡は、単にクラインの南京プロジェクトに積極的に賛同し、タングステン等の鉱業産品やその他の農業産品をドイツに輸出する意欲を示したのみならず、ともかく蔣介石がクラインの「組織建議」に賛意を示し、「三カ年計画」を実施する決意を述べ、さらにそのためドイツの現役将校からなる「高級参謀団」の来華までもとめる意欲的なものであったと言えよう。書簡の最後で蔣介石は次のように述べた。[37]

貨物バーターの実施に関しては、わが国財政部長孔祥熙博士と貴国経済大臣兼ライヒスバンク総裁シャハト博士により交渉し細部を取り決めます。そのほかベルリンで解決すべき各種問題については、わが国が代表団をベルリンに派遣し将軍〔ゼークト〕と相談しますので、是非将軍のご指導を賜り、その使命完遂を促して下さいますようお願いいたします。

同日（一一月二三日）、蔣介石はヒトラー、シャハト、ブロンベルクにもクラインの南京プロジェクトを承認するとの趣旨の書簡を認《したた》め、それを帰国予定のクラインに託した。[38] 蔣介石のヒトラー宛書簡は、翌一九三六年一月二四日、クラインを通じてヒトラーに手交されることになる。こうして南京プロジェクトの次の実務交渉の焦点は、中国代表団の訪独およびドイツ当局との、より具体的にはドイツ国防省との交渉に移っていく。蔣介石は、クラインの南京プロジェクトを全力で推進する姿勢を示したのである。

三　ベルリンでの交渉と蔣介石の妥協

(1) クライン対ドイツ外務省

翁文灝は、資源委員会メンバーの顧振を訪独団長に任命した。一九三六年一月五日、蔣介石は出発前の代表団を接受し、ヒトラー、ブロンベルク、シャハトに宛てた紹介状を自ら手渡した[39]。

一方クラインは一九三六年一月上旬にベルリンに到着し、各方面との折衝を開始した。一月一五日、クラインとブロンベルク、シャハト、リッベントロップ（当時外務省軍縮問題全権）の会談が開かれ、クラインの報告によれば、彼の南京プロジェクトは「幸いにして各人の全面的賛成」を受け、同時に一億RMの借款供与も同意・決定された。さらに当時タス通信などが報じていた日独接近の情報について、「まったく事実の根拠がない」との意見が出されたという[40]。

さらに一月二四日午後、ヒトラー、ブロンベルク、ノイラートとクラインの会談が行われた。この席でクラインは、プロジェクトについて大風呂敷を広げ始めたのである。ノイラートはこの「雄大な叙情詩」を途中で遮り、「広東プロジェクトに関し中国中央政府の承認を得ることにどれだけ成功したのか？」とクラインに問いただした。これに対しクラインは、「クラインを信頼する」旨を記した蔣介石のヒトラー宛書簡（一九三五年一一月二三日付）を勝ち誇ったようにノイラートの前でひけらかしたのである。さらにクラインは、「広東プロジェクトの継続に賛同した蔣介石の手紙を持っている〔!〕」し、そもそも「広東の武器工場はすでに完成」している、とまで述べたのである（実際、広東プロジェクト第一次契約にもとづく工場群はすでに完成していた）。[41]

この会談のなかでクラインはさらに増長し、突然外務省批判を展開し始めた。クラインは「外務省の中国駐在代表部の側での酷い扱い」、とりわけ南京と広州のドイツ代表部について「苦情」を述べたのである。これに対し、普段は感情をあまり外に表さない外相ノイラートが「この主張はイカサマだ！」と怒りを爆発させた。ノイラートは「外務省を非難するなら具体的に述べよ」と反論したが、クラインは無言であった。さらにノイラートは「中国駐在ドイツ代表部への訪問を執拗に回避したのはあなたではないか」と批判し、ドイツ在外代表部がクラインに非友好的などというのは「中国の海岸での陰口にすぎない」と断定したのである。その上でノイラートは、必要ならばわが在外代表部に推薦状を書くので外務省に取りに来ればよいし、私でも誰でも、いつでも相談には乗る、と付け加えたのである。

この会談からヴィルヘルム通りの外務省に戻ったノイラートは、外務省第四部（東アジア担当）のエールトマンスドルフ書記官に事の詳細を口述筆記させたのち、最後に吐き捨てるように述べたのである。「できることならば、あんなやつには二度と会いたくない！」[42]。

一方ノイラートの剣幕に辟易したクラインは、いままで以上に外務省を避けようとの決意を固めたに違いない。ただし、クラインは、会談後、気を取り直し、翁文灝および孔祥熙に以下のような電報を打ったのである。「本月二四日のヒトラー総統兼宰相との面会は極めて円満に経過しました〔！〕。すべては委員長閣下〔蔣介石〕のご意志を立論の根拠にしました。委員長閣下のお手紙もわが総統に直接お渡しいたしました〔！〕」。「わが総統は、私の建議〔「組織建議」〕にもとづいて、経済を基礎とする中国建設計画すべてに賛成し、それを許可しました。わが総統は必ずや委員長閣下の事業の完成に助力されるでありましょう」[43]。

⑵顧振代表団のドイツでの活動

一九三六年二月二三日、顧振を団長とする中国代表団がベルリンに到着し、翌二四日にゼークトと面会した後、さらに二五日にブロンベルクと、二七日にヒトラーと、二八日にシャハトと面会した[44]。いずれの場合にもクラインとゼークトが立ち会った。顧振の報告によれば、二七日の会談でヒトラーは代表団に対し、「ドイツ工業製品と中国原料の交換を希望」し、「中国の実業発展を援助したい」と述べた[45]。なお、この訪問先を見ると、クラインやゼークトが意図的に外務省を外したことが明らかである。

顧振代表団は、こうしたドイツ首脳との一連の会談を受け、三月二日、蔣介石に宛てて次のような報告を行った。「代表団は連日ヒトラー、シャハト、ブロンベルクらに謁見し、彼らは誠実に中国と協力したいとの意思を表示し、委員長〔蔣介石〕に特別の敬意を払った」。「彼らは各種の新式武器および国防工業建設機材、さらに各種の優秀な専門人材を全力で提供すると述べた」。彼らはそのため「いたる所で誠意と気前の良さを見せている」。以上から考えて、「今回の中独協力が成功すれば、わが国にとって極めて大きな助力となり、かつ将来わが民族の復興はこれに大きく依存している」[46]。顧振代表団は、ドイツ側の中独協力意欲を高く評価したのである。

二月二八日、ドイツ国防省は陸海空三軍に「中国は近代武器の大量購入を予定しているので、現在国防軍に導入されている武器の完成品をよく見学させるよう」もとめ、ドイツ国防省が中国代表団を最上客として扱っていることを示した[47]。このブロンベルクの指示を背景に、三月、訪独団はエッセンのクルップ（三月四日）、オーバーハウゼンのグーテホフヌングスヒュッテ（三月五日）、デュッセルドルフのラインメタル（三月六日）、ルートヴィヒスハーフェンのＩＧファルベン（三月九日）、ロイナのＩＧファルベン（三月一一日）、デッサウのユンカース工場（三月一二日）、ベルリンのダイムラー工場（三月一三日）などを存分に見学した。[48] 顧振をはじめとする代表団は、こうしたドイツ側の厚遇にすっかり満足したのである。

(3) 広東毒ガス製造工場問題と蔣介石の妥協

顧振代表団訪独時における中独交渉は、しかし、大きな障害に突き当たった。広東プロジェクト、とくに毒ガス問題が再燃し、ベルリンでの交渉を混乱させたのである。事の発端は一九三六年一月一六日付の翁文灝発クライン宛の電報であった。この電報で翁文灝は、「南京国民政府は誠意を以て中独協力を進める」が、ただし最近広東地方当局が「ドイツから極めて重要な毒ガス材料を輸入した」との情報があるので、「〔ドイツ政府は〕広州に対していかなる方針をとるのか」と問いただしたのである。[49]

防毒ガスマスク関連施設の問題は、実際蔣介石を強く刺激した。その怒りは、二月八日、南京駐在ドイツ大使トラウトマンが蔣介石を訪問したときにはっきりと示された。このとき蔣介石は、クラインに関する極めて深刻な疑念を呈示したのである。トラウトマンによれば蔣介石は「かつてないほど上機嫌」であったが、突然「クラインを知っているか？」と尋ねたのである。トラウトマンがそれを否定すると、蔣介石は「クラインは貴大使と協力して仕事をしているのかと思っていた」と驚き、さらに「私は数分しか会っていないが〔一九三五年六月一六日〕、いま孔祥熙がクラインと交渉中である」と述べたのである。蔣介石が「ドイツにおけるクラインの立場を正確に知りたい」と質問すると、トラウトマンは以下のごとく答えた。「クラインの業務上の交渉について私は知らされていませんが、彼はドイツ国防省の信任を得ていることは承知しています」。最後に蔣介石はクラインの広東プロジェクトに言及し、「毒ガス設備と大砲製造機器を広東に提供したかどうかクラインに電報で問い合わせた」と述べ、クラインへの不信をあからさまにしたのである。会談の終了後、早速トラウトマンは電報で本省に広東プロジェクトに関して問い合わせるとともに[50]、蔣介石との会談に関する詳細な報告書をまとめ、クーリエに運ばせた。このトラウトマンの報告書は三月二日に本省に到着することになる[51]。

三月一九日、トラウトマンは長期休暇をドイツで過ごす挨拶のため再び蔣介石を訪問した。蔣介石は、この席で、「かなり興奮しながら」、広東プロジェクトを批判したのである。蔣介石はまず「ゼークトがクラインを紹介したから信用したが、騙されたので、もはや信じない」と切り出した。蔣介石によれば「広東武器工場はまったく小さな企画だというので了承を与えた〔！〕」が、「毒ガス施設には一度も許可を与えていない」。しかしいま広東方面から「大規模な武器工場が建設された」との報告がなされている。「クラインは約束を破った」。さらに蔣介石は、中央政府と広東派の関係を念頭に、「政治情勢は安定していないので、もしそれが変化すれば、私は武器工場の存続に責任が持てない」と述べたのである。クラインの広東での活動が停止されればタングステンをドイツに輸送するが、「そうでなければ不可能」であるという。トラウトマンが蔣介石のヒトラー宛書簡（一九三五年一一月三日）の件を持ち出し、「ベルリンでは総司令がクラインを全面的に信頼しているという印象を持たれている」と述べると、蔣介石は「たしかに手紙をクラインに手渡した」と認めつつも「苦渋の表情」を示したのである。顧振代表団の活動に関して蔣介石は「もしクラインの広東プロジェクトが中断されなければ代表団の交渉に関心はない」とまで述べ、中独交渉の決裂の可能性さえ示唆した。最後に蔣介石は以下のようにトラウトマンの理解をもとめたのである。「外交的美辞麗句を省いてあからさまにクラインについて語って申し訳ない。しかしそうでなければ誤解は解けないでしょう[52]」。

この蔣介石の怒りを受けて、同日、翁文灝は中国代表団の顧振に以下のような電報を打ったのである。[53]

最近の情報では、ハプロ公司がいまだ広州に武器工場用機器および毒ガス製造機器を供給しており、委員長閣下は大変驚き訝っている〔……〕。諸君はドイツ政府に説明をもとめ、もし約束が守られないならば商談は直ちに停止する。〔ドイツが〕協力を願うならば、必ず誠意を示さなければならない。

こうした蔣介石・翁文灝の態度に接し、ドイツ側の対中協力意欲にすっかり感服していた顧振ら中国代表団のメンバーは恐慌に陥った。三月二二日、顧振は翁文灝に電報を打ち、「現在ドイツ政府はすこぶる不満で、決裂の可能性もある」と述べた上で、ベルリンにいる自分たち代表団に「交渉の責任」を任せ、「委員長および諸兄は駐華ドイツ大使館、ベルリン・ドイツ政府およびクライン等に対し、直接意見を言わないでいただきたい」と不平を述べたのである。[54]

三月二四日、ブロンベルクはゼークトを通じて一通の電報を蔣介石に送付した。[55]

閣下〔蔣介石〕はもしクラインの広東への供給が停止されなければ顧振・齊焌〔通訳〕代表団の交渉には関心がないと述べている。私の二月一四日の電報で触れたように、ハプロを通じた広東への武器輸出は閣下の合意にもとづいてのみ行われると改めて確認する。ハプロは広東に月産で大砲一四門と軽迫撃砲九門、砲弾三〇〇発、軽迫撃砲弾二〇〇発を生産する小さな武器工場を設置した。トラウトマン大使との会談のなかで誤解が生じたと思われる。私が承認した計画が閣下の完全な同意を得ていること、顧振の代表団が閣下の名前で交渉し、借款条約を締結する資格があることを電報でご確認いただきたい。

これに対し蔣介石は、二六日、翁文灝にブロンベルクへの返電を起草するよう委嘱した。それは以下のような文言からなっていた。▼56

委細承知しました。ブロンベルク大臣の真摯な態度は敬服に堪えません。広東に対する供給が、すでに事実でないならば、中国は必ず以前の契約を実施せねばならず、けっして問題はありません。あわせてゼークト将軍とクライン氏を私に代わって安心させて下さい。

さらに四月三日に蔣介石は、確認のため、ゼークトを通じてブロンベルクに以下のような電報を打った。「中独協力に関するクラインのプロジェクトを完全に信頼します。広東への武器供給があると主張する情報は完全に誤りでした。閣下の三月二四日付電報と顧振代表団の詳細な報告から、この情報が完全に根拠がなく事実に合致しないことが示されました。私は中国と協力しようとするドイツ政府の真剣な意欲を理解しました。私はそれを非常に喜びとし、かつ満足しました。顧振らの代表団とさらに交渉し、迅速な成果を達成されますよう閣下にお願いいたします」[57]。

こうして蔣介石はクラインの広東での陰謀に目をつむり、南京プロジェクトの成立を優先することに決したのである。

四　中独条約の成立と中国における総力戦体制構築の進展

(1)中独条約の調印とヒトラー＝蔣介石の交歓

一九三六年四月八日、ドイツ政府と中国訪独団との間で中独条約（中独信用供与条約）が締結された。借款条約という性質上、ドイツ側の署名者はシャハトであったが、すでに見てきたように、その推進者はもちろん国防省であった。条約の主要条文は以下のごとくであった。

(1)中国政府は、中国政府とハンス・クライン氏が一九三四年八月二三日に締結した物資交換契約をドイツ政府が継承することに同意する。

(2)ドイツ政府は中国政府に一億ＲＭの商品信用借款を提供する。

(3)中国政府は物資交換契約にもとづきこの商品信用借款をドイツ工業産品およびその他の生産物の輸入に用いることができる。[58]

中独条約の締結によりドイツは対中国物々交換事業の国家による運営をはかった。同時にドイツは一億RMの借款を与えて中国中央政府の武器輸入を可能とし、中国はタングステンをはじめとする鉱業資源およびその他の農業資源でこれを相殺するシステムが成立したのである。

また、この条約締結と同じ日、ハプロは共同経営者会議を開き、クラインは持ち株を国防省国防経済幕僚部のクルト・ツィネマンに引き渡すことを決定した。ハプロは事実上国有化されたのである。[59]

一九三六年四月一四日、蔣介石は来るヒトラーの誕生日（四月二〇日）に合わせ、祝電を送るとともに、「ドイツと中国との間の経済的協力関係は、〔中独〕条約の調印によって、偉大な成果をもたらしました」と述べて中独条約調印への満足感を示した。[60]これに対しヒトラーは五月一三日、蔣介石に電報を打ち、「中独両国のバーター貿易は実に両国の経済発展に対し莫大な利益を与えるものであり、閣下の特別のご配慮をいただいたことに謹んで感謝申し上げます」と述べたのである。[61]このヒトラーと蔣介石の交歓は、まさしく中独バーター貿易がもたらした両国の友好関係の頂点を示していたのである。

(2)ハプロの実績

中独条約の締結とハプロによるバーター取引のため、ナチス・ドイツの中国に対する武器輸出は顕著に増大することとなった。一九三五年一〇月三〇日に成立した武器輸出組合（AGK）の手になる第一回「年次報告書」（一九三五年一一月一日－一九三六年一〇月三一日）によれば、当該年度におけるドイツの武器輸出総額は三四〇〇万ＲＭに上ったが、そのなかに占める中国の割合は実に五七・五％（約二〇一〇万ＲＭ）で、ドイツの武器貿易全体に占める中国の圧倒的な地位を示していた。報告書はそれを以下のように評価していた。[62]

中国は広範な武器分野において陸軍の建設を遂行し、そのためにドイツからの輸入武器を用いているので、中国が発注した品目（銃、大砲、高射砲、銃弾、迫撃砲弾、大砲弾、光学機器、測定・照準機器）が輸出総額として突出した。

しかも注意すべきは、このうち、約半年前に締結された中独条約によるものがすでに五〇％（約一〇一〇万ＲＭ）を占めており、わずか半年の間にハプロを通じた武器貿易が在華ドイツ商社による武器貿易を相当程度圧迫し始めたのである。[63]

また、翌一九三七年の「年次報告」においては、一九三六年度分の数字に若干の修正が加えられ、さらに「一九三六年度年次報告」では「政治的考慮」から除外されていた対ソ連輸出の数字が掲載されている。それによれば一九三六年度のドイツの武器輸出全体は五〇九五万ＲＭに上方修正されているが、それでもドイツの武器輸出全体に占める中国の割合は四六・九五％（二三七四万ＲＭ、これも上方修正されている）であり、武器貿易全体に占める中国の圧倒的地位には何ら変わりはなかった。[64]

さらに一九三七年度（一九三六年一一月一日－一九三七年一〇月三一日）には、前年度に比べ、ドイツの武

表１　ドイツの主要国向け武器輸出額（単位 1000 RM）

	1936	%	1937	%
中国	23,748.4	46,95	82,788.6	36.82
ハンガリー	5,250.1	10,39	33,780.6	15.03
トルコ	2,293.8	4,54	18,690.9	8.32
ポルトガル	2,656.2	5,26	17,233.4	7.66
ギリシア	512.0	1,01	17,195.0	7.64
ブルガリア	4,962.6	9,81	15,785.2	7.03
日本	111.9	0,22	10,865.0	4.83
ルーマニア	3.0	0	10,986.8	4.88
ユーゴスラヴィア	1,953.1	3,86	6,141.3	2.73
ソ連	3,452.4	6,83	271.6	0.12
ブラジル	574.3	1,13	793.7	0.35
その他	5073.5	10.02	10,367.1	4.61
合計	50,591.3	100,00	224,899.2	100.00

出典：„AGK Jahresbericht 1937“, PAAA, R901/106417, Anhang より筆者作成。

器輸出総額は約四・五倍に増え、二億二五〇〇万RMに上った。対中国武器輸出に関して言えば、ドイツの武器輸出全体に占める比率は下げたが（四六・九五％→三六・八二％）、総額は前年に比べ一挙に約三・五倍の約八二八〇万RMに拡大した（表1）。

しかも注目すべきことに、一九三六年度における対中国武器輸出総額のうちハプロ事業によるものが六〇・三％を占めており、さらに翌三七年にはそれが実に八七・九％（七二七五万RM）にまで拡大した。[65] ドイツの対中国武器輸出は、こうして、一九三七年度にはほぼハプロにより独占されたのである。

(3) 資源委員会の「重工業建設三カ年計画」と中独「兄弟軍」の建軍

翁文灝・銭昌照ら資源委員会は、中独条約成立を機とし、さらにクラインの「組織建議」の影響なども受けながら、一九三六年六月、「三カ年計画」を提出し、軍事委員会を経て国民政府の承認を得た。それは以下のような内容からなっていた[66]。

(1)タングステン、アンチモンを統制し、同時にタングステン鋼工場を建設する。年産のタングステン鋼二〇〇〇トン。
(2)湘潭および馬鞍山製鋼所を建設し、三〇万トンの年産で国内需要の半ばを供給。
(3)湖北省霊郷および湖南省茶陵鉄鉱の開発、年産三〇万トン。
(4)湖北省大冶、陽新および四川省彭郷銅鉱の開発、同時に年産三六〇〇トンの製銅工場を建設し、国内需要の半ばを供給。
(5)湖南省水口および貴県に鉛・亜鉛鉱業所、年産五〇〇〇トン、国内需要を供給。
(6)江西省高坑、天河、湖南省譚家山および河南省禹県における年産一五〇万トンの炭鉱、華中・華南の石炭不足を補充。
(7)江西省における石炭液化工場の建設、同時に陝西省延長・延川、四川省達県・巴県の油田開発、年産二五〇〇万ガロンを見込み、国内需要の半ばを供給。
(8)窒素ガス工場、年産五万トンの硫酸第一鉄、同時に硫酸、硝酸を武器工業用に製造。
(9)湖南省湘潭に航空機発動機工場、原動機工場および工作機械工場を含む機械工場の建設。
(10)湖南省湘潭に無線電機工場、電管工場、電話機工場および電気機械工場の建設、毎年国内需要を満たす量を生産。

こうした施設の多くは、顧振使節団を通じて翁文灝がドイツに発注したものからなっていた。重工業建設には、法幣にして二億七〇〇〇万元の資金としかるべき技術が必要とされたが、翁文灝ら資源委員会は、これらの多くを中独条約による借款およびドイツ人技術者に頼ったわけである。まさしく資源委員会の「三カ年計画」は中独協力の産物であった。[67] こうしてナチス・ドイツは、蔣介石・中国国民政府の「安内攘外路線」の重要な一翼を担っていった。

中独条約の成立により、ドイツ国防省は、対中国武器貿易の軸足を、民間会社を通じたものから国有会社ハプロを通じたものへと移していった。こうした中国国民政府の旺盛な武器購入意欲に対し国防大臣ブロンベルクは、四月三〇日、顧振を通じて蔣介石に「中国国民政府がもとめている武器については、すべてドイツ国防軍が自ら用いている最新式のものを供給する」と約束した。[68] さらにブロンベルクは、五月六日、ドイツ三軍宛に通達を出し、「中国国民政府がドイツ軍需工業から購入しようとしている物資の供給を、ドイツの軍需品調達プログラムのなかに編入せよ」という決定を行った。[69] 中国軍の軍拡は、ドイツ国防省の物資調達プログラムに有機的に組み込まれたわけである。

蔣介石の直轄する中国エリート軍は、ゼークトの建軍思想（一〇万軍のエリート軍建設と三〇万軍への拡大）により建軍され、ドイツ国防軍から同じ編制の、しかも最新式の武器を供給され、ドイツ国防軍（在華軍事顧問団）によりドイツ式の訓練を受け、その軍事戦略思想により指導され、ドイツ製武器プラント工場から様々な補給を受けることとなった。こうして中国軍は、ドイツ国防省により、いわば「兄弟軍」とも言うべき位置づけを与えられたことになる。「第三帝国」の軍拡政策と中国の軍拡政策は、有機的かつ密接に結合されることとなった。

⑷第一次広東契約の完成と両広事変（一九三六年六月）

一方、クラインの「第一次広東プロジェクト」は一九三五年の初めに一応完成し、広東省に大砲工場、砲弾工場、毒ガス工場、防毒マスク工場が建設された。そのうち大砲工場および砲弾工場などは広州市北方、広東省清遠県に建設され、工場総面積一万六〇〇〇㎡、機器設備三四〇台を誇った。この工場群は「広東第二武器制造廠」（通称「琶江兵工廠」）と命名され、一九三五年一二月に生産を開始した。[70] 広東プロジェクト契約に広東派とともに調印した広西派の李宗仁は回想録のなかで、「われわれの武器工場のなかには、その規格の精密さ、設備の斬新さにおいて、実に中央の各武器工場を凌駕するものがあった」と誇った。[71]

ところが広東では、一九三六年六月、中国中央政府とドイツ国防省・ハプロの関係に著しく影響する事態が発生した。いわゆる「両広事変」である。五月九日、西南派の元老格である胡漢民が突然脳溢血に襲われて広州で死去した。南京中央政権はこれをきっかけとして西南派に政治的・軍事的圧力を加え、追いつめられた陳済棠・李宗仁は六月三日に連合して「抗日」を通電し、軍を北上させたが、粤漢線で輸送された国民政府軍の前に反乱は一挙に瓦解し、陳済棠は香港に逃亡した。[72] 李宗仁は広西に戻り、白崇禧と相談した上で二一日に通電を発し、中央政府に服従を表明した。

国民党は同年七月一〇日に第五期二中全会を開催し、「中国国民党西南執行部」および「国民政府西南政務委員会」の解散を決定した。同時に陳済棠を解任して余漢謀を「広東綏靖〔鎮定〕主任」兼第四路軍総司令に任命し、広東省全省の軍事的整理にあたらせることとなった。[73] さらにこの会議で蔣介石は

「仮に何人かがわれわれに傀儡国〔満洲国〕の承認などを強要し、領土主権を侵害するときこそ〔……〕われわれが最後の犠牲を払うときである」と宣言した。[74]

南京の国民政府軍政部兵工署は同年一一月に広東の工場の接収を開始し、翌三七年にそれを完了した。その際に工場は「広東第二兵工廠」と改名された。[75]

広東第二兵工廠は大砲工場、砲弾工場、雷管工場、工作機械工場、鋳造工場、木工場、動力工場などを包括し、三〇〇人の労働者を雇い、約四〇人のドイツ人技師が働いた。生産技術は完全にドイツ人技師に掌握されていた。設計上、毎月の生産能力は七五ミリ歩兵榴弾砲九門、七五ミリ野戦砲九門、一〇五ミリ軽便野戦榴弾砲五門、砲弾一万二五〇〇発とされていた。[76]

日中戦争勃発後、一九三八年四月、広東第二兵工廠は日本軍機の連続爆撃にさらされた。[77]破壊は激しく、生産不能となったため、国民政府軍政部兵工署は同年五月、重慶への移転を決定した。移転にともない名称も「兵工署五十工廠」に改められることになる。[78]

おわりに

ハンス・クラインは、本章で見たように、中独軍事経済協力関係を強化し、中国の対日抗戦力形成に大きな影響を与えた。その行動は秘密主義を特徴とし、ドイツにおいて外務省からの、また中国現地において外務省の出先機関やファルケンハウゼンらドイツ軍事顧問団により激しい攻撃を受けたほか、南京国民政府さらにはその領袖たる蔣介石自身からも強い批判にさらされた。しかし彼はその時々の政治状況に助けられ、あるいは独特の隠蔽工作や虚言といった手段を用いて最終的には中独条約の締結に成功したのである。

ただし、その後のクラインの歩みは必ずしも順風満帆なものではなかった。中独条約成立後、クラインはドイツと中国現地で中独武器貿易の実務にあたるが、その過程で、ドイツ国内におけるシャハトとゲーリングの権力闘争に巻き込まれ、一九三七年六月にはゲーリングからの激しい個人攻撃にさらされた。さらに、一九三七年一〇月二九日にハプロが国防省・経済省の管轄からゲーリング・四カ年計画庁の管轄に移されると、クラインは事実上ハプロから排除されていく。[79]

しかしクラインと中国国民政府の政治的連絡はその後も維持され、第二次世界大戦中にクラインは居住地であるスイスのルツェルンで中華民国の名誉領事を引き受けることとなった。その傍らクラインは、トーマスやシャハト、国防省防諜部のヴィルヘルム・カナーリスらとも連絡を保ち、彼ら反ヒトラー派から得られた情報を蔣介石に転送していた。蔣介石はそうしたドイツ国内からの情報をさらにルーズヴェルト政権に伝えていたと言われている。[80]

さらに戦後になると、クラインは、ドイツ国防軍防諜部やシャハトから管理を委託されていた資金をもとに、武器商人ルドルフ・ルシェヴァイらとともに、リヒテンシュタイン侯国に「オクタゴン・トラスト」という名の武器商社を設立した。スイス警察に寄せられたドイツ人関係者の証言によれば、その際クラインは「ドイツ再軍備の精神的・物質的中心」として、西ドイツ再軍備のための様々な政治工作を行ったという。(81) ただし、その詳細は、依然として秘密のヴェールに覆われたままである。

注

▼1　Kriebel an Falkenhausen, 12. Juli 1935, Bundesarchiv-Militärarchiv (BA-MA), Msg.160/7, Bl. 53-55.

▼2　『事略稿本』、一九三五年六月一六日条、第三一巻、三七四頁。

▼3　本章の分析・叙述は、基本的に田嶋信雄『ナチス・ドイツと中国国民政府　一九三三－一九三七』東京大学出版会、二〇一三年に依拠している。

▼4　Eidgenoessisches Justiz- und Polizeidepartment an den Schweizerischen Bundesrat, 18. Oktober 1955, Schweizerisches Bundesarchiv (SBA), dodis-12615.

▼5　クラインの経歴に関しては、一九三三年一一月二七日のドイツ外務省の調査報告を参照のこと。Aufzeichnung des Legationsrates Altenburg, 27. November 1933, *Akten zur deutschen auswärtigen Politik 1918–1945* (*ADAP*), Serie C, Bd. II, Dok. Nr. 89, S. 151-152.

▼6　Der Chef des Stabes, Heereswaffenamt, Oberstleutnant Thomas an das Auswärtige Amt (AA), 13. Januar 1933, Politisches Archiv des Auswärtigen Amtes (PAAA), Ostasien, Allgemeines, Aug. 1932 - Mai 1936, Mikrofilm 6691/H098120.

▼7　「克蘭与両広当局簽訂之《中徳交換貨品合約》（一九三三年七月二〇日）」、中国第二歴史档案館編『中徳外交密档（一九二七－一九四七）』桂林：広西師範大学出版社、一九九四年、四六〇－四六五頁。

▼8　「克蘭与広州永隆建築公司签訂之『琶江口各兵工廠建築物承建合約』（一九三三年一二月一四日）」、『中徳外交密档』、四六六－四六八頁；鄧演存「琶江兵工廠建立始末」、広州市政協文史資料研究委員会編『南天歳月——陳済棠主粤時期見聞実録』（広州文史資料第三七輯）広州：広東人民出版社、一九八七年、一六一－一六七頁。鄧演存は当時琶江兵工廠建設事務所主任として工場建設の事務処理にあたった。

▼9 Trautmann an AA, 18. September 1933, *ADAP*, Serie C, Bd. I, Dok. Nr. 436, S. 801-803.

▼10 Aufzeichnung Altenburg, 2. Februar 1934, *ADAP*, Serie C, Bd. II, Dok. Nr. 235, S. 234-235.

▼11 Bericht und Anlage der Deutschen Revisions- und Treuhand-Aktiengesellschaft Berlin über die bei der „HAPRO“ vorgenommene Sonderprüfung vom 3. Dezember 1936, BAB, R121/5177; Walther Eckert, *HAPRO in China*, Graz o. J., S. 37.

▼12 「中国農産品与徳国工業品互換実施合同（一九三四年八月二三日）」、『中徳外交密档』、三二四－三二六頁；Ausführungs-Vertrag über den Austausch von Rohstoffen und Landesprodukten Chinas gegen Industrie- und Sonsitige Erzeugnisse Deutschlands, Walther Eckert, *HAPRO in China*, Graz, o. J., Anhang; Bernd Martin (Hrsg.), *Die deutsche Beraterschaft in China. Militär- Wirtschaft- Außenpolitik*, Düsseldorf 1981, Dokument Nr. 15, S. 410-411.

▼13 Trautmann an Bülow, 28. August 1934, *ADAP*, Serie C, Bd. III, Dok. Nr. 180, S. 352-353.

▼14 参照、飯島典子「清末から民国期にかけての広東・江西に跨るタングステン開発」、『中国研究月報』二〇〇九年三月号。

▼15 „Vorwort zum nachstehenden Vertrag“ und „Vertrag über den Austausch von Rohstoffen und Landesprodukten der Kwangtung-Regierung gegen Industrie- und sonstige Erzeugnisse Deutschlands“, 20. Juli 1934, PAAA, „Projekt Klein“, 6680/H096100-104; Anmerkung der Herausgeber (3), *ADAP*, Serie C, Bd. III, S. 353. 製鉄工場（一一二六万香港ドル）、港湾施設（二三〇万香港ドル）、火薬工場（四三二万香港ドル）。

▼16 Verhandlungs-Bericht von Hans Klein, Anlage zu Aufzeichnung Voss, 31. Januar 1935, PAAA, „Projekt Klein“, 6680/H096151;「克蘭与広東当局籤訂之《防毒面具廠合約》」、『中徳外交密档』、四六八－四七一頁。

▼17 Aufzeichnung Voss, 2. Februar 1935, *ADAP*, Serie III, Dok. Nr. 476, S. 879-881.

▼18 Aufzeichnung Erdmannsdorff, 15. Oktober 1934, PAAA, IV OA, Allg. Bd. 211/3, H098341-342.

▼19 Aufzeichnung Meyer, 6. November 1934, *ADAP*, Serie C, Bd. III, Dok. Nr. 301, S. 560-561.

▼20 Lautenschlager an AA, 15. Februar 1935, *ADAP*, Serie C, Bd. III, Dok. Nr. 494, S. 913-914.

▼21 「囲剿戦」については、以下の史料集がある。国民政府軍事委員会委員長行営『参謀団大事記』上中下、台北：軍

事科学院軍事図書館、一九八六年。

▼22　「大長征」については、以下の史料集がある。中央档案館編『紅軍長征档案史料選編』北京：学習出版社、一九九六年。さらに、多くの体験談や研究書があるが、ここでは、オットー・ブラウン『大長征の内幕』（瀬戸聳吉訳）恒文社、一九七七年をとくに参照した。

▼23　郭昌文「蔣介石『剿共』態度之研究（一九三二－一九三六）——以処理『剿共』与平定粤桂関係為中心」、『民国档案』二〇一一年第二号、七六－八三頁を参照。

▼24　郭昌文、八〇頁。

▼25　呂芳上「抗戦前的中央与地方——以蔣介石先生与広東陳済棠関係為例（一九二九－一九三六）」、『近代中国』（台湾）第一四四期、二〇〇一年八月、一七〇－一九八頁。

▼26　石島紀之『雲南と近代中国』青木書店、二〇〇四年、一九四－一九五頁。

▼27　石島紀之「国民政府の『安内攘外』政策とその破産」、池田誠編著『抗日戦争と中国民衆』法律文化社、一九八八年、五九－七九頁、とくに六九頁：今井駿『四川省と近代中国』汲古書院、二〇〇七年、とくに第五章「四川省統一と『中央化』の進展（一九三五－一九三七年）」。

▼28　ドイツ側もほぼ同様の情勢判断を行っていた。Aufzeichnung Lautenschlager, 24. April 1935, PAAA, „Projekt Klein", 6680/H096278-283.

▼29　李学通『翁文灝年譜』（中国近現代科学技術史研究叢書）済南：山東教育出版社、二〇〇五年、一九三五年六月五日条、一〇〇頁。翁文灝の略歴については、参照、厳如平「翁文灝生平概述」、『民国档案』一九九四年第三期、一一二－一一九頁。

▼30　「克蘭呈委員長蔣、部長孔建設実力中心点之組織建議（訳件）」、『中徳外交密档』、一五一－一七一頁。この「建議」には日付はないが、後述する事情から、一九三五年六月一六日の蔣介石＝クライン会談から一九三五年一一月三日までの間に起草されたものと判断される。

▼31　「孫拯編制之『中徳貿易数量統計表』（一九二九年－一九三四年）」、孫拯到翁文灝函、一九三五年九月二九日、『中徳外交密档』、二〇八－二一八頁；『翁文灝年譜』、一〇一頁。

▼32 Kung an Schacht, 7. Oktober 1935, *ADAP*, Serie C, Bd. IV, Do. Nr. 338, S. 699-700.

▼33 「克蘭関於徳方所需貨物情況到翁文灝三件（一九三五年一〇月二九日、一〇月三一日、一一月三日）」、『中徳外交密档』、二二八－二三二頁。

▼34 「克蘭来電（一九三五年一一月七日）」、『中徳外交密档』、二三二頁。

▼35 Blomberg an AA, 11. November 1935, PAAA, „Projekt Klein" 6680/H096333;「柏龍白来電（一九三五年一一月一六日）」、『中徳外交密档』、二三三頁。

▼36 「蔣介石為全面加強中徳合作致塞克特函稿（一九三五年一一月二三日）」、『中徳外交密档』、一－四頁。

▼37 「蔣介石為全面加強中徳合作致塞克特函稿（一九三五年一一月二三日）」、『中徳外交密档』、一－四頁。

▼38 各人への電報自体は発見されていないが、以下の文書からその存在は明らかである。「希特勒為発展対華合作事致蔣介石電（一九三六年五月一三日）」、『中徳外交密档』、四－五頁；「柏龍白致蔣介石電（一九三六年一月一〇日）」、『中徳外交密档』、三五四頁；「沙赫特致蔣介石函（一九三六年五月一五日）」、『中徳外交密档』、三三七－三三八頁。

▼39 『事略稿本』、一九三六年一月五日条、第三五巻、四一－四三頁。

▼40 「克蘭報告与徳方要員商談中徳関係事致蔣介石等電（一九三六年一月一六日）」、『中徳外交密档』、八－九頁。いままで一九三六年一月一五日のブロンベルク＝シャハト＝リッベントロップ会談に関するドイツ側史料は発見されておらず、したがって、それに触れた研究も存在しない。

▼41 蔣介石がこの時点でクラインの広東プロジェクトを承認したことを示す「手紙」はいまのところ見出せない。ただし蔣介石は、一九三六年三月一九日、トラウトマンに対し、「広東武器工場はまったく小さな企画だと言うので了承を与えた」と述べている。Trautmann an AA , 19. März 1936, *ADAP*, SerieC, Bd. V, Dok. Nr. 156, S. 188-189.

▼42 Aufzeichnung Erdmannsdorff, 24. Januar 1936, *ADAP*, SerieC, Bd. IV, Dok. Nr. 517, S. 1011.

▼43 「克蘭致翁文灝等電（一九三六年一月二七日）」、『中徳外交密档』、三五五－三五六頁。

▼44 Hans Meier-Welcker, *Seeckt*, Frankfurt/M. 1967, S. 692.

▼45 「顧振致翁文灝電（一九三六年二月二七日）」、『中徳外交密档』、三六一－三六二頁。

▼46 「酆悌等致蔣介石密電（一九三六年三月二日）」、『中徳外交密档』、三六二頁。

▼47 Blomberg an die drei Wehrmachtteilen, 28. Februar 1936, BA-MA, RM11/2/v. Case 3/2/48899.
▼48 „Reiseplan", BA-MA, RM11/2/v. Case 3/2/48899.
▼49 「翁文灝致克蘭電稿（一九三六年一月一六日）」、『中徳外交密档』、四七二頁。
▼50 Trautmann an AA, 8. Februar 1936, PAAA, „Projekt Klein", 6680/H096342.
▼51 Trautmann an AA, 11. Februar 1936, *ADAP*, SerieC, Bd. IV, Dok. Nr. 552, S. 1094.
▼52 Trautmann an AA, 19. März 1936, *ADAP*, SerieC, Bd. V, Dok. Nr. 156, S. 188-189.
▼53 「翁文灝致顧振電（一九三六年三月一九日）」、『中徳外交密档』、三六三頁；『翁文灝日記』、一九三六年三月一九日条、二八頁。
▼54 「顧振等致翁文灝電（一九三六年三月二二日）」、『中徳外交密档』、三六五頁。
▼55 Blomberg an Chiang Kai-shek, 24. März 1936, *ADAP*, SerieC, Bd. V, Dok. Nr. 206, S. 263.
▼56 『事略稿本』、一九三六年三月二六日条、第三六巻、一九七－一九八頁。
▼57 Chang Kai-shek an Blomberg, 4. April 1936, *ADAP*, SerieC, Bd. V, Dok. Nr. 254, S. 356-357.
▼58 第四条以下は次の通り。
(4)中国政府およびドイツ政府は、中国政府がドイツで行うべき公的支払い、ドイツ政府が中国で行うべき公的支払いを物資交換協定によって処理することができる。
(5)信用借款は、物資交換協定にもとづく中国の農鉱原料の供給を通じて随時弁済しまたは全額を継続することができる。
(6)借款および中国がドイツに有する貸金は中国政府ないしその全権代表者が処理する。
(7)ドイツ政府は一億ＲＭの商品信用借款をドイツ手形割引銀行において提供し、商品信用借款および貨物交換により生ずる支払い手続きを同銀行に委託する。
(8)中国政府は貨物交換により生ずる支払い手続きを中国中央銀行に委託する。
(9)この商品信用借款には手数料は含まれない。
(10)提供された信用および原料供給により生ずる貸金の利子は年利五％とし、雑費手数料を含まない。

(11)〔仲裁裁判条項、略〕。
(12)この商品信用借款付帯契約は、独文および中文それぞれ二通を作成する。中国全権代表は、ドイツ語成文が中国語の成文と内容的に完全に一致すると声明する。

Kreditzusatzvertrag zu dem zwischen der chinesischen Regierung und Hans Klein abgeschlossenen Warenaustausch-Vertrag, 23. August 1934, Berlin, den 8. April 1936, *ADAP*, Serie C, Bd. V, Dok. Nr. 270, S. 382-383;「中徳信用借款合同（一九三六年四月八日）」、『中徳外交密档』、三二九－三三〇頁。

▼59 Bericht und Anlage der Deutschen Revisions- und Treuhand-Aktiengesellschaft über die bei der „HAPRO“ vorgenommene Sonderprüfung, 3. Dezember 1936, BAB, R121/5177, Bl. 4.

▼60 Chang Kai Shek an Hitler, 14. April 1936, PAAA, „Projekt Klein“, 6680/H096416.

▼61「希特勒為発展対華合作事致蒋介石電（一九三六年五月一三日）」、『中徳外交密档』、四－五頁。

▼62 Jahresbericht der AGK bei der Reichsgruppe Industrie, Das erste Geschäftsjahr, 1. November 1935 - 31. Oktober 1936, BA-MA, WiIF5/383, Teil 2.

▼63「希特勒為発展対華合作事致蒋介石電（一九三六年五月一三日）」、『中徳外交密档』、四－五頁。

▼64 Reichsgruppe Industrie, Ausfuhrgemeinschaft für Kriegsgerät, „Jahresbericht 1937“, BAB, R901/106471. 筆者はいままでドイツ連邦軍事文書館で発見した一九三六年の「年次報告」（注62の文書）のみを用いて対中国武器貿易の総額と比率を論じてきたが、その後一九三七年度の「年次報告」（一九三六年度の記述を含む）をドイツ連邦文書館で発見することができたので、ここでは二つの数字を併記しておく。

▼65 Reichsgruppe Industrie, Ausfuhrgemeinschaft für Kriegsgerät, „Jahresbericht 1937“, BAB, R901/106471.

▼66 戚如高・周媛「資源委員会的『三年計画』及其実施」、『民国档案』一九九六年第二期、九五－一〇三頁。

▼67 資源委員会とハプロによって進められた「中央鋼鉄廠建設計画」については、萩原充『中国の経済建設と日中関係』ミネルヴァ書房、二〇〇〇年、第一章「南京政府期の鋼鉄業」、第二章「中央鋼鉄廠建設計画」；工藤章「製鉄製鋼設備・技術――ドイツ鉄鋼業と中国中央鋼鐵廠」、熊野直樹・田嶋信雄・工藤章編『ドイツ＝東アジア関係史一八九〇－一九四五――財・人間・情報』九州大学出版会、二〇二一年。

▼68　「顧振等致翁文灝電（一九三六年四月三〇日）」、『中徳外交密档』、三八〇頁。
▼69　B. Nr. B Stat 1192/35 Gkods, 15. Mai 1936, BA-MA, RM11/2/v. Case3/2/48899.
▼70　『南天歳月』、一六一－一六七頁。
▼71　李宗仁『李宗仁回憶録』下、上海：華東師範大学出版社、一九九五年、四七六頁。
▼72　両広事変については、施家順『両広事変之研究』高雄：復文図書出版社、一九九二年を参照。
▼73　李雲漢『中国国民党史述』第三編、台北：中国国民党中央委員会党史委員会、一九九四年、二八三－二八八頁。
▼74　石島紀之『中国抗日戦争史』青木書店、一九八四年、四六頁。
▼75　李滔・陸洪洲編『中国兵工企業史』北京：武器工業出版社、二〇〇三年、一五二－一五四頁。
▼76　李滔・陸洪洲編、一五二－一五四頁。
▼77　一九三八年に入ると華南方面を主作戦地域とする海軍高雄航空隊ならびに第一四航空隊（三灶島に飛行場を建設）が開隊し、華南に進出、年内に七次にわたる作戦を行った。そのうち琶江兵工廠は四月一四日から二一日と、七月一六日から二五日の二波にわたる攻撃の対象の一つとなった。防衛庁防衛研究所戦史室編『戦史叢書』第七九巻「中国方面海軍作戦（二）」朝雲出版社、一九七五年、七四頁。
▼78　李滔・陸洪洲編、一五二－一五四頁。
▼79　クラインの権力喪失の過程については、田嶋信雄『ナチス・ドイツと中国国民政府　一九三三－一九三七』東京大学出版会、二〇一三年、三一六－三二八頁を参照。
▼80　楊天石「蔣介石与徳国内部推翻希特勒的地下運動」、同『找尋真実的蔣介石――蔣介石日記解読』第Ⅱ巻、香港三聯書店、二〇一四年、一五二－一六七頁。
▼81　Eidgenoessisches Justiz- und Polizeidepartment an den Schweizerischen Bundesrat, 18. Oktober 1955, SBA, dodis-12615; Stefanie Waske, *Mehr Liaison als Kontrolle. Die Kontrolle des BND durch Parlament 1953-1978*. Wiesbaden 2009, S. 154-157.

第四章　ヘルムート・ヴォイト
——日本と中国を相手に通商交渉に当たったビジネスマン

図４　ヘルムート・ヴォイト（1932年上海）
Rudolf Hamburger, *Zehn Jahre Lager. Als deutscher Kommunist im sowjetischen Gulag. Ein Bericht*, München 2013.

工藤　章

ヘルムート・ヴォイト（Helmuth Woidt 1903 年－没年不詳）
ドイツの経済人。電機企業 AEG に勤務し、中国で早くから活動する。1930 年代後半から、ヴォイトはドイツの東アジア通商関係の再構築をはかるため、四カ年計画全権・国家元帥ゲーリング配下の原料・製品購買会社（ローヴァク）の社員として、中国で対中・対日通商交渉に従事した。重慶国民政府との対中交渉は比較的順調に進み、1938 年 10 月の独中条約一年延長、39 年 3 月の同条約改定を実現するが、青島総領事館・北京大使館との対日交渉は難航を極め、再度の要求や提案にもかかわらず、最後まで成果を上げられなかった。その後、ヴォイトは 1941 年 4 月にヴォールタートを団長とするドイツ経済使節団に合流し、東京で貿易実務の仕事に従事した。戦後、おそらくドイツに一時帰国した後、1950 年にブラジルに移住したという記録がある。

はじめに

ナチス・ドイツが東アジアに対する外交政策を転換したとき、それに対応して対東アジア通商政策をも転換する必要が生じた。その際、一人の人物を日本および中国に派遣し、交渉にあたらせた。その人物がヘルムート・ヴォイトである。彼は戦争状態にある日本と中国をそれぞれに相手とする通商交渉に臨むことになった。

ヴォイトは電機企業AEGに勤務し、中国で早くから活動した経歴を持っている。おそらくその頃、上海でリヒャルト・ゾルゲとのつながりがあった可能性がある。[1] 一九三〇年にはドイツの経済団体が中国に使節団を派遣する準備委員会の責任者を務めていた。[2] その後、一九三七年八月にはナチ党中国支部の経済部長として南京にいたという記録がある。[3] おそらくすでにその当時、彼は原料・製品購買会社あるいはローヴァク（Rohstoffe- und Waren-Einkaufsgesellschaft, 略称ROWAK）なるヘルマン・ゲーリングの息のかかった組織の一員であった。

一　ナチス・ドイツの対東アジア政策の転換とヴォイトの極東への派遣

一九三八年二月二〇日にヒトラーは国会での演説で「満洲国」（以下括弧を省略する）承認の意思を表明した。これはナチス・ドイツの東アジアに対する外交政策の転換を告知するものであった。これとともに、対東アジア通商政策も転換を開始する。

それ以前、日中戦争の本格化を背景に、日本がドイツ側に新たな通商取り決めをもとめ、ドイツ側がこれに応じた結果、一九三七年一一月から正式の交渉が開始されていた。ところが、一九三八年二月の対東アジア外交政策の転換にともなって、ドイツ側は新たに政策転換による損失の補塡および中国におけるドイツの地位の保証を要求し、これを通商交渉の場で取り上げる方針を打ち出していた。

華北に関する要求の提示も迅速であった。省間調整組織である通商政策委員会（Handelspolitischer Ausschuß）の二月二五日の会合において、対日、対満交渉と並んで華北に関する交渉が議題として取り上げられた。華北に関するドイツの要求は、華北におけるドイツの経済的権益の日本による満足すべき保証の獲得であった。具体的な獲得目標として、日本政府におよそ次のような内容を含む声明を出させることが挙げられた。「満洲国および華北の経済開発のためにドイツおよび日本は緊密に協力するであろう。商品・支払取引、『あらゆる種類の利権の付与』（Erteilung der Konzessionen jeder Art）、原料購入、居住、航海に関して、ドイツは日本より不利に取り扱われない」。[4] 当時の華北経済は日本による軍事的・政治的・経済的支配のもとでブーム的状況が生じていた。[5] ドイツはそこに利得の機会を得ようとしたのである。

それから一カ月後の三月末、ドイツ外務省は東京大使館および北京事務所に対して、さらに北京経由で天津総領事館に対して、華北における地位保証の問題をすでに開始されたベルリンにおける対日経済交渉において議題とする方針である旨を伝えた。ただし、その際の東京大使館の回答は、日本に拠点を置くドイツ商社は華北ではほとんど活動していないというものであり、それゆえ個別の要求はほとんど出されなかった。また北京大使館の反応は、日本と対等の地位の要求は当地では歓迎されているものの、これまでの経験からすれば、せいぜい日本との秘密協定によって経済開発事業への参加での優先的扱いが認められる程度であろうとするものであった。[6]

対東アジア政策の転換にもとづくドイツの対日「譲歩」は、五月の独満修好条約の調印以降、在華軍事顧問団の引き揚げ決定、対中武器輸出の禁止の命令とつづく。そして五月、ベルリンでは地位保証・損失補塡をめぐる日独間交渉が本格化した。

七月末、外務省本省は華北に関する対日交渉のために原料・製品購買会社あるいはローヴァクの社員を現地に派遣すると決定した。この決定は、ほどなく通商局長に就任するエミール・ヴィールから北京事務所へ伝えられた。このとき名前を挙げられた人物がヴォイトである。[7]

ヴォイトはスペインの事例に倣って日独協力に関する新たな政府間取り決めを結ぶというゲーリングの構想に沿って、具体案の策定に着手した。その骨子は、工業製品貿易有限会社ないしハプロ(Handelsgesellschaft für industrielle Produkte, 略称HAPRO)をスペインにおけるローヴァクに匹敵する独中間の全取引を管轄する組織とするというものであった。すでに一九三七年一〇月以降、在華全ドイツ商社の取引は為替管理当局の許可があって初めて可能となっていたが、ヴォイトはこれらの商社を事業別・商品別のリング（Ring）という独占組織に統合し、ベルリンの厳格な管理下に置こうとしたのである。[8]

ところが、ヴォイトの任務はこれだけではなかった。対日交渉のための派遣が決定された後、八月初め、ヴォイトはハプロの全権代表に任命され、一九三六年四月に調印された独中信用供与条約（ハプロ条約）の改定交渉のため中国にも派遣されることになったのである。[9]

同条約調印以降、ドイツからのクレディット供与にもとづきドイツ製の武器および機械と中国産のレアメタル、とくにタングステンの取引が活発化したが、一九三七年七月以降は大型設備案件が停止され、武器取引が中心となっていた。さらに一九三八年二月以降のドイツの政策転換により中国側の対独不信が強まったこともあり、通商関係再構築の必要が高まっていたのである。

対日交渉と対中交渉の双方で枢要な組織として位置づけられているハプロとは、一九三六年四月の独中信用供与条約でドイツ側の窓口となった組織である。その当時は国防省の影響下にあったが、一九三七年六月、ハプロの管轄権はいったん経済省（ヒャルマール・シャハト経済相）に移され、さらに一〇月末には四カ年計画全権ゲーリングの傘下に入っていた。さらに一九三八年秋、経済省が実質的に同社の株式を所有することになった。[10]

こうして、ドイツ外務省は現地での対日交渉および対中交渉のために担当者を派遣することになったが、この任務はいずれもヴォイト一人に課せられた。彼は一度の東アジアへの旅で二つの交渉を担当することになったのである。

二　対中交渉と独中信用供与条約の延長に関する協定――一九三八年八－一〇月

ヴォイト派遣決定のタイミングからすれば、日独交渉では七月はなお地位保証に関する交渉の目処は立っていなかったのに対し、独中条約は一九三八年一〇月に更改しなければ失効するはずであった。したがって、二つの交渉に臨むドイツの姿勢はさしあたり対中交渉に比重がかかっていたことになる。

一九三八年七月末、ヴォイトは空路極東に向けて飛び[11]、八月初め、香港に到着した。

ヴォイトが出発したその日、独中信用供与条約の中国側当事者である資源委員会の秘書長翁文灝はドイツ経済省が――外務省ではなく――ハプロの専門家ヴォイトを中国に派遣するとのハプロ在華事務所からの報告を受け取った。その報告によれば、ヴォイトの使命はドイツ政府の立場を説明してドイツに対する中国政府の懐疑の払拭をはかるとともに、協力関係・物資交換契約などの推進をもとめることにあった[12]。

ヴォイトは八月中旬には漢口においてハプロ漢口事務所員をともなって翁文灝を訪ね、独中信用供与条約（ハプロ条約）の更新のための交渉を開始した[13]。

その後もヴォイトは頻繁に翁に会って交渉をつづけた[14]。交渉での議題は、一つはドイツ側の輸出の品目であった。中国側はゲーリングの命令による対中国武器禁輸に反発し、その解除ないし緩和を要求した。いま一つの議題は価格であって、とくにタングステン・アンチモニーという中国からの輸出品の価格について、ドイツ側は国際価格の適用をもとめたのに対し、中国側はこれに反発した。それらの国際価格は低落傾向にあった。[15]

交渉は難航したが、ようやく一〇月四日にヴォイトと財政部長孔祥熙の間で払込み済みおよび契約済みの取引を再開することについてのみ合意が成った。[16] 一〇月一一日、両者の間で協定の大筋について合意が成ったが、孔はなお調印を拒否していた。[17]

一〇月一三日、ヴォイトは漢口から重慶のドイツ大使館宛の電報で、蔣介石が協定案を了解し、孔祥熙に署名を指示したこと、蔣介石はまた経済協力の用意があると力説したことを伝えた。ヴォイトは原料供給に関する発注は数日中になされるであろうともしていた。[18]

一〇月一七日、孔祥熙はなお協定に調印することは不可能であるとした。ヴォイトはこれに憤り、帰国すると言い出した。翁文灝は両者を宥めることになった。[19] ところが一〇月一九日になると一転して、ヴォイトは重慶に宛てて新たな電報を打ち、孔祥熙との間で独中条約を一年延長する協定に署名したことを伝えた。[20]

交渉の詳細は明らかではないが、結局ヴォイトが押し切った形となったと見てよい。この一九三八年一〇月末という時期は、武漢三鎮・広州が占領されるなど、中国にとって戦況が悪化しており、独中信用供与条約を基礎にしたドイツ企業のプロジェクトにおいても中止や撤退が目立つようになっていた。それが中国側の譲歩につながったのかもしれない。いずれにせよ、これはヴォイトにとっての成果であった。ちなみに、ドイツ側史料で見る限りでは、日本側は一九三八年一〇月の協定調印という事実には気付づいていない。

三　青島・北京での対日交渉――一九三八年一一－一二月

(1)ヴォイト案――落花生・落花生油と機械の交換

重慶での任務を果たしたヴォイトの次の予定地は青島であった。

この間、九月末、ヴォイトが青島へ派遣されるとの報が青島のドイツ領事館から同地の日本総領事館に伝えられた。[21]日本側では、青島総領事館を中心に、ヴォイトとは何者か、来訪の理由は何かなど、情報収集に追われた。日本側のこのような動きは、青島到着前にヴォイトに伝わっていた。これに対して、ヴォイトは後日、華南での活動――ローヴァクの社員あるいはAEGの社員としての仕事を指すものであろう――について日本側はよく承知しており、自らへの態度に悪影響を及ぼすことはないと事態を楽観していた。[22]

この交渉に備えて、ヴォイトは協定案を作成していた。その骨子は次のごとくであった。[23]

(1)協定を締結するのは、ドイツ側は経済省であり、日本側は北支那方面軍司令部である。(2)ドイツ側は求償取引（Kompensationsgeschäft）により落花生一万八〇〇〇トン、落花生油一万トンを輸入する。(3)双方はそれぞれ横浜正金銀行および独亜銀行（Deutsch-asiatische Bank）に勘定を開く。(4)取引はポンド建てとし、政府保証を受けることを予定する。

協定案の軸は、華北の落花生・落花生油とドイツ製機械のバーター取引であった。落花生・落花生油は青島から輸出される山東の産品中の大宗であった。[24]ドイツ側にとって、落花生・落花生油は不足する油脂の供給を補うものとして、満洲産大豆に次いで魅力的な産品であった。ヴォイトの協定案の狙いは、ブーム状況にある華北への参入を対日貿易協定の締結という形で果たすとともに、中国市場でのドイツの優遇された地位を実現し、しかもドイツの直面する油脂不足の解消に資するというところにあった。

ヴォイト案は、ベルリンでの交渉においてドイツ側が提示していた損失補塡および地位保証という二つの要求のうち、損失補塡の要求にはまったく触れず、地位保証要求のみを盛っていた。それも経済協力を謳う形で、しかも貿易協定の締結をめざすという形で体現していたのである。さらに、貿易協定の核心を落花生と落花生油の輸入に絞っていたから、前記の日本政府に出させるべき声明案のうち、原料購入に限定しての地位保証要求であったとも言い得る。

このヴォイト案を事前に受け取った青島の日本総領事館の関心は、「北支ヨリ独逸へ送ルモノハ落花生及落花生油トシ独逸ヨリハ特ニ日本側ニテ北支輸入ヲ禁止セラレタルモノノ外ハ自由ニ商品ヲ選択ス」という輸出入品目、とくにドイツからの輸入品目に関する規定にあり、なかでも「北支建設ニ必要ナル品目」に関心を集中させた。このドイツ案について、青島の「当地三機関」（陸海軍および総領事館）および北京大使館は、不明な点についての照会を留保しつつ、これを受け入れる方針であった。[25]

(2)青島での交渉——一九三八年一一月

ヴォイトは一一月半ばに青島に着いた。彼は早速日本総領事館を訪ねた。その際、青島総領事館からベルリンの駐独大使館に送られた電報によれば、彼は北支方面軍特務部長喜多〔誠一〕少将宛の、駐独大使に任命されて間もない大島浩の紹介状を持参したのである。[26] ヴォイトは「北支独逸間ノ貿易促進ニ関シ目下当地三機関ノ意嚮ヲ『サウンド』」する傍ら、青島総領事館員との交渉に臨んだ。[27]

交渉の内実は、ヴォイトがローヴァク本社に送った報告によれば、次のごとくであった。(1)日本側の交渉担当は青島の総領事館であり、陸海軍の委任を受けている。(2)日本側の関心は当地の輸出産品の市場としてのドイツ市場を確保することにある。(3)日本側はそのための暫定協定の締結に関心を有している。[28]

他方、青島の日本総領事館は落花生のドイツへの輸出、そして「北支ノ必要品」の輸入という取引に期待し、ドイツ側の提案に「好意的考慮」を与えた。[29] 青島領事館の側には、青島経済に梃子入れする必要があった。一九三八年一月の日本軍による青島占領に際して、国民政府は焦土抗戦方針による破壊と撤去を実行した。物価インフレーションが進んだことも加わり、一九三八年末になっても青島経済は占領期以前の水準への回復は果たせないままであった。青島経済の核をなす貿易は大幅な輸入超過になっていた。[30] 日本軍が実施した貿易統制もまた青島の貿易活動を逼塞させていた。[31]

だが、北京の日本大使館でのヴォイト案の受け止め方は、青島総領事館とは異なっていた。「当方ニ於テモ出来得ル限リ考慮シ度キ処」としながらも、取引される商品の数量および金額、適用される為替レートなど、不明の点があるとして、青島総領事館に回答を要請した。[32]

青島でのヴォイトと日本青島総領事館との間の交渉は短期間で終わった。ヴォイトが北京事務所に送った電報によれば、日本側はヴォイト案を支持するとした上で、北京の日本大使館の許可を得る必要があるとした。交渉は決裂したわけではなかった。ヴォイトは、落花生の収穫期を迎え、暫定協定の締結を重視していることを強調した。[33]

青島の日本総領事館は「好意的考慮」を変えず、北京の日本大使館に宛てて「貴方関係筋ノ意嚮如何ナルヘキヤ御回電アリ度シ」と打電していた[34]。ところがその一週間後、青島総領事館はヴォイトがバーター取引案を撤回し、リンク制度の導入をあらためて提案したと報告していた[35]。このリンク制度とは輸出とそれによって獲得された外貨の使途をリンクさせるものである。それはヴォイトがベルリンで準備していた構想により近いものであったと思われる。ヴォイトがなぜこの時点で提案の内容を変更したのかは明らかではない。彼は日本側の態度を楽観視して強気に出たのかもしれない。

この頃、同盟通信社が華北での対独バーター協定が合意かと伝えており、その他の新聞報道もこれを追った。このような観測記事にもとづき、中国側が抗議する一幕もあった[36]。

この間、ヴォイトの一連の動きを、上海総領事館のマルティン・フィッシャーはヴォイトの協定案について、貿易への介入の拡大について文書で合意する点、清算勘定(Verrechnungskonto)にドイツ政府が関与する点などに問題があると見ていた[37]。フィッシャーはこれらの懸念をヴォイトに伝えるとともに、青島の領事館へも知らせた[38]。フィッシャーの懸念はベルリンの外務省のヴィールにより共有された[39]。

(3)北京での交渉——一九三八年一一月末-一二月初め

一九三八年一一月末、ヴォイトは北京に飛び、日本大使館との交渉に臨んだ[40]。それまで、日本大使館は「当方ニ於テモ出来得ル限リ考慮シ度キ処」としながらも、取引される商品の数量および金額、適用される為替レートなどについて不明の点があるとしていた。ただしその後、大使館参事官堀内干城は、ヴォイト案が日本にとって有益であると確言し、したがってただちに軍部の許可が下りることを希望すると述べていた。[41]

交渉はバーター取引からリンク制度に対応した取引へと一部修正されたヴォイト案をめぐって行われた。だが、交渉は難航し、結局成果なく終わった。ヴォイト自身が説明するところでは、日本側の同意を得られなかった要因は、ドイツ側の意図に対する日本側の誤解、責任ある経済担当者の不在、華北経済に関して東京でいかなる方針が出されるかが不透明であることにあった。[42]

ヴォイトは北京からいったん天津に赴いたが、それは自らの案に懸念を有する天津のドイツ商人ないしは商業会議所を説得するためであった。[43]だが、天津のドイツ商人、商業会議所はヴォイトの動きを警戒し、ヴォイト案が天津にとって不利な結果をもたらすのではないかと恐れた。こうして、ヴォイトの説得は不首尾に終わった。[44]

北京に戻った後、一二月半ば、ヴォイトは再度日本大使館を訪れた。このときに対応した経済担当者は、まもなく華北に敷かれる新たな統制措置はヴォイト案に類似しているゆえ、ドイツ商人は独亜銀行・横浜正金銀行間の正式の協定なしに、ヴォイト案に沿って活動が可能だと述べた。[45]つまり、ヴォイト案を体よく拒否したわけである。

ヴォイト自身も同日北京から上海へ送った電報で、北京日本大使館での交渉について、それがさしあたり成果なく終わったと伝えた。[46]

上海のフィッシャーは外務省本省からの指示に従って、ヴォイトの活動を支援し、日本側の担当者に引き合わせるまではよいが、交渉に加わったり、ヴォイト案につき日本側と議論することは控えるべきであるという方針を堅持していた。[47]

この頃、日中戦争は転機を迎えつつあった。一〇月末、日本軍が武漢三鎮などを占領した後、一一月三日に東亜新秩序建設を謳った第二次近衛声明が出され、一二月六日には陸軍が戦略的持久への転換を決定した。さらに一二月二二日には政府は善隣友好・共同防共・経済提携を内容とする第三次近衛声明を発して汪兆銘政権承認へ舵を切る。その上で近衛はまもなく辞任する。このような日中戦争の局面転換を見たドイツ外務省は、ヴォイト支援により慎重になっていたのである。

(4)青島での領事館間交渉——一九三八年一二月

北京での交渉を終えたヴォイトは青島領事館の領事ラインホルト・フォン・ザウケンに対して青島日本総領事館への説得工作を依頼していた[48]。ザウケンはフィッシャーからの指示にもかかわらず、ヴォイト案を支持していた。ヴォイト案による暫定協定の締結を現状では唯一の解決策であると考えており、青島のドイツ商人が歓迎していることも支持の根拠としていた[49]。

ヴォイトの要請を受けたザウケンは、日本総領事館の領事倭島英二と接触した。その結果、一二月六日、両者の間で、暫定バーター協定の締結以前にもドイツ企業は協定の規定に沿った活動が可能であるとの口頭での了解に達した。その核心は輸出品、輸入品とも何らの制限も受けないという点にあった[50]。ところが倭島はその後、ザウケンとの口頭了解の核心である輸入制限に関する了解を取り消すと伝えてきた。さらに、ザウケンの要請により日本側が提出した新たな輸入品リストでは、輸入が好ましくない商品——「不急不要品」——は広範囲であり、重要なドイツ製品の大部分がそれに該当していた。輸入制限のない品目についても、限られた量のみ、あるいは納入期間が短いもののみが許可されるという規定が付されており、しかもより詳細な規定は記されていなかった。[51]
ザウケンからの報告を含むこれらの情報を受けたフィッシャーは、ヴォイト案への懸念をあらためて表明するとともに、ザウケンにはヴォイトと距離を置くよう指示した。[52]

四　ヴォイトの新提案をめぐる青島での対日銀行間交渉――一九三八年一二月－一九三九年一月

(1)ヴォイトの新提案と青島における銀行間交渉

ヴォイトがローヴァク宛の報告で北京での交渉が失敗に終わったことを認めた後、一二月一七日、ベルリンのローヴァクの本社からヴォイトに宛てて新たな協定案が送付された。その骨子は、(1)青島から落花生一万八〇〇〇トン、落花生油一万トンをドイツへ輸出する、(2)双方が独亜銀行および横浜正金銀行に勘定を開くという二点では当初の案から変更はないが、(3)協定を締結する主体をドイツ側はローヴァク、日本側は（北支那方面軍司令部の了承のもと）青島の海軍機関の代理人としての青島総領事館とする点が異なっていた。その他、ドイツ側による落花生および落花生油の輸入について、世界市場価格での輸入を前提として六カ月ないし八カ月以内に実施するなどの具体的な規定が付加され、独亜銀行が交渉の前面に出て協定の細目の決定に関わることが規定されていた。[53]
ヴォイトは早速この新案を日本側に提示した。日本側ではまたも青島総領事の領事倭島がこれに関心を示した。[54]

青島ではこの間、領事ザウケンが日本側からのさらなる譲歩を期待して輸入リストに関する交渉を拒否していた。[55]ところが、ヴォイトの新提案を受け取った青島の日本総領事館は、ドイツ側の思惑通りというべきか、「不要不急品」の範囲を狭めた新たな輸入リストを提示した。染料、化学品、機械その他の重要な製品については輸入制限が外された。しかも新たなリストはドイツのみを対象とするものであって、ドイツをイギリスよりも優遇していた。[56]わずかな譲歩だが、譲歩であることには違いなかった。

このような日本側の動きについてフィッシャーから連絡を受けたヴォイトは、独亜銀行に働きかけ、同行が交渉の前面に出ることについて了解を取り付けた。[57]

フィッシャーはヴォイトに新提案にもとづく協定締結のための北京行きを勧めた。[58]だが、ベルリンのローヴァク本社から銀行間交渉に委ねるよう指示されていたヴォイトはこれを断り、ローヴァク本社の指示に従って香港へ発った。[59]そして一月末には重慶に着いており、独中条約の更新ないし改定のための交渉に従事していた。[60]

こうして、ヴォイトの新提案について、一月初め青島において日独の銀行間交渉がヴォイト抜きで開始された。[61]交渉には独亜銀行と横浜正金銀行の代表者のほか、日本側では青島総領事館の館員が同席したと思われる。交渉の目標は清算協定の締結に定められた。だが、交渉は難航した。その要因として独亜銀行が挙げるのは、横浜正金銀行は銀行間交渉という新たな交渉の枠組みに同意したものの、日本総領事館が元のヴォイト案について修正を要求するなどしたこと、さらに横浜正金銀行の意思決定が遅れたことなどである。[62]

交渉開始から一カ月後の二月七日、独亜銀行上海支店にベルリン本店からの電報が届いた。それは上海支店の前年一二月一日付の本店宛の提案に対する回答であり、次のような文面であった。「バーター取引に関連する独亜銀行から横浜正金銀行へのポンド・スターリングの払い込みに関わる政府保証(Reichsgarantie)約一五万ポンドは獲得できず」[63]。これは独亜銀行監査役会の決定であり、政府当局も了解済みであるとされていた[64]。

こうして、青島における銀行間交渉は頓挫した。二月八日、フィッシャーはこの情報をすでに重慶に到着していたヴォイトに知らせた[65]。

(2)ヴォイトの巻返しと青島での再度の銀行間交渉

ところがヴォイトはあきらめなかった。二月一四日、彼は独亜銀行上海支店に対して交渉の継続を要請し、その根拠の一つとして銀行間貸借への政府保証が不要であることを挙げ、いま一つの根拠として独亜銀行に代わる新たな清算機関の設置案を持っていることを挙げた。同時に彼は経済省へも働きかけた[66]。

そのときヴォイトの手中には新たな切り札が入っていた。それは北支那開発株式会社の社員笹季輿からの提案である。一九三八年一一月に北京に設立された北支那開発は有望な活動分野を探っていた。一二月の北京滞在中、ヴォイトは笹と華北協定(Nordchina-Abkommen)なるものにつき交渉していた[67]。一九三九年一月初め、笹はヴォイトに打電し、北支那開発とローヴァクとの正式合意をめざして協働したいとして、ヴォイトの北京訪問を要請した[68]。

北支那開発の笹からの重ねての北京来訪要請に対して、ヴォイトは香港滞在が延びているゆえこれに応ずることは不可能であるとの電報を打たせていた[69]。青島の領事館および独亜銀行に対しては、清算協定締結交渉を促進するために、日独の輸出業者に落花生リング（Erdnussring）ないし油脂リング（Oelring）を設立させ、それらの組織を交渉に参加させるとの構想を提示していた[70]。

北支那開発からの援軍を得て勢いづいたヴォイトに対して、日本側でも青島総領事館を中心にこれに呼応する動きがあった。二月一八日、青島領事倭島は清算業務について、口頭での了解でも正式の協定締結でもなく、銀行間交換書簡という形式で合意するとの案をドイツ青島領事館員に手交した[71]。これを受け、二月二三日、青島日本総領事館において再度の銀行間交渉が持たれた。ドイツ側の出席者は独亜銀行青島支店および上海支店の行員二名であり、日本側の出席者は横浜正金銀行青島支店長であった。銀行間交渉ではあるが、日本側からは領事倭島と北支那方面軍コミッショナー（Commissioner）としての笹が加わっていた。実際、日本側で交渉をリードしたのは領事倭島である。倭島は両行間には暫定協定はむろんのこと、合意文書も不要であるとの提案の趣旨を繰り返し、華北全土に及ぶ貿易統制の実施が近いゆえに妥結を急ぐべきであると強調した。このような倭島の発言の前提に、北支那開発の笹が持参した輸入リストが存在していることは明らかである。日本側の関心がローヴァクのヴォイトと北支那開発の笹との合意に向けられていたと見て間違いない[72]。

倭島はヴォイトがただちに香港から青島へ飛ぶことを要望していた。倭島の発言を受け、独亜銀行の記録者は次のように記している。「北支那開発（North China Development Co.）の輸入需要が交渉に新たな契機をもたらし、ヴォイト博士の出席を不可欠のものとした[73]」。ただし、ヴォイト自身はローヴァク本社の指示に従って重慶に赴いたのであって、倭島、さらには笹の要請に応じるわけにはいかなかった。

なお、ヴォイト案を一貫して高く評価してきた倭島でさえも、この頃になると皮肉を込めて問わざるを得なかった。「ヴォイト博士は香港でいったいどんな仕事がおありなのでしょうか。氏はそこで中国政府を助けるために働いておられるのですか」と。[74]

実際、この頃までに、日本側はヴォイトの資格とその狙いに疑念を抱き始めていた。北京の日本大使館は、ヴォイトが北支方面軍特務部長喜多宛の駐独大使大島の紹介状を持参したことを手がかりに、ベルリンの日本大使館にヴォイトの資格、ローヴァクの実態、そして同社とヴォイトの関係につき問い合わせていた。[75] ベルリン大使館はドイツ外務省・経済省に照会した結果にもとづくものとして次のように回答した。

一、「ヴォイド」ハ独逸経済省代表ニハアラサルモ其ノ任命ニ付経済省ノ充分ナル了解ヲ有シ其ノ慫慂ノ下ニ北支ニ赴ケル者ナリ／二、「ロワック」会社トハ北支ニ於ケル独逸商社ノ経済活動ヲ統一スル目的ヲ以テ設立セラレタル一種ノ「トラスト」会社ニシテ「メンバー」ハ大部分北支ニ関心ヲ有スル独逸商社ヨリ成リ充分ナル信用ト政府ノ支持ヲ有スルモノナル由又「ヴォ」ハ同会社ヲ代表シテ政府筋又ハ北支開発会社ト交渉ヲ為シ又ハ契約ニ調印スル資格アル趣ナリ[76]

だが明らかに、倭島はヴォイトへの疑念を払拭できぬままであった。銀行間交渉が終わった直後、青島総領事館は香港の領事館に宛てて次のような電報を送っていた。

「ボイド」ハ客年北支ニ在リタル以前ニ貴地〔香港〕ニ立寄リ河内雲南迄モ足ヲ延シタルコト事実ニテ又先般急遽貴地ニ赴キタルモ私用ニアラサルコト確カニテ或ハ右ハ従来独逸カ関心ヲ有シ居リタル南支ノ「タングステン」「アンチモニー」等ノ獲得ト何等関係アルニアラスヤトモ察セラレ其ノ対価トシテ武器ノ対支輸出モ考ヘラレサルニアラサルニ付「ボイド」ノ貴地ニ於ケル活動ニ関シテハ御注目アリ度シ[77]

さて、銀行間交渉のその後に戻ろう。

上海のドイツ大使館は香港に滞在中のヴォイトに再度の銀行間交渉の経緯と現状を報告し、とくに日本側が落花生輸出から機械輸入に関心を移したことを知らせた。また、独亜銀行は正金にポンド建てで送金することに強く反対していること、ただしこの点は交渉の席上では表明されなかったことをも伝えた。その上で、ヴォイトに対して青島に戻るよう促した。[78] だが、ヴォイトは要請に応じず、本社からの指示に従って香港から重慶に戻っていた。[79]

他方、日本側では倭島がドイツ側の最新の提案に「原則上異議ナク」、協定締結に期待をつないでいた。「不取敢青島限リノ案トシテ之ヲ纏メ」、さらに「差当リ独逸ヨリ製鉄所鉱山関係ノ機械電気器具等六百万円購入ノ手筈サヘ進メ居レル」ところであった。前述のように、ヴォイトへの疑惑を膨らませつつも、彼の戻るのを待つのである。[80]

五　対中交渉と独中信用供与条約の改定――一九三九年三月

一九三九年三月下旬、ヴォイトは重慶で独中信用供与条約の延長について中国側と交渉していた。財政部長孔祥熙らは独中条約にもとづく対独貿易の継続を強く主張した。ただし孔は清算方式の変更を提案した。他方、蒋介石はいまや対独貿易の継続に反対していた。[81]

交渉は難航した。三月二八日、ヴォイトは翁文灝に対して独中貿易はもはや継続し得ない旨発言していた。[82] 交渉の妥結は困難と思われた。ところが、三月二九日、ヴォイトと孔はベルリンで承認された改定独中信用供与条約に署名した。[83] 前年一〇月に署名されたのは一九三六年四月条約を一年間延長することを規定した協定であったが、今回は条約自体が改定され、調印されたのである。

ドイツ側の期待は引き続きタングステンなどのレアメタルの獲得にあった。他方、中国側は外交的にイギリスおよびアメリカへの依存を強めており、タングステンなどの原料資源も英米からの援助を確実にするための手段と見なしていた。それだけ対独条約への期待は低下していた。それでもタングステン等の輸出によって武器を調達しうる途は放棄できなかった。政治外交的な緊張の高まりにもかかわらず、武器とタングステンの取引において双方の利害は一致していたのである。

独中の動きについての新聞報道が流れると、日本側はドイツ側にその真偽について問い合わせた。ドイツ側はその報道の内容を否定した。[84]

六　新たな銀行間交渉とヴォイトの介入――一九三九年四－九月

ヴォイトによる対日交渉の頓挫を受け、一九三九年四月、ドイツ側には新たな動きが見られた。上海総領事館商務官のジークムント・ルドルフ・フォン・ヴィンターフェルトは重慶のヴォイトと連絡を取りつつ、新たな「建設的な提案」の作成に向けて作業を開始した。[85] 四月初め、彼は作業の成果である「華北に関する新提案（Neuer Plan Nordchina）」を手に東京へ赴くことになった。[86] 新提案の骨子は、これまでのヴォイト案の核心を成していた清算協定は必要でもなく望ましくもないとし、銀行間協定のみとするものであった。しかもその当事者として、ドイツ側は独亜銀行と変わらないが、日本側は横浜正金銀行の代わりに連銀を想定していた。[87]

東京で彼は大使オイゲン・オット以下のドイツ側関係者と会う一方、日本側では外務省通商局長松嶋鹿夫、横浜正金銀行頭取大久保利賢に会っている。帰途、天津および北京に立ち寄り、北京では財務顧問湯本武雄、連銀顧問阪谷稀一以下の日本側関係者に会っている。[88] 北京での財務官湯本との会談において、ヴィンターフェルトは自らの新提案の意図を、新たな貿易統制を前提とした「北支開発資材ノ輸入及中連〔連銀〕券ノ流通促進、一志二片相場確立ニ協力スル」ところにあると説明した。だが、湯本はこの提案に難色を示した。

四月下旬、重慶から上海に戻ったヴォイトは、フィッシャーからヴィンターフェルト案とそれをめぐる経緯の説明を受けた。ヴォイトは同案に賛意を表し、交渉に加わる意思を表明した。[89]

この頃、上海ではヴィンターフェルトが自らの案に対する独亜銀行の同意を取り付けていた。フィッシャーからその旨の知らせを受けた香港滞在中のヴォイトは、交渉への参加の意思をさらに具体的に表明し、銀行間協定交渉にローヴァクを加えるよう要求した。ローヴァクと北支那開発の清算協定をも交渉の議題とせよというのである。[90]一度は独亜銀行本店の拒否にあった案を再度持ち出したわけである。

ヴォイトが念頭に置いていたのは、またもや北支那開発の笹からの提案であった。これより一カ月前の四月上旬、笹は青島領事館を訪ね、ザウケンに対して「華北グループ・リング合意（Group-Ring Agreement North China)」なる案を渡した。これは北京での交渉において彼がヴォイトに提示した「華北協定」案を踏襲したものと思われ、日本側の当事者が北支那開発の子会社である北支那貿易（North China Trading Co.）とされている点だけが異なっていた。あわせて銀行間協定を結ぶとされているが、その当事者を連銀および独亜銀行とする点はヴィンターフェルト案と同じであった。[91]笹が交渉相手として念頭に置くドイツ側の人間は、言うまでもなくヴォイトである。

香港から上海に戻ったヴォイトは、笹の提案を受けて交渉に入る用意のあることをすでにフィッシャーに伝えていた。だが、フィッシャーは独亜銀行がローヴァクの代理者として交渉することを忌避していることを理由に、その提案を受け入れなかった。[92]

天津の独亜銀行支店、ドイツ商業会議所はともに、ヴィンターフェルトの銀行間協定案に同意しており、また清算協定はさしあたり不要であると判断していた。さらに、ヴォイトの関与を考慮する必要はないし、ヴォイト案は戦術的に誤りであるとし、付言して、「このところヴォイトは日本人から非常に嫌われている」としていた。[93]日本側もまた銀行間協定案に同意していた。[94]

この間、外務省本省はフィッシャーの方針に同意を与えていた。すなわち、銀行間協定を締結することを了解し、ローヴァクと日本側の「中央当局」（北支那開発を指す）との協定は当面考慮されないものとしたのである。ただし、ローヴァクの処遇についての考慮を怠っておらず、ヴォイトはベルリンの日本大使館から好ましからざる人物（persona non grata）と見なされているゆえ、ローヴァクの部下を同社の対外的代表者とする案を考慮すべきかもしれないとしていた。[95]

ちなみに、四月下旬、重慶から上海に戻ったヴォイトは、ヴィンターフェルトにともなわれて日本総領事館を訪ね、この間強まった自らに対する疑惑につき弁明した。[96] ただし、その頃北京の日本大使館から本省宛に「『ヴォイド』ノ重慶ニ於ケル取極」についての報告が送られていた。[97]

こうして、ヴォイトが直接交渉を担当する環境は失われていった。以前はヴォイトはローヴァク本社の指示で対中交渉を優先したために、青島・北京に姿を現さなかったのであるが、いまや日本側のヴォイト忌避の雰囲気がヴォイトの登場を不可能にしていた。

皮肉にもベルリンから外務省の指示が届いた直後、香港のヴォイトからフィッシャーに応答があり、独亜銀行に対して天津での交渉を自らの代理シュライヒャーの了解のもとでのみ行うよう要求した。これに対してフィッシャーは外務省からの指示に従ってこれを拒否した。[98]

ヴォイトはただちに反撃に出た。その結果、貿易関連の交渉を担当するという理由でローヴァク社は銀行間協定交渉に加わることになった。清算協定の締結を支持する経済省の外務省に対する働きかけがあったのかもしれない。経済省はこの頃、そのような原則的な立場をあらためて表明していた。[99]

外務省はヴォイトの介入の動きを知り、「役に立たぬ笹案についてのヴォイトの議論」が銀行間交渉を攪乱するのではないかと危惧していた。[100]ただしその外務省も、ヴォイトを交渉の締結者として尊重する方針をとっていたから、拒否の姿勢を貫くことはできなかったのであろう。

天津における交渉は、さしあたり独亜銀行と連銀との銀行間交渉として開始された。だが、六月半ばまでに膠着状態に陥った。最大の争点は、独亜銀行が外貨を管理する権限を要求した点であった。[101]この要求は四月のヴィンターフェルト案に盛られており、しかも北京の財務官湯本が拒否していたものである。ヴォイトの介入はたしかに交渉を複雑化した。議題に清算協定が加わり、担当者としてローヴァク社――およびおそらく北支那開発――が加わることとなった。だが、焦点の銀行間協定それ自体において合意が困難であることがあらためて鮮明になっていたのである。

この間、ヴォイトは銀行間交渉への対応を部下に委ね、[102]自らは北京、上海、さらに東京の関係機関を歴訪していた。[103]彼の狙いは北支那開発との協定であった。だが、笹は東京では影響力がないことが明らかになった。[104]しかも、ヴォイトへの疑惑は東京でも広がっており、駐日大使オットは銀行間協定交渉がまとまるまで待つとの外務省の方針に従うよう彼を説得し、彼を日本側の関係者に会わせようとしなかった。[105]

天津での日独銀行間交渉が膠着状態に陥った頃、六月一四日、日本軍は天津租界でのある暗殺事件を口実に英仏租界を封鎖した。その後、七月一五日にこの問題その他に関し日英会談が開催される。ただし、すでに七月一七日には華北全土で輸出リンク制が施行され、華北向け輸出代金にはすべて連銀への引渡し義務が課せられることになった。[106]

この間、ヴォイトの立場あるいは彼に期待される役割が変化した。上海のフィッシャーはこれまでの方針を転換し、ヴォイトを銀行間協定交渉にあたらせるべきであるとした。同協定は天津での交渉だけではもはや実現が困難であるというのが最大の根拠であった。だが、そのためにはヴォイトの評判という問題を解決せねばならなかった。[107] ベルリンのヴィール、東京のオットもフィッシャーの方針転換を了解した。ただし、オットは「日本の中央官庁の態度からして銀行協定が締結される見込みはごくわずかである」と見ざるを得なかった。[108]

この方針に従って、ヴォイトは北京で連銀関係者をはじめとする日本側関係者に接触した。[109] だが、その成果は喜多が清算協定に関心を示した程度でしかなかった。[110]

これを受け、フィッシャーは天津での銀行間交渉にあらためて注力するという方針を立てた。従前の方針に回帰したわけである。これはベルリンも了解するところであった。[111] だが、日本側の反応は芳しくなかった。その理由をドイツ側から問われた連銀顧問の阪谷は、最大の問題はドイツ側の協定案で独亜銀行は外国為替を連銀に引き渡さず、その売買を自行で相殺するとされている点であると答えた。[112] すでに四月の時点でヴィンターフェルトの三項目提案を財務官湯本が拒絶していたが、それと同じ理由であった。

九月一日に欧州大戦が勃発すると、ドイツ側は日本側も銀行協定交渉は実現不可能になったと判断したものと推測した。[113] ドイツ側も交渉への意欲を失った。[114]

おわりに

ヴォイトはゲーリングの支配下にあるローヴァク社の社員であったが、ナチス・ドイツの対東アジア通商政策の転換を機に、対日および対中双方の通商交渉を担当すべく極東に派遣された。最初に中国に向かったヴォイトは、漢口・重慶における交渉を経て、一九三八年一〇月、重慶の国民政府との間で独中信用供与条約を一年延長することで合意した。次いで彼は青島に向かい、青島・北京での対日交渉に携わったが、一九三九年二月にいたっても、何らの成果も得られなかった。彼は再度重慶に赴き、一九三九年三月、独中条約の改定という派遣の使命を達成した。彼は再び対日交渉に戻り、新たな要求や提案を繰り出すが、彼に対する日本側の疑惑が強まったため、彼自身が交渉の場に姿を見せることはなかった。結局、対日交渉は一九三九年九月にいたっても何らの成果を上げることなく終わった。

対日交渉は時間がかかったのに成果なく終わり、対中交渉は比較的短期間で成果があった。このように二つの交渉は成果の点で対照的であったが、それればかりではなく、交渉の構造および過程についても明らかな相違があった。

対中交渉の達成目標は独中信用供与条約の延長であった。言い換えれば、すでに独中条約という確固たる前提があった。ただし、条約のドイツ側当事者であるハプロが貿易独占主体であるローヴァク類似の組織に変質していたから、そのための交渉の難しさはあった。また、ドイツ側の交渉主体はヴォイトに一本化されていた。他方、中国側も交渉当事者は資源委員会であった。蔣介石以下の政府最高指導部が直接この交渉に関与した。そして何よりも、ドイツ側にはタングステン等の原料資源の獲得という明確な目標があり、そのために機械を輸出し、それを促進するためにクレディットを供与するという意思も固かった。機械とタングステンの取引という点において、相互の利害は一致していたのである。

対日交渉はこれとはいくつかの点で異なっていた。ここでは、独中条約のような交渉の前提となるものは存在しなかった。ヴォイトはゼロからの出発を余儀なくされた。ただし、交渉主体はヴォイトに一本化されており、この点では対中交渉と同じであった。ドイツ外務省はヴォイトと距離を置いていたが、非協力というほどではなかった。他方、日本側で交渉主体となりうる組織はかなりの数に上った。実際、ヴォイトは多数の組織と接触せねばならなかった。しかもそれらの組織間では相互の連携が欠けており、むしろ対立しさえしていた。ヴォイトとの交渉に最も関心を示した青島総領事館の倭島、あるいは北支那開発の笹の権限は限られていた。

何よりも取引する品目について、対日交渉は対中交渉と異なっていた。ドイツ側がもとめるのは華北産の落花生・落花生油であったが、それはドイツの油脂不足を解決する手段としては補完的であり、その意義は中国産のタングステンほどに決定的なものではなかった。それ以上に、ヴォイトは確定した魅力的な輸出品リストを日本側に提示し得なかった。また、クレディット供与に関するドイツ側の意思は最後まで明確に表明されなかった。機械と落花生・落花生油の取引という形での相互の利害の一致は成らなかったのである。

ヴォイトは交渉の途中からローヴァクによる貿易の組織化・独占をめざし、その限りで北支那開発の笹との接触を重視したが、それも進捗せず、むしろ天津のドイツ商人・商業会議所の反対を招くことになった。

結局、日本側は貿易・通貨統制を通じて華北経済の支配を強化し、そこにドイツが利得を得る機会はなかった。華北におけるドイツの地位保証というドイツ側の要求は容れられなかったのである。

ヴォイトの重慶における活動はしだいに日本側の知るところとなった。とくに一九三九年三月の改定条約調印の報以降、ヴォイトは日本側にとって好ましからざる人物となった。そのため彼は交渉の場に現れなくなった。ただし、そのことは交渉の円滑な進展を阻害する一因とはなったが、対日交渉が成果なく終わったのはそのためではない。

その後、ヴォイトの名前は史料に現れなくなる。彼が対日交渉の場に再び登場するのは、一九四一年になって日独間の貿易協定交渉の場が東京に移されることになったときである。このとき、ドイツ側は華北をめぐる交渉を東京交渉の議題とすることを決定し、ヴォイトをその担当とすることとした[115]。四月下旬、ヴォイトは新京でヘルムート・ヴォールタートを団長とする交渉団の一行に合流した[116]。五月、東京交渉が開始されたが、この交渉の記録に彼の名が登場することはなかった。華北は議題には挙げられていたが、交渉はまったく進展しなかったのである。彼はヴォールタート交渉団によって貿易実務の担当者に任命され、東京でその仕事に従事していた[117]。一九四一年一〇月のゾルゲ事件に彼の名が浮かぶこともなかった。

戦後のヴォイトについては、おそらく一度帰国した後、一九五〇年、ブラジルのリオデジャネイロに移住したという記録が残されている[118]。

注

▼1　Udo Ratenhof, *Die Chinapolitik des Deutschen Reiches 1871 bis 1945. Wirtschaft-Rüstung-Militär*, Boppard am Rhein 1987, S. 382 usw.; Thomas Kampen, „Walter“ Woidt–ein ungewöhnlicher Geschäftsmann in China, *SHAN e.V. Newsletter*, November 2010, Nr. 47.

▼2　Ratenhof, S. 382.

▼3　Trautmann an das Auswärtige Amt (AA), 2. August 1937, Mechthild Leutner (Hrsg. und bearbeitet von Wolfram Adolphi und Peter Merker), *Deutschland und China 1937-1949. Politik–Militär–Wirtschaft–Kultur. Eine Quellensammlung*, Berlin 1998. S. 399-400.

▼4　Wiehl, Sitzung des Handelspolitischen Ausschusses, 25. Februar 1938, 25. Februar 1938, Politisches Archiv des Auswärtigen Amts (PAAA), R105952.

▼5　中村隆英『戦時日本の華北経済支配』山川出版社、一九八三年、六八、一二五–一三四頁。

▼6　Nöbel an Peking, 27. März 1938; Nöbel an Peking, 6. April 1938; Stoller an AA, Hankow, Tokyo, 12. April 1938, PAAA, R9208/2704.

▼7　Wiehl an Peking, 26. Juli 1938, PAAA, R9208/2704. ローヴァクについて、Gerhard L. Weinberg, *Hitler's Foreign Policy 1933-1939*, New York 2005, pp. 263-264, 397-398; 田嶋信雄『ナチス・ドイツと中国国民政府　一九三三–一九三七』東京大学出版会、二〇一三年、三〇三–三〇四頁を参照。

▼8　Ratenhof, S. 510.

▼9　Wiehl an Hankow, 6. August 1938, PAAA, R105866.

▼10　William C. Kirby, *Germany and Republican China*, Stanford 1984, p. 246; 田嶋、三一六–三一七、三二八頁。

▼11　Wiehl an Hankow, 6. August 1938, PAAA, R105866.

▼12　李学通『翁文灝年譜』済南：山東教育出版社、二〇〇五年、一六七頁。Qi Jun, Aufzeichnung, 5. August 1930, Leutner (Hrsg.), S. 281 も参照。

▼13 翁文灝著、李学通・劉萍・翁心鈞整理『翁文灝日記』北京：中華書局、二〇一〇年、二六二頁。
▼14 翁、二六二－二七七頁；李、一六七、一七〇－一七一、一七二頁。
▼15 翁、九月一日、八日条、二六五、二六六頁。
▼16 Ratenhof, S. 510.
▼17 李、二七二頁。
▼18 Fischer an AA, 13. Oktober 1938, PAAA, R105866.
▼19 翁、一七七頁；李、一七三頁。
▼20 Fischer an AA, 19. Oktober 1938, PAAA, R105866.
▼21 大鷹総領事（青島）発宇垣宛、一九三八年九月二六日、外務省外交史料館 E.3.1.1.2-4『各国貿易政策関係雑件　独国ノ部　第二巻』（以下『雑件　独国ノ部』と略記）。
▼22 Woidt an Lorentz, 26. November 1938, PAAA, R9208/2702.
▼23 Lautenschlager, Aufzeichnung, 30. November 1938, PAAA, R9208/2702.
▼24 浅田進史「日中戦争期の青島経済――日本占領の経済的衝撃」、柳沢遊・木村健二・浅田進史編『日本帝国勢力圏の東アジア都市経済』慶應義塾大学出版会、二〇一三年、三〇一－三〇三頁。
▼25 大鷹発北京宛、一九三八年一一月一八日、『雑件　独国ノ部』。
▼26 秋山（青島）発ベルリン宛、一九三九年一月一八日、『雑件　独国ノ部』。
▼27 大鷹発北京宛、一九三八年一一月一八日、『雑件　独国ノ部』。
▼28 Woidt an Rowak, 23. November 1938, PAAA, R9208/2702.
▼29 大鷹発北京宛、一九三八年一一月一八日、『雑件　独国ノ部』。
▼30 浅田、三〇三－三〇四、三〇九－三一〇頁。
▼31 島崎久彌『円の侵略史』日本経済評論社、一九八九年、一七六頁。
▼32 堀内発青島宛、一九三八年一一月二二日、『雑件　独国ノ部』。
▼33 Woidt an Peking, 21. November 1938, PAAA, R9208/2704.

▼34 大鷹発北京宛、一九三八年一一月一八日、『雑件　独国ノ部』。

▼35 大鷹発北京宛、一九三八年一一月二五日、『雑件　独国ノ部』。

▼36 Domei, 29. November 1938, PAAA, R9208/2702; Fischer an AA, 30. November 1938, PAAA, R105866. 中国側は日独間交渉を警戒し、ヴォイトに猜疑の目を向けていたが、その成果を過大に評価していた。中国第二歴史档案館編『中徳外交密档（一九二七―一九四七年）』桂林：広西師範大学出版社、一九九四年、五八―五九頁；馬振犢・戚如高『蔣介石与希特勒――民国時期的中徳関係』台北：東大図書公司（北京：九州出版社、二〇一二年）、一九九八年、四五四頁。

▼37 Fischer an Peking und Tsingtau, 4. Dezember 1938; Fischer an AA, 6. Dezember 1938, PAAA, R9208/2702.

▼38 Fischer an Peking und Tsingtau, 4. Dezember 1938, PAAA, R9208/2702.

▼39 Wiehl an Shanghai, 9. Dezember 1938, PAAA, R9208/2702.

▼40 大鷹発北京宛、一九三八年一一月二八日、『雑件　独国ノ部』。

▼41 Winterfeldt an Shanghai, 1. Dezember 1938, PAAA, R9208/2704.

▼42 Woidt an Tsingtau, 3. Dezember 1938, PAAA, R9208/2702.

▼43 Winterfeldt, 6. Dezember 1938, PAAA, R9208/2704.

▼44 Woidt an Lorentz, 26. November 1938, PAAA, R9208/2702.

▼45 Winterfeldt an Shanghai, 13. Dezember 1938, PAAA, R9208/2702; PAAA, R9208/2704.

▼46 Woidt an Shanghai, 13. Dezember 1938, PAAA, R9208/2702.

▼47 Fischer an Winterfeldt, 15. Dezember 1938, PAAA, R9208/2702.

▼48 Woidt an Tsingtau, 3. Dezember 1938, PAAA, R9208/2702.

▼49 Saucken an Shanghai, 5. Dezember 1938, PAAA, R9208/2702.

▼50 Saucken an Shanghai, 14. Dezember 1938, PAAA, R9208/2702.

▼51 Fischer an Tientsin, 24. Januar 1939; Saucken an Shanghai, 14. Dezember 1938, PAAA, R9208/2702.

▼52 Fischer an Tsingtau, 15. Dezember 1938, PAAA, R9208/2702.

▼53 Fischer an Peking, 1. Januar 1939 に添付された Von Berlin 17. Dezember 1938 および Telegramm vom 18. Dezember 1938 と題された二通の電報の写し、PAAA, R9208/2702.

▼54 Saucken an Shanghai, 28. Dezember 1938; Saucken an Shanghai, 31. Dezember 1938, PAAA, R9208/2702. Woidt, 3. Dezember 1938 に Konsul Wagima とある。

▼55 Saucken an Shanghai, 29. Dezember 1938, PAAA, R9208/2702.

▼56 Saucken an Shanghai, 31. Dezember 1938, PAAA, R9208/2702.

▼57 Woidt an Direktion der Deutsch-Asiatischen Bank, 5. Januar 1939; Fischer an AA, 5. Januar 1939; Deutsch-Asiatische Bank an Woidt, 24. Januar 1939, PAAA, R9208/2702.

▼58 Fischer an AA, 5. Januar 1939, PAAA, R9208/2702.

▼59 Fischer an Tientsin, 24. Januar 1939, PAAA, R9208/2702.

▼60 翁、三〇五頁；馬・威、三六一－三七三、四三五－四四八、四四九－四六五頁。

▼61 Fischer an AA, 5. Januar 1939; Fischer an Tsingtau, 5. Januar 1939; Fischer an Tokyo, 5. Januar 1939, PAAA, R9208/2702.

▼62 Deutsch-Asiatische Bank an Woidt, 24. Januar 1939, PAAA, R9208/2702.

▼63 Lautenschlager an Hongkong für Woidt, 7. Februar 1939, PAAA, R9208/2702.

▼64 Deutsch-Asiatische Bank an Woidt, 16. März 1939, PAAA, R9208/2703.

▼65 Fischer an Woidt, 8. Februar 1939, PAAA, R9208/2702.

▼66 Deutsch-Asiatische Bank an Woidt, 16. März 1939, PAAA, R9208/2703; Deutsch-Asiatische Bank an Shanghai, 15. Februar 1939, PAAA, R9208/2702; Kempe an Shanghai, 15. Februar 1939, PAAA, R9208/2702; Woidt an Fischer, 22. Februar 1939, PAAA, R9208/2703.

▼67 Fischer an Tientsin, 24. Januar 1939, PAAA, R9208/2702.

▼68 Sasa an Woidt, 3. Januar 1939, PAAA, R9208/2702.

▼69 Fischer an Peking, 3. Februar 1939, PAAA, R9208/2702.

▼70 Kempe an Shanghai, 4. Februar 1939; Woidt an Deutsch-Aisatische Bank, 3. Februar 1939; Fischer an Tsingtau, 7. Februar 1939, PAAA, R9208/2702.

▼71 Deutsch-Asiatische Bank an Shanghai, 20. Februar 1939, PAAA, R9208/2702.

▼72 Lautenschlager an Woidt, 27. Februar 1939, PAAA, R9208/2704; Deutsch-Asiatische Bank an Woidt, 16. März 1939, PAAA, R9208/2703.

▼73 Scheeffer und Witting, Akten-Notiz, 23. Februar 1939, PAAA, R9208/7203.

▼74 Lautenschlager an Woidt, 27. Februar 1939, PAAA, R9208/2704; Deutsch-Asiatische Bank an Woidt, 16. März 1939, PAAA, R9208/2703.

▼75 秋山発ベルリン宛、一九三九年一月一八日、『雑件　独国ノ部』。

▼76 ベルリン発北京宛、一九三九年一月二五日、『雑件　独国ノ部』。

▼77 加藤総領事（青島）発香港宛、一九三九年二月二八日、『雑件　独国ノ部』。

▼78 Lautenschlager an Woidt, 27. Februar 1939, PAAA, R9208/2704.

▼79 Woidt an Fischer, 22. Februar 1939, PAAA, R9208/2703.

▼80 加藤発香港宛、一九三九年二月二八日、『雑件　独国ノ部』。

▼81 Fischer an AA, 25. März 1939, PAAA, R105867.

▼82 翁、三二一頁。

▼83 Fischer an AA, 30. März 1939, PAAA, R105867.

▼84 Fischer an AA, 1. April 1939, PAAA, R105867.

▼85 Winterfeldt an AA, 18. März 1939; Winterfeldt an AA, 20. März 1939; Fischer an AA, 28. März 1939, PAAA, R9208/2703.

▼86 三浦総領事（上海）発有田宛、一九三九年四月一日、『雑件　独国ノ部』。

▼87 Winterfeldt an Shanghai, 13. April 1939, PAAA, R9208/2703. 中国聯合準備銀行顧問室編『中国聯合準備銀行五年史』北京：中国聯合準備銀行（復刻版、佐々木淳編『明解企業史研究資料集　旧外地企業編第四巻（満州国・中国関内・南

洋群島)』クロスカルチャー出版、二〇一二年、所収)、一九四四年には関連する記述が見当たらない。

▼88 Winterfeldt an AA, 25. April 1939, PAAA, R9208/2703.

▼89 Fischer an AA, 26. April 1939; Winterfeldt und Fischer an Tientsin, 29. April 1939, PAAA, R9208/2703.

▼90 Fischer an Woidt, 4. Mai 1939; Woidt und Gipperich an Shanghai, 5. Mai 1939, PAAA, R9208/2703.

▼91 Saucken an Shanghai, 12. April 1939, PAAA, R9208/2703.

▼92 Woidt an Fischer, 26. April 1939; Fischer an Woidt, 6. Mai 1939, PAAA, R9208/2703.

▼93 Stoller an Shanghai, 9. Mai 1939, PAAA, R9208/2703.

▼94 Stoller an Shanghai, 11. Mai 1939, PAAA, R9208/2703.

▼95 Clodius an Shanghai, 14. Mai 1939, PAAA, R9208/2703. ただしこの後の史料では一三日付とされている。

▼96 三浦発有田宛、一九三九年四月二一日、『雑件　独国ノ部』。

▼97 堀内発有田宛、一九三九年四月二二日、『雑件　独国ノ部』。

▼98 Fischer an Tientsin, 16. Mai 1939, PAAA, R9208/2703.

▼99 Fischer to Horiuchi, May 31, 1939; Spindler an AA, 11. Mai 1939, PAAA, R9208/2703.

▼100 Clodius an Shanghai, 3. Juni 1939, PAAA, R9208/2703.

▼101 Fischer an AA, 13. Juni 1939, PAAA, R9208/2703.

▼102 Northe, Notiz, 12. Juni 1939, PAAA, R9208/2704. ただしヴィールはヴォイトの部下が北支那開発と交渉することを認めなかった。Wiehl, 28. März 1939, PAAA, R105867.

▼103 Ott an Shanghai, 10. Juni 1939, PAAA, R9208/2704.

▼104 Winterfeldt, Aufzeichnung, 7. Juni 1939, PAAA, R9208/2703.

▼105 Woit an Shanghai, 11. Juni 1939; Ott an Shanghai, 20. Juni 1939, PAAA, R9208/2703.

▼106 Stoller an Shanghai, 8. Juli 1939, PAAA, R9208/2703.

▼107 Fischer an Ott, 1. Juli 1939, PAAA, R9208/2703.

▼108 Wiehl an Shanghai, 4. Juli 1939; Ott an AA, 6. Juli 1939, PAAA, R9208/2703.

▼109 Northe an Shanghai, 21. August 1939, PAAA, R9208/2704.

▼110 Northe an Shanghai, 24. August 1939, PAAA, R9208/2704.

▼111 Wiehl an Shanghai, 3. Juli 1939, PAAA, R9208/2704.

▼112 Sakatani to Winterfeldt, September 1, 1939, PAAA, R9208/2704.

▼113 Northe an Shanghai, 27. September 1939; Sakatani to Winterfeldt, September 28, 1939, PAAA, R9208/2704.

▼114 Stoller an Northe, 4. Oktober 1939, PAAA, R9208/2704.

▼115 Altenberg an Tokyo, 30. Januar 1941, PAAA, R9208/251.

▼116 Wiehl an die Deutsche Botschaft Peking, 29. März 1941; Wohlthat und Beckmann an Woidt, 17. April 1941, PAAA, R9208/251.

▼117 熊野直樹「第二次世界大戦期の『満』独通商関係――満洲大豆から阿片へ」、田嶋信雄・工藤章編『ドイツと東アジア　一八九〇－一九四五』東京大学出版会、二〇一七年、六八四－六八五頁；同『麻薬の世紀――ドイツと東アジア　一八九八－一九五〇』東京大学出版会、二〇二〇年、八四－八五頁。

▼118 https://www.familysearch.org/ark:/61903/1:1:VJ12-FDD（二〇一七年一〇月五日閲覧）.

第五章　ヘルムート・ヴォールタート
――対日・対「満」交渉を担当したゲーリングの腹心

図 5-1　ヘルムート・ヴォールタート
Wikimedia Commons.

図 5-2　独満貿易協定延長調印の日（1941 年 5 月 31 日）のヴォールタート（左から 3 人目）
『写真週報』第 173 号、1941 年 6 月 18 日（JACAR, Ref.A06031076800）。

工藤　章・熊野直樹

（＊分担執筆　はじめに：工藤・熊野、一―三：工藤、四：熊野、おわりに：工藤・熊野）

ヘルムート・ヴォールタート（Helmuth Wohlthat 1893 − 1982 年）
ドイツの経済官僚。1893 年、ヴィスマールに生まれる。士官学校を経て、ケルン大学、コロンビア大学、ニューヨーク大学で学び、第一次世界大戦後、1933 年までニューヨークで油脂関係の事業に従事した。1933 年にドイツ・ライヒのミルク製品および油脂統制団体委員に任命され、その後経済相シャハトの推薦でライヒ経済省へ移り、1934 年 12 月に外国為替局長に就任した。1938 年 3 月には外国為替局長を辞して、四ヵ年計画全権委員ゲーリング付特別局長に就任、さらに 39 年には四ヵ年計画委員およびプロイセン枢密院顧問官に就任した。ゲーリングのもとでとくに外国における特別交渉に従事したが、1938 年 3 月から臨んだ対日交渉は難航した。ヴォールタートはその後、1941 年 4 月にドイツ経済使節団代表として来日し、それ以降、独日の通商関係全体の統括者として、1947 年 2 月に GHQ によって国外退去処分を受けるまで日本にとどまった。1982 年に死去。

はじめに

ヘルムート・ヴォールタートは、一八九三年にドイツのヴィスマールに生まれ、士官学校を経て、ケルン大学、コロンビア大学、ニューヨーク大学で学んだ。第一次世界大戦中、野砲旅団の旅団付副官として従軍した。戦後、商業関係の仕事に就くが、一九三三年までニューヨークで油脂関係の事業に従事した。一九三三年にドイツ・ライヒのミルク製品および油脂統制団体委員に任命され、その後経済相ヒャルマール・シャハトの推薦でライヒ経済省へ移り、ゲネラルレファレントになり、一九三四年一二月以降は外国為替局長に就任した。シャハトの信頼が厚く、石油関係でルーマニアを受け持ち、鯨油も担当した。一九三八年三月には外国為替局長を辞して、四カ年計画全権委員ヘルマン・ゲーリング付特別局長に就任した。さらに一九三九年には四カ年計画委員およびプロイセン枢密院顧問官に就任した。ゲーリングのもとでとくに外国における特別交渉に従事した。彼は同年、英独和解を意図してなされたと当時注目された、いわゆる「ヴォールタート＝ハドソン会談」の当事者でもある。さらに同年、彼はドイツとルーマニアの間での経済条約交渉を主導しており、この条約は「ヴォールタート条約」とも呼ばれた。

しかも彼は四カ年計画庁ではユダヤ人移民政策の金融部門に関わっており、その関係で一九四〇年にはオランダ銀行制度管理官に就任している。日本側の要請で彼は一九四一年四月にドイツ経済使節団代表として来日した。それ以降、ヴォールタートは一九四七年二月にGHQによって国外退去処分を受けるまで、日本にとどまりつづけることになる。

ヴォールタートは、シャハトが権力を失う過程でも経済省で生き残り、ゲーリングの腹心となった。その間、彼は外貨配分・クレディット供与の権限を掌握し、一九三〇年代半ば以降、ほぼ一貫して対日・対「満」交渉を担当した。彼の言説を追うことは、ナチス・ドイツの対日・対「満」通商政策を跡づけることにほぼ重なる。彼の名前がドイツの対日関係の外交文書に本格的に登場するのは、対「満」通商交渉のさなかである。そこで以下ではまず、対「満」通商交渉から見ていくことにしよう。

一　世界恐慌からの回復期における対「満洲国」交渉

(1)独「満」貿易協定――一九三六年四月

ナチス・ドイツの東アジアに対する通商政策において重視されたのは、まず中国であり、次いで「満洲国」（以下、本文では括弧を省略する）であった。ドイツの通商政策にとっての日本の重要性は低かった。

一九三二年三月に「建国宣言」を発した満洲国に対する通商政策において先鞭をつけたのは、本来通商政策を担当する外務省ではなく、ナチ党外交政策局であった。[1] 一九三五年二月、ナチ党外交政策局の試みが事実上頓挫したとき、外務省はようやく満洲国への接近を開始する。すなわち、一九三五年四月、外務省の通商政策の最高責任者であるカール・リッターは、対満洲国通商政策に関する覚書を作成したのである。その骨子は、一方ではナチ党主導の対満交渉を総括し、他方ではイギリスが前年秋日本および満洲国に派遣した経済使節団を参考にしつつ、経済使節団の派遣を提案するものであった。[2] このリッターの提案にもとづき、一九三五年九月、外務省は公使オットー・キープを団長とする東アジア経済視察団を日本、満洲国および中国に派遣することを決定した。

ヴォールタートが対東アジア通商政策に登場するのはこのときである。すなわち、経済省外国為替管理局（Reichsstelle für Devisenbewirtschaftung）の一員としての彼は、外国為替の配分権限を有する者として、経済省および食糧農業省の了解を取り付けているとした上で、一九三六年一カ年の満洲国からの大豆輸入量三〇万トン分の外貨を確保したことを団長に予定されたキープに対して直接に確約したのである。[3] このヴォールタートによる確約は、使節団派遣に込められたドイツ側の狙いが何よりも満洲産大豆の輸入にあったことを端的に物語っている。この大豆三〇万トン分の外貨は後に開始される対満交渉において重要な意味を持つことになる。

キープ使節団は一〇月末に東京に着き、東京および満洲国の首都新京での交渉に入った。この頃になってようやく、外務省のリッターは締結されるべき協定の核心である大豆輸入につき、具体的な方針を決定した。その骨子は、三〇万トンについては二五〇〇万RM（ライヒスマルク）の限度まで外貨すなわち外国為替（Devisen）で支払う用意があり、それ以上はドイツの輸出と一対一で、すなわちバーターで行うというものであった。ただし、輸入額を一億RMとし、そのうち二五％すなわち二五〇〇万RMのみ外貨で支払うとも表現されていた。[4]

リッターの方針が決定される過程で、ヴォールタートはドイツ側の方針に関する三菱商事、三井物産、横浜正金銀行からの再三の問い合わせに答え、その内容をリッターに伝えていた。[5] ヴォールタートはこのときまでにすでに日本側との接点があって、日本関係の情報に通じていたのである。

さて、東京および新京における交渉は紆余曲折を経てようやく妥結し、一九三六年四月三〇日、東京で独満貿易協定が調印された。ただし、この協定が満洲国不承認政策と背馳することもまた明らかであった。この点を隠蔽するため、ドイツ側の要求により協定は政府間のそれという外見を隠す形になっていた。

協定の主な内容は次の通りであった。(1)ドイツは一九三六年六月から一年の間に一億円（一円＝一満洲元）に相当する満洲国物資のドイツへの輸入を承認する。[6] (2)ドイツの満洲国からの輸入については、二五％すなわち二五〇〇万円相当分は「アスキ・マルク」（特別補償マルク）で支払い――これは満洲国によるドイツ物資輸入の支払いに充てることが予定された――、七五％すなわち七五〇〇万円は外貨で支払うこととする。[7] ちなみに、外貨支払額七五〇〇万円は約五〇〇〇万RMである。交渉開始に際してヴォールタートが提示した額のおよそ二倍である。

この協定に込められたドイツ側の狙いは、何よりも満洲産大豆の輸入にあった。当時ドイツでは、一九三五年七月に第二次穀物調達措置が取られたにもかかわらず、夏になると食糧危機が発生し、それが初秋にかけて進行するという状況にあった。[8] 食糧危機の中核には食用油脂の不足あるいは「油脂の穴」があった。それは体制のアキレス腱となりかねないものであった。リッターはこれを満洲産大豆の輸入促進によって埋めようとしたのである。他方、ドイツから満洲国への輸出の中心は機械である。したがって、この協定は機械と大豆の取引を拡大するところにその核心があった。

他方、日本側がこの協定に期待したことは、これを通じてドイツの対満入超、満洲国の対日入超、日本の対独入超を相殺し、その限りでの三国間貿易ないしは三角貿易を拡大するというものであった。

貿易協定の期限切れを間近に控えた一九三七年三月、ヴォールタートと前年六月末に満洲国通商代表としてベルリンに着任していた加藤日吉との間で貿易協定締結交渉が開始され、ほどなく協定延長につき合意が成った。五月二一日、ベルリンにおいて「独逸為替局官吏代表」ヴォールタートと「満洲国官憲代表」加藤とが、内容的に重要な変更を加えず、一九三九年五月三一日まで延長し、有効期間を既定期間を含めて三カ年とするとした協定効力延長同意書に調印した。[9] こうして、ヴォールタートは外貨の配分権限を持つ官僚として対満通商交渉の表舞台に登場するにいたった。

(2)オットー・ヴォルフ・クレディット協定——一九三七年九月

ドイツが満洲国に対してクレディットを供与するという構想は、史料的には日本側で生まれたように見える。すなわち、貿易協定の締結から半年後の一九三六年一〇月末までに、駐独満洲国通商代表加藤がクレディット協定の草案をドイツ最大の鉄鋼・機械商社オットー・ヴォルフ社（Otto Wolff OHG）に届けていた。さらにオットー・ヴォルフ社はこれを経済省に伝えたが、経済省ではこれを高く評価していた[10]。年が明けて一九三七年二月初め、加藤は前年一〇月の自らの協定草案の改訂版をオットー・ヴォルフ社の当主であるオットー・ヴォルフ個人に送付した[11]。その骨子は、(1)満洲国側が鉄鋼製品を主とするドイツ製品を九九七五万元のクレディット枠で購入する、(2)利率は五％とし、協定の期間は三年とする、(3)第一年度三〇〇〇万元、第二年度、第三年度四五〇〇万元とするというものであり、あわせて一〇年間での返済の計画表が付されていた[12]。

ここで奇異に感じられるのは、交渉の発端が加藤の草案によって与えられたことである。満洲国在独通商代表としての加藤が——一九三六年四月の独中条約と同様の——クレディット供与を望むこと自体は何ら不思議ではない。クレディット供与を盛り込んだ協定草案を作成するということもあり得よう。だが、その際、当てもなく草案を作成するであろうか。しかも、その草案をオットー・ヴォルフという民間の一商社に持ち込むというのは、いかにも奇妙である。

たしかに、オットー・ヴォルフ社は日本でその存在を多少は知られていたし、同社への日本側の関心は、すでにキープ使節団が来日した際に存在していた。日本側がキープに提案した個別の案件のなかには、オットー・ヴォルフ社による鉄道・鉱山プロジェクトが含まれていた。他方、オットー・ヴォルフ社は一九三四年には満洲国に社員を派遣しており、同地での事業に関心を示していた[13]。しかし、それらは外見上は一私企業としてのオットー・ヴォルフ社への満洲国側の期待であり、あるいは逆に私企業としての同社の満洲国への関心であった。それらが貿易協定あるいはクレディット供与に直結するわけではない。

オットー・ヴォルフ社は経済省のダミーであった。同社は世界恐慌期に経営が破綻した後、経済省の救済を受けて立ち直った。だが、民間企業の外見を取りつづけながら、その実態においては経済省が経営権を握るところとなった。その後、一九三六年秋以降、経営権は経済省から四カ年計画庁に、すなわち同庁の最高責任者ゲーリングの手に移っていた。[14]同社は一九二〇年代には対ソ事業に乗り出していたが、それがナチス政権成立とともに困難になると――とくに経済省の傘下に入った後――、創業者ヴォルフが中国における事業活動に活路をもとめるようになっていた。

加藤の動きに見られる奇妙さは、加藤の背後にヴォールタートの存在があったと考えれば、ただちに氷解する。加藤はヴォールタートからクレディット供与の可能性を示唆され、さらにオットー・ヴォルフ社に接触するよう示唆されていたと考えればよい。四月初旬、協定延長交渉がドイツ外務省と駐独日本大使館の加藤との間で行われた際、ヴォールタートはクレディット供与の可能性に言及していた。[15]そして、協定延長についてヴォールタートと加藤との間で合意が成ったとき、同時にドイツのクレディット供与についても合意ができていたのである。[16]

このようなヴォールタートの構想は、対満クレディット供与を梃子に対満機械輸出を拡大し、それによって大豆輸入の拡大をも実現しようとするものである。それは一九三六年四月の貿易協定に込められた、機械と大豆の取引の促進というドイツ側の狙いをさらに鮮明にするものであった。ドイツが貿易協定の実績に不満を持ちながらも、一九三七年五月、内容の実質的変更なく延長に同意した動機も、おそらくこのあたりにあった。

ドイツでは国際収支の困難から外貨不足が深刻化していた。一九三六年一〇月に発足した第二次四カ年計画は、代替品生産を拡充することによって外貨不足を克服しようとする試みであった。この計画の遂行により機械への内需が増大し、その限りで機械の輸出余力は全般に減少していたはずである。外貨不足のもとで、そのように稀少となった機械を輸出してまでも大豆の輸入を確保しようとしたのである。

一九三七年九月四日、オットー・ヴォルフ社と満洲国中央銀行との間でクレディット協定が締結された。[17]その骨子はオットー・ヴォルフ社が二〇〇万ポンドのクレディット枠を設定し、満洲国はそれをドイツ製品の輸入に充て、返済は現物で行うというものであった。[18]次いで一一月一五日にドイツ外務省と満洲国外交部との間で公文交換がなされた。[19]これにより協定は発効した。

協定の調印者はオットー・ヴォルフ社代表と満洲国中央銀行代表であり、交換公文は双方の外務省・外交部が調印した。だが、その実質は経済省のヴォールタートと満洲国通商代表加藤との間での合意によってすでに形作られていた。そしてこの全過程を演出したのはヴォールタートであったと言ってよいのである。

二　日中戦争と対日・対「満」交渉[20]

(1)交渉の開始とドイツ対東アジア政策の転換

一九三七年七月に勃発した日中戦争が長期化するなか、日本経済は戦時体制に入った。外務省は対独通商政策を転換した。九月、外務省はドイツからの武器などの軍需物資の輸入を促進する狙いから、ドイツ外務省に対して新たな貿易協定の締結を提案した。当時、一九二七年通商航海条約は世界恐慌のなかですでに意義を失っており、一九三五年二月に、日独貿易の比率を当面六カ月の間一対四に固定するという「日独貿易取極」が結ばれていたただけであった。それは日本の主張を容れ、日本側の輸出を実勢よりも高くしただけのものである。一九三七年九月の新提案の核心は、「一対四」取り決めはそのままとし、それとは別に「一対一」の貿易枠を取り決めるとするところにあった。[21]

この案は、駐独大使武者小路公共の命を受けた大使館商務書記官首藤安人の私見としてドイツ側に提示された。ドイツ政府は当初交渉に応じることに消極的であった。ナチス・ドイツの対東アジア通商政策における日本の位置づけは低く、日本は中国のタングステン、あるいは満洲国の大豆に匹敵する原料資源を持たず、「輸入政策」を掲げるナチス・ドイツにとっては魅力に欠ける貿易相手国であった。だが、すでに締結した対満貿易協定の存在を念頭に置き、ドイツ側は日本側提案を受諾した。準備段階の交渉は一九三七年一一月に開始された。

一九三八年一月二七日、「為替管理部長官」ヴォールタートと商務書記官首藤との間で第一回実務者会談が開かれた。ヴォールタートは日本側が関心を集中させる一対一の求償取引の創設およびクレディット設定につき原則的に同意した。彼の念頭には前年九月のオットー・ヴォルフ・クレディット協定があったはずである。ただし、クレディット設定の具体的な方法について、双方の意見は一致しなかった。

一九三八年一月二七日の第一回正式交渉の後、ドイツでは政変が生じた。二月四日、ヒトラーが国防軍首脳を更迭し、自ら新設の国防軍最高司令官となって統帥権を掌握した。あわせて、外相には駐英大使ヨアヒム・フォン・リッベントロップを起用した。日独防共協定締結の主導者リッベントロップは親日派として知られていた。このとき、経済相もヘルマン・ゲーリングから彼の腹心の部下ヴァルター・フンクに交代した。この交替劇は、一九三七年一一月のシャハトからゲーリングへの経済相の交替の余波という側面もあった。シャハトの信任が厚かったヴォールタートは、シャハトが経済省を追われた後も経済省にとどまっていた。彼に対するゲーリングの信頼が働いたものと思われる。この頃、彼は引き続き対ルーマニア石油問題を担当したほか、対英鯨油交渉にも携わり、さらにスペインへも赴いていた。[22]

対東アジア政策に対する政変の影響は早くも現れた。二月二〇日、ヒトラーは帝国議会で満洲国を承認する意思を表明したのである。その影響はまた対日通商交渉に対するドイツ側の態度にも現れた。ヒトラーの議会演説直後の二月二二日、赴任してまもない駐独大使東郷茂徳との会談において、リッベントロップは一方では対日貿易協定締結交渉を満洲国承認問題から切り離して進めるべきであるとしながら、他方では満洲国承認はドイツの経済的損失を意味するという理由から、日本側に「一定程度の補塡」をもとめたのである。[23]

二月二五日、外務省のエミール・ヴィールの主宰により――彼は一九三八年一〇月には通商政策局長に就任する――、関係各省の協議機関である通商政策委員会（Handelspolitischer Ausschuß, 略称HPA）が開催された。このとき、ヴォールタート、ハンス・フォン・ラウマーら、対日交渉の主だった関係者が一堂に会した。対日経済交渉は引き続きヴォールタートが担当することとされ、彼は交渉経過をヴィールあるいは通商政策委員会に報告する義務を負った。このように、交渉の枠組みが再設定された会議の最後に、リッベントロップは交渉を「新たな精神において新たなエネルギーをもって」早急に妥結すべきことを日本側に伝えるよう指示した。[24] この二月二五日の通商政策委員会は、対日のみならず対満交渉および華北に関する対日交渉にとっても、ドイツ側の再出発点となる。

(2)ドイツの損失補塡要求と貿易協定締結交渉の紛糾

一九三八年三月、ヴォールタートと首藤による実務者レベルでの接触が再開された。しかし、交渉は難航した。その主たる原因は、繰り返しになるが、日本が輸出を希望する品目が――満洲産大豆を別とすれば――ドイツにとっては魅力に乏しかったところにある。ドイツにとって、日本は「輸入政策」的に魅力がなかったのである。それゆえにまた、独中条約や独満協定とは異なって、ドイツはクレディット供与にも――原則的には同意しながらも――消極的であった。

五月七日のヴォールタート・首藤会談において、事態は急転する。ヴォールタートは不在のリッベントロップの意向であると断った上で、日本側から要求された対中武器輸出禁止を実施した結果、直接間接に経済的損害が出たこと、また日本の軍事行動によって華北のドイツ経済権益が打撃を受けたことを指摘した。事実、この間に在華軍事顧問団の召還、対中武器輸出の禁止、トラウトマン駐華大使の召還などの措置が取られ、ドイツの中国からの撤退が進んでいた。ヴォールタートはこれらの損失補塡の問題を解決することなしには貿易交渉の進展はないとした。すなわち、この貿易協定交渉を中国における損失補塡の要求を持ち出し、二つの問題を絡める態度に出たのである。[25]

ドイツ側の新方針は、駐独大使東郷をはじめとする日本側の交渉当事者に衝撃を与えた。いずれにせよ、このドイツ側の新たな要求によって、貿易協定締結交渉はさらに紛糾することになる。

ドイツ側の方針はさらに具体化される。リッベントロップは対日政治交渉の担当者である腹心のラウマーに命じて中国での損害額および補塡要求額を作成させ、五月一九日の東郷との会談でこれをそのまま提示した。[26] これに対して東郷は、一方では損失補塡問題と貿易協定交渉を絡めることに猛烈に反発しながら、他方では、ドイツ側の地位保証に関する要求を聴取した旨を記した覚書（Pro Memoria）をリッベントロップに手交することによって難局を乗り切ろうとも試みた。[27] ドイツ側はこれをもって日本側から言質を取ったと見なし、これ以降、これを梃子にして要求を実現する方針を取った。

五月二五日、ヴォールタートは首藤に対し、貿易協定締結交渉でのドイツ側の公式の新提案を提示した。平常取引を二億円、「追加取引」すなわち求償取引を一億円とし、ただしその半額は現金で支払われるものとする――言うまでもなく日本側による支払いが想定されている。[28] このドイツ側の新要求は、五月二八日のリッベントロップ・東郷会談で取り上げられたが、さらに五月三〇日のヴォールタート・首藤会談で激烈な応酬を招くことになった。首藤が従来の案と「著シキ懸隔」があるのは遺憾であるとし――とくに従来案では一対一とされていたのが、半額現金支払いとされ、一対二となったことをいう――、再考を迫ったのに対し、ヴォールタートは「独逸側ハ当初ヨリ日本側ノ言フ如キ求償貿易一対一ヲ約束シタルコトナシ」と言い放ち、さらに「已ムヲ得サレハ日独貿易ヲ其ノ儘ニ放置シ置クコト宜シカラン独逸トシテハ日本カ輸入許可ヲ与フル丈ケ輸出スヘシ又場合ニ依リテハ満洲ヨリノ輸入ヲ減スルコトヲ考慮スヘシト言ヒ高圧的態度ニ出テタ」のである。交渉は決烈寸前であった。[29]

激論は、六月三日にも繰り返された。会談の最後、ヴォールタートは「以上ニテ独逸側ノ事情ハ充分御話シタルヲ以テ此ノ上ハ新提案ニ対シ日本政府カ如何ナル対案ヲ提示セラルルヤ回答ヲ得度シトシ」、

「全ク非妥協的態度ニ出テタ」のである。[30]

その後交渉は、日本側の方針が混乱したこともあり、膠着状態に陥った。

一九三八年一〇月、駐独大使館付武官から駐独大使となった大島浩は、貿易協定締結交渉においても「防共陣営ノ強化」という「大局的見地」を強調し、一定の譲歩を行う方針を取った。それにもかかわらず、その後も交渉は進捗せず、交渉が妥結したのはようやく一九三九年七月のことであった。七月二八日、ベルリンの外務省において、外務次官ヴァイツゼッカーおよびヴォールタートと大島との間で日独貿易協定が仮調印された。[31] 日本側の譲歩による大筋での妥結であり、ドイツ側が一貫して取ってきた「経済上ノ利害ノ打算」の優位が示された。

ヴォールタートが首藤と激論を繰り返していた頃、一九三八年七月、前駐独商務書記官長井亜歴山はヴォールタートを次のように紹介している。「御承知の通り経済問題はシャハトを中心として、——為替管理に関しては、永年商売を実際にやって居りましたウォータットといふ人を局長に任じて、之れに為替管理の総てを任せ経験を活かし乍ら統制を実施して来たのであります」。長井はさらに、ヴォールタートを「ドイツ銀行の為替管理並に商品輸入管理を徹底する為めの方法の基本を作った人」とも し、シャハトと並べて「この二人の大立物」とまで評価していた。[32] ヴォールタートをシャハトと並べるのは長井の錯覚であるが、商務書記官という彼の職位からすれば、対日経済交渉の責任者たるヴォールタートはそれほど大きく見えたのであろう。ただ、ヴォールタートと直接交渉に臨み、激論を戦わせたのは彼ではなく首藤であった。もし首藤が長井のヴォールタート評を読んだとすれば、どのような感懐を持ったであろうか。

(3) 一九三八年五月独「満」修好条約と対「満」通商関係

ヴォールタートが首藤と激論を繰り返していた時期に、事実上ヴォールタートがその枠組みを作ったドイツの対満通商関係は新たな展開を見せていた。

一九三八年二月二〇日のヒトラーの満洲国承認演説の直後から、満洲国承認をもとめる日本側の攻勢が加速し、それは五月一二日、ベルリンにおける独満修好条約の調印に帰結した。交渉において、ドイツ側は無条件最恵国待遇の相互供与を主張したが、これは通らなかった。[33] 他方、日本側は通商条約の締結を提案したが、これはドイツ側が一蹴した。[34]

一九三九年三月、修好条約への追加条約が調印された。これは相互に相手国民に対する内国民待遇供与を規定するものであり、九月に批准され、三月に遡って発効するものとされた。これによってようやくドイツは満洲国を正式に国家として承認する手続きを完了したのである。[35]

満洲国では一九三七年から満洲産業開発五カ年計画が実施されたが、日中戦争の勃発後、計画は大幅に改定され、計画規模はほぼ倍増した。その影響は独満貿易にも現れた。一九三七年五月に更新された貿易協定の第一年度は満洲国側の出超であったのが、第二年度には一転して機械などの輸入が急増して満洲国側の入超となった。[36]

独満間交渉は従来通り日独交渉から分離された形で進められ、一九三八年九月一四日、新京において貿易支払協定が「独逸国政府全権委員」と「満洲国政府全権委員」との間で調印された。満洲国の対独輸出を一億円、ドイツの対満輸出を二五〇〇万円とし、ドイツは二五〇〇万円をRMで、七五〇〇万円を外貨で支払うという条項はそのままとされた。だが、満洲国側の輸入急増という事態を踏まえ、この限度額を超えた貿易額については一対一の清算協定を結び、この部分についてドイツ側がクレディットを供与することとなった。[37] こうして、機械と大豆の取引が本格化した。

貿易支払協定はその後、一九三九年五月の期限切れを前に再度交渉が持たれ、クレディット規定については一部改定の上更新された。[38]

他方、一九三七年九月のクレディット協定は期待外れの結果に終わる。クレディット枠は二〇〇万ポンドないし三五〇〇万元と少額であり、一年という短期であった。ただし、もしこの協定が円滑に実施されれば、第二、第三のクレディット枠が設定されることになっていた。協定締結前後には、クレディットを当て込んだ、水素添加設備、土木機械、発電所用タービンなどのドイツ製品の対満輸出に関する案件がドイツ外務省に次々と舞い込んだ。だが、横浜正金銀行による保証が最大の争点となった。ドイツ側が正金による保証を要求したのに対して正金がこれに応じず、一九三八年五月になってもこの問題は解決されていなかった。これに加えて、満洲国側には日本製機械の購入を優先する傾向があったし、協定に対するドイツ企業、とくにドイツ商社の警戒感が強く、オットー・ヴォルフ社は既得権益を切り崩すことができなかったのである。

クレディット協定は一九三七年一一月の施行後一年で失効することになっていた。期限切れを控えて交渉が持たれ、一九三八年一〇月、協定の半年間延長が決まった。[39] しかしその後もクレディットを利用したプロジェクトの動きは鈍いままであった。再び期限切れを迎えた一九三九年五月、双方とも協定の再延長への動きはなく、クレディット協定はついに失効した。[40] ヴォールタートが最も力を入れたオットー・ヴォルフ・クレディット協定は、貿易協定・貿易支払協定とは対照的な結末を迎えたのである。

三　欧州大戦・太平洋戦争と対日・対「満」交渉

(1)貿易協定から経済協力協定へ

一九三九年七月二八日、ベルリンにおいて日独貿易協定が仮調印された。しかし、その直後に独ソ不可侵条約の調印が伝えられ、正式調印は延期された。日本側の対独不信が高まり、防共協定強化交渉が頓挫するなか、貿易協定の調印どころではなかったのである。さらに、欧州大戦の勃発により、貿易協定の正式調印の可能性は消えた。交渉の推進力であった駐独大使大島は、一九三九年一〇月、その任を解かれた。

貿易協定への展望が再び開かれたのは、一九四〇年夏、ドイツが西部戦線で電撃的勝利を収めたときである。これによって、フランスおよびオランダのアジアにおける植民地・権益の基盤が揺らぐと、日独双方においてその地域における原料資源への関心が急速に高まった。そこから双方は再度接近する。ドイツ側の決定的動機は、ゴムなどの東南アジア資源およびタングステンなどの中国資源の獲得であった。日本が東南アジアへ軍事的にも進出したことによって、日本はドイツの「中継パートナー」としての地位に就いた。ドイツとしてはその日本にある程度歩み寄らざるを得なかったのである。

一九四〇年九月に調印された日独伊三国同盟条約が再接近の直接の契機となった。日本側は同盟条約それ自体に経済・技術協力への期待を込めるとともに、一九三九年七月に仮調印されたままとなっていた日独貿易協定を蘇らせたいとの思いを強めた。ドイツ側もこれに対応せざるを得なかった。ただし、ドイツ側には協定締結よりも「中継パートナー」としての日本の役割への期待の方が強かった。したがって、協定締結交渉については「遷延的に」対処する方針であった。

三国同盟条約調印の直後、一〇月に日本側が貿易協定締結交渉の再開を提案した。その骨子は貿易・支払・技術協力に関する協定を締結するというものであった。[41] さらに、交渉は主として東京で開催することとし、ドイツ側が交渉団を派遣することを希望するとした。[42] ドイツ側は一一月末になってこの提案を受諾するとともに、翌年初頭には交渉団を東京に派遣すると言明した。外務省通商局長ヴィールは交渉団の責任者としてヴォールタートを推薦した。[43] そしてその通りとなった。

一九三八年一〇月に駐独大使が東郷から大島に交代したあたりから、日独の実務者間の交渉は間遠になっていた。ヴォールタートの交渉相手であった首藤も商務書記官の地位を解かれていた。ヴォールタート自身も他の案件で多忙であった。一九三九年二月、彼はユダヤ人資産の没収を担当することになった。ルーマニアやオランダに赴いたのもその関連であった。[44] 実際、彼が史料群に記されるのは稀になっていた。数少ない例の一つは、一九四〇年三月、満洲重工業開発総裁鮎川義介が訪独したときであろう。彼はナチ党・政権の要人と会ったほか、ヴォールタートとも会談していたのである。[45]

東京に派遣される交渉団の責任者に任命されて以降、ヴォールタートの対日・対満交渉における存在感は再び高まった。

一九四〇年一二月、再び駐独大使に任命された大島は、一九四一年二月の着任早々貿易協定に関して動き出し、三月下旬にはヴォールタートと会談した。[46] この席上、ヴォールタートは当初は東京での交渉によって「原則的協定」のみを締結する意向であったが、検討の結果、一九三九年七月に仮調印された協定案を基礎とする方針を取るにいたった旨を述べた。さらに、彼はドイツ側の方針を説明した上で、さらに華北における経済協力および中国全土におけるドイツ商社の地位保証についても言及した。このヴォールタートの説明に対して日本側は回答ないし反論したが、ヴォールタートはすべては東京での交渉に委ねたいとするにとどめた。ただし、「対満『クレジット』ハ自分カ銀行側ヲ説キ成立セシメタルカ三千万元ノ『クレヂット』ハ大豆ノ供給ナキ為回転セス今回ハ大豆ノ入手ヲ確保シタキ所存ナリ」と、東京での交渉の狙いを明らかにしていた。[47]

この間、一九三六年四月に調印された貿易協定は、翌年五月に更新されたが、一九三八年九月に貿易支払協定に置き換えられ、この貿易支払協定もその後更新された。貿易支払協定も一九三九年九月に期限切れとなり、さしあたり効力を失った。[48] だが、一九四〇年九月一二日、新京において貿易支払協定の有効期間延長に関する協定が調印された。これによって満洲国は大豆を年間三〇万トン規模でドイツに輸出し、ドイツは三〇〇〇万RMの信用を満洲国に供与することとされた。協定は六月一日に遡って実施され、期間は一年間とされた。[49]

(2)東京における対日・対「満」交渉――一九四一年五―一一月

ドイツ経済使節団は「四箇年計画特殊事務局長」ヴォールタートを代表とし、外務省、経済省、食糧省、ライヒスバンクの担当者から構成されていた。使節団は四月半ばにベルリンを発ち、モスクワ、新京を経由して東京へ向かった[50]。ヴォールタートは東京へ赴く途次モスクワにおいてシベリア鉄道をめぐる対ソ交渉をこなし、次いで新京では外交部・経済部の官僚と接触していた。

交渉団は四月末、東京に着いた。五月一日に交渉が開始された。日本側の主席代表は外務省顧問斎藤良衛であり、代表として公使井上庚二郎および通商局長水野伊太郎が加わった[51]。

交渉開始から一カ月が経った五月末、日本側は中間総括を行っている。それによれば、交渉は日本・満洲国を分離し、また華北をも分離して進められた。日本側が主張していた「日満支」一体の交渉は実現しなかった。日独間協定交渉はいまだとば口に立っていた。これとは対照的に、独満間交渉は進捗し、協定を延長することで妥結した。華北問題についてはなお正式な交渉が開始されていなかった[52]。このような日本側の中間総括の内容から見ても、ドイツ側の関心が対満洲国にあり、満洲産大豆にあることが明らかである。

独満交渉の妥結を受け、ヴォールタートは新京に赴き、五月三一日、貿易支払協定の有効期間延長に関する第二次協定に調印した。これにより、一九三八年九月の独満貿易支払協定が一九四一年一〇月末まで延長された[53]。

六月一六日、ヴォールタートは交渉の中間報告を本省のヴィール宛に送付した。進捗状況に関しては、独満間交渉のみが順調に進み、対日交渉は遅れ気味であり、華北問題にはまったく進展が見られない状況であると、日本側の中間報告と同様の判断であった。

ところが、ヴォールタートが中間総括文書をベルリンに送付した直後、六月二二日、独ソ戦が開始された。これによってシベリア鉄道という日独間の輸送ルートが断たれた。ゴムをはじめとする東南アジアの原料資源の対独輸出、そしてドイツからの機械その他の対日満輸出の途が閉ざされた。日独間の貿易量は激減した。これ以降、日独間の輸送は、ドイツの「封鎖突破船」、潜水艦などによって細々とつづけられることになった。

さて、輸送路として期待していたシベリア鉄道が閉ざされたことにより、双方は東京における協力協定の締結のための交渉を継続すべきか否かを考慮せざるを得なかった。客観的には、交渉はここに事実上ほとんどその意義を失ったはずである。だが、交渉は継続されることになった。交渉当事者たちは、ドイツの勝利によって終結する独ソ戦後にシベリア鉄道が再開されるという前提の上で、再び交渉の席に着いた。この後、交渉はいく度かの中断をはさみながら継続された。

一貫して東京交渉を担当したヴォールタートは、忙中閑を得て、東京あるいは関西で経済団体幹部や企業経営者を相手にナチス経済について語ることがあった。新聞の論調にはナチス経済の神髄を説く彼の高説を拝聴するという趣がある。▼54

(3) 太平洋戦争期の対日交渉と経済協力協定調印──一九四三年一月

太平洋戦争の開始によって日独経済関係はさらに細まった反面、緒戦の勝利を背景に、日本側は交渉上有利な立場に立ったと認識し、交渉再開に積極的になるだけではなく、大島の「経済同盟条約」案が飛び出す一幕もあった。ドイツ側も大島案は受け流しつつも、再び南方地域の原料資源とその輸送可能性に期待し、あらためて交渉の席に着くことになった。

交渉は一九四二年三月にベルリンおよび東京で再開された。ベルリンでは基本協定および短期クレディット、武器・設備が議題となった。東京での交渉は引き続き原料資源を扱った。ヴォールタートは引き続き東京交渉を担当するとともに、ベルリン交渉についても、交渉の経緯と輪郭を最も熟知する者として助言を送っている。

一九四三年一月二〇日、総統大本営ヴォルフスシャンツェにおいてリッベントロップと大島の間で日独経済協力協定が調印され、ただちに実施された。[55] 同日、日本とイタリアとの間で日伊経済協力協定がローマで調印された。[56] こうして、盧溝橋事件の後、とくに一九三八年二月のドイツの対東アジア外交政策の転換の後になって本格的に開始された日独間の貿易協定締結交渉は、いく度かの中断をはさみながら五年近くを経て、ここにさしあたりの妥結をみた。

本体の経済協力協定は、抽象的に経済協力の促進を謳った、わずか五条から成る簡単なものにすぎなかった。協定には、「不公表」の取り決めとして、貿易取極、技術協力取極、支払取極が付属している。さらに、それぞれの付属取り決めに極秘の付属了解事項が付けられている。計六種類の付属了解事項は日本語およびドイツ語で作成され、日本側は外相谷正之が、ドイツ側は駐日大使オイゲン・オット、そしてヴォールタートが署名している。

四　ドイツ経済使節団代表ヴォールタートと独「満」阿片貿易[57]

(1)ドイツ経済使節団代表ヴォールタートの来日来「満」と阿片

以上では、ヴォールタートと日独間の貿易協定締結交渉を中心に検討したが、本節では、ドイツ経済使節団代表としてのヴォールタートと独満阿片貿易を中心に検討していく。一九四一年四月にドイツ経済使節団代表として来日して以来ヴォールタートは、一九四七年二月にGHQによって国外退去処分を受けるまで、日本にとどまりつづけることになる。

一九四〇年一〇月下旬に日本政府は、日独伊三国同盟を引き合いに、円ブロックとドイツ統治下の諸領域との間での経済協定締結をドイツ側に提案した。さらに日本側は、ドイツの経済使節団の東京への派遣を要請した。その際、日本側の要請としてヴォールタートがその候補者に挙げられた。そこでヴィールはヴォールタートに直接意向を打診した。当時、ヴォールタートはオランダに赴任中であり、日本への派遣に関して彼はヴィールにゲーリングの許可を得るように要請した。そうしてヴィールは四カ年計画庁の事務次官を通じてゲーリングにヴォールタートの日本派遣を要請した。それに対してゲーリングは許可を与えた[58]。その結果、ヴォールタートは日本に派遣されることになった。

一九四〇年一二月九日には、ドイツ経済使節団のメンバーが経済省から日本側に連絡された。ヴォールタートを経済使節団代表として要望したのは、来栖三郎駐独大使であった。その理由は鮎川とヴォールタートとの関係を考慮したものであった。事実、同年に訪独した鮎川にヴォールタートは三回ほど会っていた。日本軍の北部インドシナ進駐以降、円ブロック内の国々と直接的な通商関係を構築したいドイツと、そこでは日本を仲介とする間接的な通商関係だけしか認めない日本との間で対立が生じていた。[59]こうしてヴォールタートは来日することになったが、満洲国も訪問することになった。そこで、ドイツ側は独満貿易協定延長とともに、満洲産大豆二〇万トンの追加買付を申し入れたのであった。[60]

ヴォールタートは来日する前に、早速一九四一年二月一〇日に来栖大使と会談を行っている。その後ヴォールタートらドイツ経済使節団は、一九四一年四月五日に来日来満のためにシベリア鉄道経由でドイツを旅立つことになった。

この時期満洲国側は、独満貿易協定に関して、一年間の延長を構想していた。その際、新協定年度内に大豆三〇万トンをトン当たり一三二RMで供給する予定であった。これに対してドイツ側は、満洲国側に対して四〇〇〇万RMまでの信用を供給するものとされた。また、ドイツ側は対独輸出に関しては、ソ連側の貨車の配車を斡旋するとされていた。[61]

そうしたなか、一九四一年四月一九日にヴォールタートらは新京に到着した。[62]その後ヴォールタートは鮎川と会談を行った。[63]さらにヴォールタートは、一九四一年四月下旬に独満貿易協定の予備交渉を行った。これについて、当時満洲国経済部次長であった古海忠之は次のように記している。

一九四一年四月下旬　独乙経済使節ウオルタート来満。満独貿易協定ノ満洲側借越分ニ付協議シタル結果亜《ママ》片七噸及大豆油ヲ引渡スコトニ決定ス[64]

このように独満貿易協定の予備交渉において、両国は、満洲国が大豆を引き渡せない場合は、大豆の代わりに阿片と大豆油を引き渡すことで合意が取れていたのであった。こうした予備交渉での合意を経て、一九四一年四月二六日、ヴォールタートらドイツ経済使節団は来日するにいたった。その後、五月二日に独満貿易協定の交渉に入った模様である。[65] 五月二七日には協定の実質問題や条文案などが一応妥結するにいたり、その結果、同月三一日に新京において署名調印することになった。そのため、ヴォールタートは二八日に新京に向けて再び出発した。[66]

こうして一九四一年五月三一日午後二時から新京総理官邸において、満洲国全権委員韋外務局長官とドイツ全権委員ヴィルヘルム・ヴァーグナー公使ならびにヴォールタートの間で「満洲国及独逸国間ノ貿易及支払ニ関スル協定ノ有効期間延長ニ関スル第二次協定」が署名調印されるにいたった（図5－2参照）。[67]

来日中のヴォールタートらドイツ経済使節団は、この間、東京や横浜のホテルに滞在していた。六月二二日の独ソ戦勃発によってシベリア鉄道を通じてドイツへ帰国できなくなったヴォールタートは、第二次世界大戦を通じて戦争に必要な物資を東アジアで購入し、それらをドイツへ輸送する統轄責任者となった。さらにヴォールタートら経済使節団は、七月一日以降三井合名社長の三井高公から借り受けた東京の三井倶楽部に陣取ることになった。一九四四年一一月一日以降は山梨県の河口湖のホテルに疎開し、戦後GHQによって資産等が押収されるまで滞在した。[68]

そうしたなかで一九四一年八月一三日、ヴォールタートと日本の外務省通商局長水野との間で会談がなされた。そこでは満洲産大豆問題も議題に上がった。満洲国側は、協定所定の八万トンの大豆をドイツへ供給できなくなっていた模様である。それは満洲国での深刻な食料不足が原因とされた。そもそも満洲国側は五月三一日までに大豆の供給義務量を履行できず、協定の延長によって一〇月末までに大豆八トンを供給することになっていた。[69] 八月以降も満洲産大豆をめぐって独満間の交渉がなされたが、そこにおいて満洲国側は、一九四一年度は大豆をドイツに供給できないため、新しい糧穀年度に協定所定の大豆の供給をドイツに確約し、その代わりに今年度は大豆油一〇〇〇トンの供給を申し入れるにいたった。[70]

しかし一九四一年九月二四日にヴォールタートは、日本側との会談において、「満洲側ハ條約所定ノ大豆ノ義務量ヲモ供給セス十月三十一日以後ノ大豆ノ供給ニ付テモ具体的ノ申出モナク」と述べていた。[71] このように独ソ戦勃発によるシベリア鉄道ルートの遮断や大豆の需要増加にともなう満洲国側の供給困難ないしは不履行によって、ドイツは協定所定の大豆の義務量をも獲得できない状態にあったのである。事実、ヴィールは一九四一年四月から八月までのドイツ経済使節団の経済交渉に関して「これまでわずかな成果しか示していない」と評価していた。[72]

こうして独満両国は、第二次協定の延長に関する交渉がまとまらないまま、有効期限の一九四一年一〇月三一日を迎えることになったのである。当時満洲国経済部次長であった古海は、一九四一年一〇月末における独満通商関係について次のように述べている。

一九四一年十月末満洲国ト独乙国間ノ貿易協定ニ基ク満洲側借款七百万マルクノ（一部）決済トシテ独乙側ノ要求ニ基キ亜片七噸（価格一両三〇円）ヲ売渡シタ[73]

そもそもヴォールタートが四月の予備交渉において古海に要求した阿片七トンは、円に換算すると約五六三万円相当で（一両＝三七・三グラムで計算）、まさに一九四〇年の対満輸出入の差額約六一六万円の約九割に相当した。借款七〇〇万ＲＭは約八万トン（＝約一〇〇〇万ＲＭ相当）の大豆で十分清算されるはずであったが、一九三九年以降大豆の輸出が激減し、その上満洲国修正五カ年計画および北辺振興計画にともなうドイツからの建設資材輸入需要は著しく増加した。[74] そのため独満貿易においては一九三九年以降、満洲国側は輸入超過となり、ドイツは逆に輸出超過となり、輸出した機械類の代金を回収できなくなった。しかも一九四一年は大豆のドイツへの供給そのものが困難となり、その結果、大豆に代わってヴォールタートはいまや阿片を要求するにいたった。実際に一九四一年一〇月末に協定にもとづく借款の決済として、阿片七トンがドイツに売り渡されたのであった。[75]

戦争中のドイツにとって鎮痛剤のモルヒネやその原料の阿片は必要不可欠の戦時物資であった。一九四一年当時ドイツは一九四二年度に標準モルヒネ率八％で約一二〇トン相当の阿片が必要と見積もっていた。大戦勃発前までドイツは三一トンの阿片をイランから輸入していた。英仏の海上封鎖によってドイツは少なくとも必要量の約四分の一の阿片を失っていたことになる。こうした状況においてヴォールタートは、不足する阿片を満洲国から補塡することになったのであった。

(2)第二次世界大戦末期におけるヴォールタートと独「満」阿片貿易

独満間経済関係存続のための第二次協定は、一九四二年一一月三〇日で期限切れとなり、一九四三年一〇月一一日にようやく第三次協定が署名調印された。一九四四年六月一七日には第四次協定が署名調印された。その有効期間は、一九四三年一二月一日にまで遡及した上で、一九四四年一一月三〇日までとされた。この第四次協定の内容については、満洲事務局が第八六回帝国議会答弁資料のなかで詳細に報告している。

本協定ノ主ナル内容左ノ如シ
一・　満洲側供給品ハ左ノ通
阿　　片　　四十瓩
粗製モルヒネ　五百瓩
阿片価格ハ（モルヒネ　八％含有基準）一瓩　三二〇国馬克
粗製モルヒネ（八〇％含有基準）一瓩　二七七〇国馬克[76]

以上のように、この時期には満洲国からナチス・ドイツへ供給すべき阿片が四〇トンにまで増大していた。さらに粗製モルヒネ五〇〇キロが満洲側供給品に追加された。しかし、横浜正金銀行の業務報告によると、「本協定成立後阿片・モルヒネ代価に関しドイツ側に不服あるものの如く、〔……〕満独貿易は当季中極めて不振なるを免れなかった」という。[77] この時期、一九四四年上半季には阿片が一切輸出されていなかったようである。しかし一九四四年下半季には阿片（三九一万四〇〇〇RM）のみがドイツに向けて再輸出されていた。

この時期、独満の第四次協定の延長に関連して、ドイツ外務省からヴォールタート宛の一九四四年九月一三日付電信に対するヴォールタートから外務省宛の九月二九日付の返信が残されている。[78] この史料によると、独満貿易の現地の最終責任者はヴォールタートであり、「経済報告書」を外務省宛に送付していた。彼によると、一九四四年九月時点でモルヒネの引き渡しが満洲国の製造工場の事情により実現していなかった。ヴォールタートは、通商協定の打ち切りは満洲国に対してかなり悪い印象を与えることになるだろうと述べていた。彼によると、一九四四年九月時点で東アジアにはドイツ購入の阿片が一七トンあった。満洲国側は通商協定の打ち切りを回避したかったようである。彼は、第四次協定が期限切れになる前の政府間交渉を回避するには、支払い問題について可能な限り非公式にライヒスバンクと横浜正金銀行との間で調整すべきだと提言していた。そもそも通商協定の延長に関しては、支払い問題がネックになっていた模様である。結局第四次協定は一九四四年一一月末をもって失効し、新たな協定はなされなかった。[79]

たしかに独満阿片貿易をはじめ、ナチス・ドイツと東アジアとの貿易に関するドイツ側の統括責任者はヴォールタートであったが、実際の交易はローゲス商会（Roges Handelsgesellschaft G.m.b.H., Berlin）が担った。そもそもローゲス商会はドイツ政府が所有する会社であり、ドイツ経済使節団によって日本で設立された。その本来の目的は、使節団によって選出された特定のドイツ企業を通じて戦時物資を購入することであった。ローゲス商会が扱った物資は、油脂、コカの葉、錫、生ゴム、絹、キニーネ、魚油、阿片などであった。[80] ドイツ経済使節団の任務の一つは、中国や日本における特定のドイツ企業を通じて重要な原料の購買を組織しかつ統制することであった。これらの企業は、商品の種類によって様々な

「リング（Ring）」に組織された。[81]

日本政府は、ローゲス商会が関心を抱く商品の売買において、その代理として武田薬品工業と交易営団を指名した。[82] 交易営団は、交易業務の統制と重要物資の保管を目的として、一九四三年三月に交易営団法、四月の交易営団法施行令の公布を受けて、六月に設立された。ドイツ降伏後、ドイツ滞貨の売買においては主にローゲス商会と交易営団との間で契約がなされることになる。ドイツ滞貨はそもそもローゲス商会が戦時中に、東アジア各地で買い付けた重要物資で、戦況悪化のためドイツ本国へ輸送することができず、横浜、神戸、大連等に保管していたものである。一九四四年一月頃、日独両国政府の話し合いの結果、このドイツ滞貨を日本の緊急需要に役立たせることになった。そのため、ドイツ側は業務をローゲス商会に委ね、日本側は交易営団を指定買上機関とした。これを受けてドイツ滞貨の買上は、第一次買上契約が一九四四年三月一五日に行われた。その後も引き続き買上契約が行われ、計八回にわたり買上が行われた。[83]

一九四五年五月八日、ナチス・ドイツが無条件降伏をした。それを受けてヴォールタートは同年五月一二日に外務省戦時経済局長澁澤信一と話し合いを行った。その後五月一六日付でヴォールタートは澁澤宛に書簡を送付し、一九四五年二月二八日時点におけるドイツ滞貨の概況について詳細な表を添付して説明を行っている。[84] そのなかでヴォールタートは、阿片についても報告をしており、その保管場所を表にしたのが次の表1である。

表1が示すように大戦末期には、ドイツ滞貨としての阿片三三・七トンが東アジアの各地で保管されていた。満洲国においてドイツ滞貨としての阿片が保管されていた場所が、奉天であった。奉天の阿片

表1　1945年2月28日時点におけるドイツ滞貨としての阿片の保管場所（トン）

日本	潜水艦上	昭南	ペナン	ジャカルタ	スラバヤ	盤谷	サイゴン	上海	奉天
4	4	14	--	0.2	1.5	--	--	--	10

出典：Abschrift: Übersicht über in Ostasien befindliche Waren「3. 対独諸条約に対する措置」所収：外務省外交史料館 A-7-0-0-9_59（JACAR, Ref.B02032982200）より筆者作成。

一〇トンはヴォールタートによると第四次協定によって引き渡されたものであった。[85]奉天の阿片一〇トンは、ナチス・ドイツ降伏後日本側に引き渡されることになる。ヴォールタートによると、この奉天の阿片は第四次協定にもとづいてローゲス商会の契約のもと、奉天のカルロヴィッツ商会が主導する在満の「阿片組合（リング）」に買わせたものであった。[86]この奉天の阿片は、ドイツ降伏後約一カ月後に満洲国の関東軍が引き受けることになった。これについては、一九四五年六月七日付の澁澤からヴォールタート宛の書簡が次のように明確に伝えている。

〔……〕在本邦独側保有物資ノ引受方ニ関シ通報致置キ候処今般更ニ在満関東軍当局ニ於テハ五月十七日附貴信附属品目表所掲ノ奉天ニ保管中ノ阿片約一〇瓲ヲ引受クルコトト致候〔……〕[87]

この翌日、日本政府が六月八日付の口上書でドイツの外交使節団および領事館代理としての承認を取り消したことによって、ドイツ経済使節団の公的な機能は失われた。[88]こうして日本における経済使節団代表としてのヴォールタートの役割は終わったのであった。

おわりに

ヴォールタートは、ナチス・ドイツにおいて外国為替ないし外貨の配分権限およびクレディット供与の決定権を握っていた。彼は油脂とくに鯨油、石油などに詳しかった。そもそも彼はシャハトのもとで出世していったが、シャハトとゲーリングとの権力争いにおいてゲーリングに乗り換えた。それ以後、ゲーリングの腹心として行動することになる。

ヴォールタートは、対外関係においては対満、対日経済交渉をほぼ一貫して担当した。対満貿易協定締結交渉では、大豆購入のために外貨を手当てし、オットー・ヴォルフ・クレディット協定締結交渉では陰の演出者として行動しながらも、自ら交渉に携わった。対日交渉では、彼は交渉の最前線に立ち、駐独大使館商務官の首藤とやり合ったタフ・ネゴシエーターでもあった。

その後、ヴォールタートは一九四一年四月末シベリア鉄道を通じて来日・来満し、東京で原料資源に関する交渉を延々と行うことになる。彼はドイツと日本の敗戦まで日本（東京と山梨県の河口湖畔）にとどまった。対中関係においては一九三六年四月の中独条約では彼の名前はうかがえないものの、その後、彼はドイツの対東アジア通商政策全般に関与することになる。とりわけ彼は戦時の独満阿片貿易の独側の責任者であった。

日本敗戦後、ヴォールタートはＧＨＱによって個人文書や財産を押収された。しかも国際検察局によって、一九四六年七月一二日に尋問を受けている。そこにおいて彼は通訳を介さず得意の英語で尋問に応じている。尋問に際して、彼はドイツ経済使節団の活動とその成果について具体的なデータを挙げながら得々と語っている。一九四七年二月一五日にヴォールタートは「好ましからざるドイツ人」として国外退去となった。この時期まで日本に滞在していたおかげで、オランダ等のユダヤ人資産没収の責任者であった彼は一連のナチ犯罪裁判から逃れることができた。さらにはこの時期に国外退去処分になったおかげで、国家の阿片取引が「平和に対する罪」の訴因となった極東国際軍事裁判からも逃れることができた。

戦後西ドイツにおいて、独満阿片貿易の責任者であったヴォールタートは、興味深いことに一九五一年一二月に製薬会社のバイエル社の設立に関与している。しかも彼は世界銀行理事の候補にもなっている。コンラート・アデナウアー政府での閣議において経済相ルートヴィヒ・エアハルトが彼を推薦したが、首相アデナウアーが反対したため結局は実現しなかったのであった。

注

▼1 John P. Fox, *Germany and the Far Eastern Crisis 1931-1938: A Study in Diplomacy and Ideology*, Oxford, 1982, Chapter 11; 田嶋信雄『ナチズム外交と「満洲国」』千倉書房、一九九二年、第四章。
▼2 Ritter, Aktenvermerk, 25. April 1935, Politisches Archiv des Auswärtigen Amts (PAAA), R105652.
▼3 Wohlthat an Kiep, 20. September 1935, PAAA, R105652.
▼4 Ritter, Aktenvermerk, 7. Dezember 1935, PAAA, R105652.
▼5 Ritter, Aktenvermerk, 7. Dezember 1935, PAAA, R105652.
▼6 ちなみに、一九三五年の満洲国の対独輸出額は三二八〇万円であったから、総額一億円という輸入枠はその三倍に

当たる。

▼7　満独貿易協定、一九三六年四月三〇日、外務省外交史料館 B.2.0.0.G/MA1『満独通商協定関係一件』。

▼8　古内博行『ナチス期の農業政策研究　一九三四－三六――穀物調達措置の導入と食糧危機の発生』東京大学出版会、二〇〇三年、一五八－一五九頁。このときの食糧危機の全過程について、同書、第四、第五章を参照。

▼9　Knoll, Aufzeichnung, 7. April 1937, PAAA, R105952; 外務省監修・日本学術振興会編『条約改正関係　日本外交文書（七）別冊　通商条約と通商政策の変遷』世界経済調査会、一九五一年、一一六八－一一六九頁；熊野直樹「第二次世界大戦期の『満』独通商関係――満洲大豆から阿片へ」、田嶋信雄・工藤章編『ドイツと東アジア　一八九〇－一九四五』東京大学出版会、二〇一七年、六五九頁。ドイツ側史料は Agreement upon the Prolongation..., Benzler an Nanking, 7. Juni 1937, PAAA, R9208/3901. Fox, p. 218 は、一九四〇年五月三一日まで延長されたとする。

▼10　Michelsen an Wolff, 28. Oktober 1936, Rheinisch-Westfälisches Wirtschaftsarchiv (RWWA), 72-126-11.

▼11　Kato to Wolff, February 1, 1937; Credit Agreement, drafted by Kato on January 25, 1937, January 22, 1937, RWWA, 72-126-11. 後者の日付は原史料のままである。

▼12　Kato to Michelsen, February 22, 1937, RWWA, 72-126-11.

▼13　Wenkel, Tagesbericht, 1. August 1934, RWWA, 72-126-13.

▼14　Peter Danylow/Ulrich S. Soénius (Hrsg.), *Otto Wolff. Ein Unternehmen zwischen Wirtschft und Politik*, München 2005, S. 128-142, 165-180, 187-189.

▼15　外務省監修、一一六八頁；Ritter, Aktenvermerk, 12. März 1937, PAAA, R105952.

▼16　外務省監修、一一六八－一一六九頁；Fox, p. 218.

▼17　Knoll an das Auswärtige Amt (AA), 4. September 1937, PAAA, R105952.

▼18　Danylow/Soénius, S. 139, 228.

▼19　Knoll an AA, 15. November 1937, PAAA, R105952.

▼20　これまでの研究では、わずかに Fox に断片的な言及（たとえば pp. 299-300）があるのみである。

▼21　武者小路駐独大使発廣田外相宛、一九三七年九月六日、外務省外交史料館　通/237/外史『日独貿易協定電報綴込

上巻（自昭和十二年九月至昭和十三年十一月、三冊ノ内一）』（以下『電報綴込』と略記）。

▼22 Willi A. Boelcke, *Die deutsche Wirtschaft 1930-1945. Interna des Reichswirtschaftsministeriums*, Düsseldorf 1983, S. 181, 185, 200, 207, 208, 261.

▼23 Raumer, Notiz, 23. Februar 1938, *Akten zur deutschen auswärtigen Politik 1918-1945* (*ADAP*), Serie D, Band I, S. 683-685.

▼24 Wiehl, Sitzung des Handelspolitischen Ausschusses, 25. Februar 1938, PAAA, R105952.

▼25 東郷発廣田宛、一九三八年五月二〇日、『電報綴込』；外務省編『日本外交文書　昭和期Ⅲ　第1巻』、二〇一四年、五六三－五六四頁。

▼26 Wiehl, Aufzeichnung, 2. Juni 1938, PAAA, R105935; *ADAP*, Serie D, Band I, S. 704-705.

▼27 Wiehl, Aufzeichnung, 2. Juni 1938, PAAA, R105935; *ADAP*, Serie D, Band I, S. 702-703.

▼28 東郷発宇垣宛、一九三八年五月三一日、『電報綴込』。

▼29 東郷発宇垣宛、一九三八年五月三一日、『電報綴込』；外務省編『日本外交文書　昭和期Ⅲ　第1巻』、五六八－五六九頁。

▼30）東郷発宇垣宛、一九三八年六月三日、『電報綴込』；外務省編『日本外交文書　昭和期Ⅲ　第1巻』、五七〇－五七一頁。

▼31 大島発有田宛、一九三九年七月二八日、外務省外交史料館 B.2.0.0.J/G2『日独貿易協定締結一件（一九三九年）第一巻』；外務省編『日本外交文書　昭和期Ⅲ　第1巻』、六一六－六一七頁。

▼32 長井亜歴山「ナチス独逸の統制経済の実績」日本外交協会、一九三八年、三－四、一〇頁。

▼33 Wiehl, Aufzeichnung, 5. Januar 1939; Wiehl an Hsinking, 7. Januar 1938 (sic), PAAA, R105953.

▼34 Fox, p. 310.

▼35 外務省条約局編『第二次世界戦争関係条約集』日本外政協会、一九四三年、五七九－五八〇頁。

▼36 原朗「一九三〇年代の満州経済統制政策」、満州史研究会編『日本帝国主義下の満州――「満州国」成立前後の経済研究』御茶の水書房、一九七二年（同『満州経済統制研究』東京大学出版会、二〇一三年に再録）、六、五七－七一頁。

▼37　植田発宇垣宛、一九三八年九月一四日、『電報綴込』。

▼38　『満洲日日新聞』一九三九年五月三〇日、神戸大学経済経営研究所附属経営分析文献センター新聞記事文庫。以下、新聞はすべて同文庫所蔵であるので、所蔵機関を省略する。

▼39　Michelsen, Aufzeichnung, 26. August 1938, RWWA, 72-207-12; The Second Supplementary Agreement to the First Credit-Agreement, October 15, 1938, RWWA, 72-207-12.

▼40　Redlich an Otto Wolff Berlin, 15. Mai 1939, RWWA, 72-207-12. オットー・ヴォルフ社の満洲国における事業活動について、Danylow/Soénius, S. 227-228 を参照。

▼41　Schnurre an Tokyo, 25. Oktober 1940, PAAA, R105936.

▼42　Weizsäcker, Aufzeichnung, 29. November 1940, *ADAP*, Serie D, Bd. XI, S. 622-623.

▼43　Wiehl, Aufzeichnung, Februar 1941, PAAA, R105937(日付なし); *ADAP*, Serie D, Bd. XI, S. 489-491. その後、ヴィールはゲーリングの許可を得た上でヴォールタートを交渉団の責任者とすることができた。*ADAP*, Serie D, Bd. XI, S. 491, Anmerkung 12.

▼44　Boelcke, S. 212-213, 216-217, 263, 365; Albrecht Ritschl (Hrsg.), *Das Reichswirtschaftsministerium in der NS-Zeit. Wirtschaftsordnung und Verbrechenskomplex* (*Wirtschaftspolitik in Deutschland 1917-1990, Band 2*), Oldenbourg 2016, S. 66-67, 373, 420, 440.

▼45　Ott an AA, 18. Mai 1940, PAAA, R105936.

▼46　大島発近衛宛、一九四一年三月二二日、外務省外交史料館 B.2.0.0.J/G2『日独貿易協定締結一件　第二巻』；外務省編『日本外交文書　昭和期Ⅲ　第1巻』、六二六－六二七頁。

▼47　大島発近衛宛、一九四一年四月五日、外務省編『日本外交文書　昭和期Ⅲ　第1巻』、六三〇－六三一頁。

▼48　Betzhold an Deutsche Revisions- und Treuhand, 8. September 1939, RWWA, 72-207-12; Deutsche Revisions- und Treuhand an Otto Wolff, 19. September 1939, RWWA, 72-1422-3.

▼49　Wagner an AA, 12. September 1940, PAAA, R105953; 熊野、六六九－六七一頁。

▼50　「経済協力ニ関スル日本国『ドイツ』国間協定及附属議定書説明書」、外交史料館 B.2.0.0.J/G5『日独経済協力協定

関係一件（貿易、技術協力、支払）』；Wiehl an Tokyo, 24. Februar 1941, PAAA, R105937; 梅津駐満大使発近衛宛、一九四一年四月九日、外交史料館『協定締結一件　第二巻』。

▼51　近衛発大島宛、一九四一年四月二日、外交史料館『協定締結一件　第二巻』。ドイツ側史料では、日本側代表は外務次官大橋とされている。Wohlthat an AA, 1. Mai 1941, PAAA, R105938; *ADAP*, Serie D, Bd. XII, S. 568.

▼52　松岡発大島宛、一九四一年五月三〇日、外務省編『日本外交文書　昭和期Ⅲ　第1巻』、六三一－六三二頁。

▼53　外務省監修、六八三－六八四頁；熊野、六七五頁。

▼54　「独の統制経済と世界経済新秩序（一～五）ウォールタート氏を囲む座談会」、『大阪毎日新聞』一九四一年五月二四日－二八日；「中小工業の保護特別対策考えず　日独経済懇談会独代表の答弁」、『東京朝日新聞』一九四一年六月一三日；「〝統制の精神は指導に〟ドイツ経済統制の実情　ウォルタート団長説明」、『大阪朝日新聞』一九四一年一一月一一日。

▼55　「経済協力ニ関スル日本国『ドイツ』国間協定、付属議定書（極秘）、付属了解事項、技術協力取極、同付属了解事項」、外交史料館『日独経済協力協定関係一件（貿易、技術協力、支払）』；外務省編『日本外交文書　太平洋戦争　第1冊』、二〇一〇年、六〇〇－六〇七頁。さらに、外務省条約局編、五六三－五六五頁を参照。

▼56　Wiehl an Büro Reichsaussenminister, 21. Januar 1943, R222.

▼57　第四節は、立論上、熊野直樹「ナチ阿片・交易営団・ＧＨＱ」、『法政研究』第八一巻第三号、二〇一四年、ならびに熊野「第二次世界大戦期の『満』独通商関係」に依拠し、一部重なる箇所があることをあらかじめお断りしておく。

▼58　Aufzeichnung des Leiters der Wirtschaftspolitischen Abteilung, [15. November 1940], *ADAP*, Serie D, Bd. XI-2, S. 489-491, S. 491, Anm. 12.

▼59　Der Botschafter in Tokio an AA, Tokio, den 14. Januar 1941, 12 Uhr 40, Ankunft: 14. Januar, 10 Uhr 05, *ADAP*, Serie D, Bd. XI-2, S. 905.

▼60　「梅津大使より松岡外務大臣宛電報（昭和一六年一月二二日）」、外交史料館 B-2-0-0-J/G2_002（JACAR, Ref. B04013552900）。

▼61　「梅津大使より近衛外務大臣宛電報（昭和一六年四月一六日）」、外交史料館 B-2-0-0-J/G2_002（JACAR, Ref. B04013552900）。

▼62　Files and Records of the German Delegation for economic Negotiations in East Asia (1941- 1945), p. 1, GHQ/SCAP, Records, Office of Civil Property Custodian, CPC-40790（国立国会図書館憲政資料室所蔵）.

▼63　「鮎川義介資料」五一一・二（5 of 5）（国立国会図書館憲政資料室所蔵）。

▼64　「古海忠之供述書原文」、中央档案館整理『日本侵華戦犯筆供』伍巻、北京・中国档案出版社、二〇〇五年、五六六頁。

▼65　Die Botschaft in Tokio an AA, Tokio, den 1. Mai 1941, 11 Uhr 50, Ankunft: 1. Mai, 13 Uhr 15, *ADAP*, Serie D, Bd. XII-2, S. 568.

▼66　「松岡外務大臣より大島大使宛電報（昭和一六年五月三〇日）」、外交史料館 B-2-0-0-J/G2_002（JACAR, Ref. B04013552900）。

▼67　『東京朝日新聞』一九四一年六月一日。

▼68　German Consulate Records (Documents). Feb. 1946-Nov. 1946, p. 5, GHQ/SCAP, Records, Economic and Scientific Section, ESS (D)-11161（国立国会図書館憲政資料室所蔵）.

▼69　「八月十三日『ウォールタート』水野通商局長会談要領」、外交史料館 B-2-0-0-J/G2_001（JACAR, Ref. B04013552500）。

▼70　「第六回聯絡委員会説明資料」、外交史料館 B-2-0-0-J/G2_001（JACAR, Ref. B04013552600）。

▼71　「〔一九四一年〕九月二十四日「ウオールタート」及齋藤代表会談要旨」、外交史料館 B-2-0-0-J/G2_001（JACAR, Ref. B04013552600）。

▼72　Aufzeichnung des Leiters der Handelspolitischen Abteilung, 20. August 1941, *ADAP*, Serie D, Bd. XIII-1, Dok. Nr. 216, S. 279-281.

▼73　「古海忠之供述書原文」、七四八頁；新井利男・藤原彰編『侵略の証言――中国における日本人戦犯自筆供述書』岩波書店、一九九九年、一二八頁。

▼74　満洲国史編纂刊行会編『満洲国史（各論）』満蒙同胞援護会、一九七一年、五二八－五二九頁；満洲帝国政府編『満洲建国十年史』原書房、一九六九年、六三五頁。

▼75　中国社会科学院近代史研究所近代史資料編集部編『近代史資料』総九八号、北京・中国社会科学出版社、一九九九年、九三頁。

▼76　「11第八十六回帝国議会答弁資料（満洲事務局）11」、外交史料館 A-5-2-0-1_3_029（JACAR, Ref. B02031396800）。

▼77　東京銀行編『横濱正金銀行全史第五巻（上）』東京銀行、一九八三年、六一四頁。

▼78　Wirtschaftsberichte aus der Mandschurei, Bundesarchiv-Militärarchiv（BA-MA）, RW19/1545, Registratur-/Altsignatur: GD 615, 620, 631, 643, 646（Aktenzeichen）, Bl. 0644272-273. なお、本史料は田嶋信雄氏のご教示による。

▼79　「3．対独諸条約に対する措置」、外交史料館 A-7-0-0-9_59（JACAR, Ref. B02032982200）。

▼80　SUBJECT: Certification Report on Vestible Assets of ROGES also known as The Reich Office for Economic Sales and Rohstoff Handelsgesellschaft G.m.b.H.（Raw Material Trading Co., Ltd）, 21 November 1951, p. 1, GHQ/SCAP, Records, CPC-40734（国立国会図書館憲政資料室所蔵）.

▼81　リングについては、柳澤治『ナチス・ドイツと資本主義——日本のモデルへ』日本経済評論社、二〇一三年、第一部第五章、とくに一七七頁以下を参照。

▼82　SUBJECT, p. 3, GHQ/SCAP, Records, CPC-40734（国立国会図書館憲政資料室所蔵）.

▼83　「昭和二十六年四月十四日神戸地方検察庁検事正川又甚一郎　ＣＰＣ御中　旧ドイツ人所有錫の不正処分に関する通報」、GHQ/SCAP, CPC-40726（国立国会図書館憲政資料室所蔵）。

▼84　,Wohlthat an Shibuzawa am 16. Mai 1945'；「3．対独諸条約に対する措置」、外交史料館 A-7-0-0-9_59（JACAR, Ref. B02032982200）.

▼85　,Wohlthat an Shibuzawa am 16. Mai 1945'；「3．対独諸条約に対する措置」、外交史料館 A-7-0-0-9_59（JACAR, Ref. B02032982200）.

▼86　,Wohlthat an Ministerialdirektor am 3. Juli 1945'；「3．対独諸条約に対する措置」、外交史料館 A-7-0-0-9_59（JACAR, Ref. B02032982400）.

▼87　「澁澤信一よりウォールタート宛書簡（一九四五年六月七日）」、「3．対独諸条約に対する措置」、外交史料館 A-7-0-0-9_59（JACAR, Ref. B02032982300）。

▼88　German Consulate Records (Documents), p. 6, GHQ/SCAP, ESS (D)-11161（国立国会図書館憲政資料室所蔵）.

第六章　ヴァルター・ドーナート
——日本におけるナチスの「文化番」

図6-1　ヴァルター・ドーナート
Hans-Joachim Bieber, *SS und Samurai. Deutsch-japanische Kulturbeziehungen 1933-1945*, München 2014, S. 1283.

図6-2　第1回日独学徒大会（1940年山梨県河口湖）
『写真週報』第115号、1940年5月8日（JACAR, Ref. A06031071000）。

清水雅大

ヴァルター・ドーナート（Walter Donat 1898 − 1970 年）
1898 年生まれ。1916 年、実科ギムナジウムを終えて第一次世界大戦に従軍。1919 年から 24 年までベルリン大学でドイツ哲学などを学ぶ。1924 年にルートヴィヒ・ティークについての研究で博士号を取得する。その後日本に渡り、1925 年から 35 年まで旧制広島高等学校でドイツ語・ドイツ文化の講師として勤務する傍ら、日本語・日本文化についても精力的に研究を進める。1936 年に教授資格取得論文「日本文学における英雄概念」をハンブルク大学に提出した。確信的なナチスであった彼は、日本滞在期間中、東京日独文化協会や日独文化連絡協議会のドイツ人主事として日独文化事業を推進し、両国関係の緊密化をはかった。1941 年の初頭にドイツに一時帰国した後は再び日本に戻ることができず、終戦までドイツ本国で文化事業活動をつづけた。戦後はもっぱら日本の小説の翻訳に従事した。1970 年にエアランゲンで没する。

はじめに

一九三〇年代後半、日本とナチス・ドイツは政治的接近をはかるなかで、同時に「文化協力」を推し進めていく。ドイツ側において、日本現地でこうした動きを先導したのは、いわば日本通としての日本学者たちであった。従来は周辺的な学問領域の一つにすぎなかった日本学に従事する彼らが、日独間の政治外交関係の緊密化にともなって、ナチスの対日文化政策における主要な現地アクターとなっていく。その代表的な一人が、ヴァルター・ドーナートであった。

ドーナートは、一九三八年から四一年初頭までは、東京日独文化協会（二七年設立）ドイツ人主事の地位に、また一九三九年六月から四一年初頭までは、日独文化協定（三八年一一月締結）の実施機関の一つ、在京日独文化連絡協議会ドイツ人主事の地位にあった。ドーナートは日本在留期間中、「ナチス党日本支部文化代表」という肩書きを持ち、[1] 現地のナチ教員連盟（ＮＳＬＢ）で指導的に活動し、在京ドイツ大使館文化部（文化部長ラインホルト・シュルツェ）とも親しい協働関係にあった。また、日本在留ドイツ人への職の斡旋や[2]、政府派遣の交換留学生に対する試験・指導などによっても、日本在留ドイツ人社会のなかで大きな存在感を出していた。その後、一九四一年初頭にドイツに一時帰国した後、独ソ間の軍事的緊張の高まりによって再び日本に戻ることは叶わなかった[3]。ドーナートはドイツ本国においても、日独文化団体や外務省文化政策局に所属し、あるいは大学講師として[4]、日本に関する講演・執筆活動を精力的に継続した。

これまで、ナチズムの認識世界における日本や日本文化の位置づけについては、しばしばヒトラーの人種主義的な文化ヒエラルキーにおける日本文化蔑視、という側面から考えられてきた。こうした見方を端的に表している『わが闘争』でのヒトラーの主張も、よく知られているだろう。

もし、人類を文化創造者（Kulturbegründer）、文化担当者（Kulturträger）、文化破壊者（Kulturzerstörer）の三種類に分けるとすれば、第一のものの代表者として、おそらくアーリア人種だけが問題となるに違いなかろう。〔……〕日本は多くの人々がそう思っているように、自分の文化にヨーロッパの技術をつけ加えたのではなく、ヨーロッパの科学と技術が日本の特性によって装飾されたのだ。〔……〕このような人種は、おそらく「文化担当的（kulturtragend）」と呼ばれうるが、けっして「文化創造的（kulturschöpferisch）」と呼ばれることはできない[5]。

それゆえ、日独間の政治提携が進展するにつれて、ヒトラーにおいては現実政治（軍事同盟政策）とイデオロギー（人種論）の間の矛盾と葛藤が次第に強まっていくのである[6]。さらにナチ人種主義は、ヒトラー個人の内面的問題としてのみならず、日独間の同盟関係構築における原理的な問題として、とりわけ文化面において深刻化した。[7]

とはいえ、これと同時に、日独双方の側から文化提携を深めようとする動きが存在していたことも、また事実である。このようなアンビヴァレントな状況は、ナチズムの思想圏におけるどのような要素から生じたのか。「アーリア文化」を至上のものとするナチス・ドイツが、また別の場面ではなぜ日本との「文化的共同」を考えることができたのだろうか。

以下、本章で明らかにするように、ドーナートの政治的活動は必ずしも単なる便乗主義的なパフォーマンスであるとは言えず、彼は確固たる日本文化評価にもとづいて日独文化提携それ自体の意義を見出していた。それゆえ、ドーナートの思考様式と日本での活動についての考察は、ナチ・イデオロギーにおいて、日本との文化提携を可能ならしめた思想的基盤を明らかにする上でも、大きな意味を持つと思われる。たしかに、ドーナートは熱狂的なナチのプロパガンディストではあったが、[8]本章では、そうした行動様式を支えた彼の内面的な要素に着目し、その政治的活動の目的と意義について考えたい。[9]

一　「民族性」を核とする「創造的文化」――ドーナートの日本文化論と日独文化提携の論理

(1)ゲルマニストから日本学者へ

一八九八年一〇月二二日、ベルリンの西に位置する小都市ラーテノウで、父パウル・ドーナートと母エミーの息子としてヴァルターは生まれた。一九一六年にベルリン・パンコウの実科ギムナジウムを終えて、第一次世界大戦に従軍するも、一九一七年に重傷を負った。軍を離れた後、一九一九年から二四年まで、ベルリン大学でドイツ哲学・文学、英文学、歴史学、美術史などを学ぶ。それからまもなくして日本に渡り、一九二五年から三五年までの間、旧制広島高等学校でドイツ語・ドイツ文化の講師として勤務する傍ら、自らは日本語と日本文化について学び、研究を進めた。一九二五年七月にエルフリーデと結婚して、日本滞在中に五人の子供を持った。広島でのドーナートの政治的活動について明らかな部分は少ないが、ドイツ本国での政治的変動に触発されてか、一九三三年にナチ党員となっている。[10]

ドーナートは、元々はドイツ学専攻であった。一九二四年、ドイツ・ロマン派の代表格であるルートヴィヒ・ティークについての研究で、[11]ベルリン大学でドイツ文学者ユリウス・ペーターゼンのもとで博士号を取得した。その後、日本に渡ってから日本学研究に着手し、今度は「日本文学における英雄概念――その初期から軍記物の叙事詩ジャンルまで」というテーマで、一九三六年、ハンブルク大学に招聘されてまもないヴィルヘルム・グンダートのもとに教授資格取得論文を提出している。[12]この論文は一九三八年に、東京でOAGから出版された。[13]

ドーナートが博士号を取得した後に急遽日本に渡り、研究領域を変更するにいたった経緯については、今のところ詳らかではない。それでも当時、ドーナートの日本学研究は同業者からも高く評価されていたようである。たとえば、同時期に日本に滞在し、ドーナート帰国後から終戦まで東京日独文化協会ドイツ人主事であった日本学者ヘルベルト・ツァッヘルトは、上記の著作について、「日本の英雄観の極めて啓示に富んだ文学史的研究が生み出された。〔……〕日本の国民的感情とその英雄的傾向は今日の状勢に照らし合はせて特別に興味のあるものである。此の論文はそれ故ドイツ於《ママ》て非常な注目をひいた、特にそれが適任者の手によつて書かれたものであるから」と述べている。[14] さらには、ドーナートの広島での後任者で、後には東京帝国大学勤務、戦後はハイデルベルク大学教授となったディートリヒ・ゼッケルでさえ、彼は当時からナチ批判者として知られていたのであるが、ドーナートの日本学者としての技量には高い評価を与えている。[15]

ドーナートは日本学研究と並行して、他の親ナチス的ドイツ人や、日本人の国家主義者たちとの交流も持ちながら、日独文化事業にも積極的に取り組んでいた。[16] とくに東京日独文化協会ドイツ人主事に就いてからは、彼の執拗なナチ・プロパガンダ活動が目立ってくる。たとえば、当時は東北帝国大学に勤務していたカール・レーヴィットは、「本当のところ危険な人物は、日本の「文化番」D〔ドーナート〕博士であった。日本語がうまく話せ、それどころか読めさえもしたので、二重に影響力があった。〔……〕非常に熱心に組織活動をやり、プロパガンダ目的の追求に費やすそのエネルギーは、相当なものであった」と回想している。[17] また、先のゼッケルの回想からもドーナートの同様の活動姿勢がうかがわれる。[18]

日独文化協定の締結後には、これを通じた日本におけるナチ「文化」の普及に、それまで以上に躍起になっていた。一九三六年一一月の日独防共協定の締結から三八年の第一次三国同盟交渉という日独間の政治外交関係の急展開のなかで、「日本専門家」であるドーナートのような人物がこうした政治的活動に心血を注ぐことは、ごく自然の成り行きであったのかもしれない。日本に長年暮らし、高度な日本語力を身につけ、日本を研究し、出世欲と様々な組織的肩書きとともに日独文化交流の現場において主要な立場にあった彼は、ここにこそ自らの社会的なレーゾン・デートルをもとめたのではないかと思われる。

それにしても、たしかにドーナートは熱狂的なナチスのプロパガンディストには違いなかったが、それは単にナチズムに沿った教条主義的なものにすぎなかったのだろうか。レーヴィットの回想によれば、ドーナートは「わたしが〔傍点原文〕日本の世界史的使命を信じる（すなわち、あるいは疑う）のではなくて、総統が決定をくだして、われわれは従うのです」と述べていたという。[19] ここにはヒトラー崇拝、すなわち政治的権威への無批判的な服従というドーナートの内面的特徴の一つが表れている。だがそうであれば、ドーナートにおいては自らの日本観や日本文化観も、『わが闘争』に見られるようなヒトラーのそれと共通していたのだろうか。

(2)ドーナートの文化論におけるドイツ文化と日本文化

ドーナートは「文化」を、「人間独特のあらゆる創造的業績を総称するもの〔……〕人間情緒のあらゆる表現を云ふ」ものとして捉えていた。[20] 彼は、様々な文化の結合と国際化が進展するなかで、超国家的・超国民的文化観にもとづく「世界文化」論が台頭してきたと言う。そしてこれを、「文化の国民的要素を軽視」するものとして、批判的に評価している。その代表格として国際マルクス主義を挙げ、さらにはユダヤ財閥の支配下にあるとされる自由主義的民主主義諸国の文化もこれに該当すると述べている。これとは対照的に、枢軸諸国は文化の民族性にこそ最大の価値を認めており、ゆえにこれら諸国の文化提携は必然のものとされた。[21]

ドーナートは、真に創造的な文化の核心には確固たる民族性があると主張している。いわく、民族は「生あり魂ある精神的全体」であり、「各個人はこの民族といふ個体の中に始めて存立と真実性を享有する部分である」。それゆえ、諸個人は民族連結体の一部分であるという意味においてのみ、文化を創造することができる。そして創造された文化に一定の目標を与え、またこれを特徴づけるのが、民族の文化意志や文化精神である。すなわち、「強い民族性は文化の前提である」。当時のナチ運動は「立派な文化創造」であり、「このナチス文化創造に依つて最も力強いゲルマン独逸的理想〔英雄主義、名誉、奉仕〕を新しく覚醒せしめる」のであった。[22]

他方、日本文化については、これを形成する「精神的中核」として、「日本精神」を強調する。この「日本精神」について、ドーナートは一九四二年にこう述べている。

「日本精神」という言葉、これをそのままドイツ語にすればヤパーニッシャーガイスト（japanischer Geist）となるが、今日、日本人はこの言葉でもって、我々ドイツ人が民族的世界観と呼びうるものを言い表している。〔……〕我々ドイツ人は、たとえば国民社会主義の概念でもって北方ドイツ人の信念の最終的な実現を感じるのであるが、それと同じほどの高い誇りを込めて、日本人はこの言葉を発するのである。この日本精神という概念は、三つの「道」、すなわち戦の道(武士道)、統治の道(皇道)、そして神の道(神道)のなかに見出されるような、歴史的な発展を遂げ、後の世代に伝えられた民族の最高価値を含んでいる。〔……〕日本人は「日本精神」という言葉で、つまるところ彼らの民族の独自の本質を言わんとするのである。民族の独自の本質とは、そのなかで自意識が呼び起され、概念的な定式化へと向かうものである。[23]

こうして、ドーナートの文化論においては、各々の強固な民族性が発現している日本とナチス・ドイツが、創造的文化の担い手かつ世界の文化的指導民族として、文化ヒエラルキーの最上位に位置づけられることになる。[24] その一つ下の層にはユダヤ人の影響により民族性が弱体化した文化として、たとえばアメリカや西欧、中国の文化があり、最下層には人類文化を破壊する「文化」として、共産主義(国際ユダヤ人)が置かれる。そして、共産主義の「文化破壊工作」に対する枢軸国の具体的な提携手段として文化協定が挙げられ、枢軸国によって啓発された世界の他の文化国とともに民族的文化創造力を動員し、世界の諸文化の衰弱や死滅を防止するという使命を謳うのである。[25]

このように、その民族性の密度を基準とした三層構造の文化ヒエラルキーが、ドーナートの文化論の基本図式であった。こうした見方は、ユダヤ人＝「文化破壊者」という点ではヒトラーと共通している。[26] ただし、ここではドイツ文化と日本文化は人種主義的な文化ヒエラルキーにおける序列関係ではなく、それぞれが独自の民族性を発揮する比較可能で並列的なものとして位置づけられており、[27] この点においてヒトラーとは決定的に異なっていると言える。

(3)「日本民族の文化的使命」――日本の対中国文化政策に対する評価

ドーナートの文化論のなかで、アジアにおいて共産主義に対する強固な防波堤を構築すべく日本にあてがわれた文化的使命は、中国をはじめとするアジアの民族的文化の再興であった。

従来アジアの中心であった中国は、ドーナートには日本とは対照的な文化状況にあると思われた。彼は、「その芸術的品位に於てギリシャの傑作にも比する」過去の中国文化も、いまやそこに生命はなく荒廃し、「支那の民衆は数千年来養つて来た国民的信仰を放棄し、その為に国民の文化生活の永遠の根源を失つている」と述べる。他方で、日本については、「歴代の天皇のましまます所や神社は、数千年を経ても変ることなく、今日も総ての国民的活力の中心点となり、根源となつている」、「宮城遥拝、神社参拝によつて、国民は常に新しい実践の力を獲得する」と見ていた。そして、このような日本人こそが統一的な東アジア文化圏建設の担い手となり、さらには、日本はその過程で「真の中国文化」を引き出すのだと言う。そのためには、「広い東亜の大陸に行政管理上の政治形式を確立し、経済を混乱状態から救つて全く新たに建設し、数億の民衆の社会生活、文化生活を新しい軌道に乗せること」がもとめられた。[28]

こうした「日本民族の文化的使命」について、ドーナートは一九四三年には次のように述べている。「日本人は独自の帝国理念を維持しながら刷新し、高度に発展した国家体系を有し、帝国民族としての卓越した才能に恵まれている。ゆえに今日では、このような日本民族のみが、東アジアという崩壊の危機にある広域を指導する資格を有しているのである。これによって日本は中華帝国の古来の伝統を初めて継承し、確固たる、数世紀にわたって蓄えられた帝国の意志の力でもって、日本民族に与えれた使命の完遂へと向かうだろう」。また、東アジアにおける超国家的共同体を指導するためには、絶対的な内部統合が前提条件となる。そこでは「八紘一宇」という「日本古来の概念」が指導における精神的原則となり、民族的境界を越えることができるとされた。そして、「大帝国の創造的な（schöpferische）建築士」として日本とドイツに課せられた地域秩序の形成は、その歴史上、最も過酷な戦争を通じて実現される。だがそれが一度実現したならば、その帝国は「民族的存在の考えられる最高度の完成をみる」のであった。[29]

(4)日本文化の深層へ――ナチ時代の日本学

ここでは、ドーナートの日本に対する見方を彼の日本学研究の方向性から確認するが、まずはナチ運動と日本学が論理的にどのように接合していたのかについて、同じく日本学者で東京日独文化協会の前ドイツ人主事であったグンダートの主張を参照したい。彼は一九三五年まで日本に滞在した後ドイツへ戻り、新たなナチスのガイドラインにもとづいて設置された、ハンブルク大学における日本学の教授ポストに最初に就いた人物である。[30]

グンダートはナチ運動を「独逸国民の心の深い所から何か新しいものが確に湧出た」精神的運動としてとらえ、ドイツの学問研究はナチ運動の影響によって国家の実際的な要求に即した、国民として、国民のためになされる学問研究へ昇華されたのだと言う。そして、日本学も同じ学問姿勢で取り組み、

「国民」概念を根本概念として、日本民族に関する歴史と現状のすべてを統一的に研究すべきと主張する。「国民たる自覚」が呼び覚まされたドイツ人は、もはや単なる好奇心からでなく、あくまでドイツ国民として日本国民を理解しようとする姿勢で日本学に従事するようになり、世界の他国民の「国民性」や「本質」にも目が向くようになった。そして、こうした観点から世界を見渡すと、「最も国民性の確つかりして、さうしてその国民的団結の固い、その歴史的根柢の遠くて深い国民は〔……〕その遠い東洋の島国にそれを見出す」と述べる。そこで従来の日本学とは大きく異なる、「日本の国民性日本精神」を対象とする「真の日本学」を提唱するのであった。[31]

こうしたグンダートの主張と関連して、当時、ドイツ人日本学者が「真の日本学」にもとめたありかたにはいくつかの特徴があった。ツァッヘルトによれば、ドイツ人がする日本学はあくまでドイツの学問であり、ドイツ人の立場から、ドイツ人へ向かってなされるべきものであった。そして、ドイツの日本学の研究目的は、「日本国民が今日の偉大さを成した源泉」を探し出すことである。彼もグンダートと同様、日本学研究の対象領域は日本国民に関するすべてであると述べる。同時にこれが「日本国民の本質」を探究する学問であり、日本国民の精神的な起源や本質の理解が主要な目的にあるため、その関心はしばしば「日本の初期の歴史」へと向かうことになった。[32]

ドーナートの日本学研究の内容も、このような動向と大枠では一致している。また、彼は一九三八年一月一〇日付の日独文化協会の事業報告書のなかで、「〔文化政策としての日本学においては〕ドイツ民族が日本を解明するに資するような、たとえば古道や武士道、日本精神、純正な伝統、日本における人種と民族、日本の国民的再興の段階などの問題を取り扱うこと」と、同様の方針を提案している。[33]さらに興味深いことに、ドーナートは日本滞在中のみならずドイツ本国においても、日本文化の独自性をはっきりと主張しているのである。アルフレート・ローゼンベルクが編集していたナチ党の機関誌『国民社会主義月報』に一九四二年に掲載された論考「日本精神の生成」では、次のように述べている。

もし日本が〔……〕ほとんどいつも典型的な模倣・亜流民族として扱われるのであれば、日本は実のところほとんどわずかな文化財しか生み出しておらず、精神的な独創性に欠け、それゆえに一見すればすぐに理解可能であると思われるかもしれない。〔……〕だが、我々が文化と呼ぶあらゆるものの決定的な点において、〔……〕日本文化は実に純粋であり、ドイツ文化がドイツ的であるように特殊日本的である。というのも、文化の独自性の決定的な要素は、それらがにじみ出た外形や思想体系よりもさらに深層にあるからである。▼34

このような発言は、ドーナートの日本文化に対する見方、すなわち創造的文化としての日本文化、その独自性や純粋性といった主張が、単に時勢に便乗して発せられた日本人に対するリップ・サービスや政治的配慮にもとづく方便ではなく、彼自身の思想の確固たる一部であったということを示している。

二　ドーナートの対日文化政策論と文化事業活動

(1)「現在のドイツ」への焦点化

ドーナートの対日文化政策論の政治外交的背景には、一九三六年一一月二五日の日独防共協定締結以降の両国間の政治的緊密化があり、またとくに三八年以降のドイツの対日接近政策と、日中戦争収束へ向けた日本側の対独提携にかける期待から発展した第一次三国同盟交渉があった。[35] この時期、日本国内では「学ぶべき国」としてのドイツ・イメージが著しく増幅され、「ナチス人気」「ドイツ・ブーム」的な状況が生まれていた。[36] ドーナートは日独文化協会主事となってすぐに、「現在のドイツ」理解を主眼とした政策論を打ち出している。

一九三八年一月一〇日付のドーナート作成による日独文化協会の事業提案書では、[37]「Ⅲ　講演活動」において「テーマ：a)ドイツの現在的問題。たとえば、国民社会主義の教育的課題、ナチ学生同盟、ナチ講師同盟など」が挙げられている。また「Ⅳ　出版物」では、「最初から現在のドイツの文化生活に関する諸問題に照準を合わせ、国民社会主義から生み出される文化生活の新たな諸特徴を、系統だった見通しで特別のシリーズで取り扱う論文集」とある。さらには、「Ⅵ　協会活動の対象となる範囲を可能な限り拡大すること。たとえば大学とのより密接な結びつき、大学の学生や若手の学者といった若い知識人層をさらに強く引き寄せること」とされている。これは日本人知識人層における根強いマルクス主義、自由主義的な風潮への対応であり、将来のエリート層への影響を意図したものであった。こうしたドイツ側の政策的意図は、日本の大学・高等学校におけるドイツ人講師の選定問題、すなわちユダヤ人講師の排斥要求へとつながっていく。

ドーナートが協会主事として着手した最初の大がかりな文化事業は、一九三八年一月二四日から二月一三日にかけて、シュルツェとともに実施した西日本講演・映画旅行である。ドーナート自身の報告によれば、この事業の目的は「日本のあらゆる国民層に対して新しいドイツの全体像を示す」こと。また、「現時点での日本の情勢のおおよそを知り、ドイツの文化政策的任務のための新しい起点を創り出すこと」であった。日本側では文部省の全面的後援のもと、名古屋から鹿児島にいたる高等学校・大学、行政機関、青年団、新聞社などが受け入れ機関となった。二〇日間で一一都市を回り、講演と映画上映を組み合わせたイベントの来訪者数は、約三万人となった。ドーナートはこの事業を、「およそこれまで日本で外国人によってなされた催しのなかで最大のもの」と報告している[38]。

各都市で行われたドーナートの講演は、「国民社会主義の根本思想」と題して日本語でなされた。そのなかではナチズムの三つの根本思想、すなわち「あらゆる創造的な活動の起源としての民族性」、「あらゆる組織の基盤としての指導者原理」、「ドイツ的な社会主義」が、国際主義、自由主義、マルクス主義といった日本人知識人層の精神性と対比する形で紹介された。ここではまた、日本のナショナリズム、皇道、社会倫理という「原日本的伝統（urjapanische Tradition）」が、ナチズムに対応するものとして挙げられている[39]。

この視察旅行から得られた日本に対する印象と文化政策的展望を、ドーナートは次のように総括する。まず、ナチズムの根本思想に対応する「原日本的伝統」としての特殊日本的な皇道ナショナリズムが、

「場合によってはこの民族の経済的な弱さや、これまではまだドイツと比べて弱かった組織運営能力を、充分に補うものと考えられる」。また、通常は外国人には理解困難に思われる日本精神について、「もしかすると、今日ではそもそも国民社会主義者だけが、こうした精神性を理解できるのかもしれない。なぜなら、近頃では国民社会主義者はその宗教儀式の様式を、優れた国民の民族的および人種的な実在の根本的なシンボルとして把握できるからである」。そしてドーナートは、同時期の日本の社会状況をドイツの対日文化政策の拡大にとっての好機と捉え、日独文化協会の任務について、「もはやかつてのような、学術的な交流の監視だけで満足してはならない。〔……〕ドイツ的世界観やそこから生まれた諸組織について日本の公衆に知らしめていくことが、現在、ドイツが運営に関与する協会の第一の義務である」と述べる[40]。

その後、一九三八年の「ドイツ・ブーム」的状況と日独文化協定の成立を受けて、ドーナートは本国政府に次のように書き送っている。「イタリアも含む世界のどこか他の国において、国民社会主義の理解が今日の日本におけるほど非常に開かれ、感情に基礎づけられた姿勢を見出すことは、およそ考えられないだろう」と[41]。

もっとも、ドーナートは今後の注意点もあわせて述べている。すなわち、日本において「原日本精神(urjapanischer Geist)」がますます強調されていくなかで、「一方では日本は西欧の自由主義からますます離れ、国民社会主義文化への理解を深めていくであろうが、他方では〔……〕少なくとも一時的には外国モデルや外国の学問、およびその鍵となるドイツ語を含めた外国語を過小評価する傾向が生れるだろう」と。そしてとくに、「文化政策上の危機の源」として、ドイツから東アジアへのユダヤ避難民の増加が挙げられている。ドーナートはその原因を、「日本人のユダヤ人問題に対するまだまったく不充分な理解〔……〕」と、亡命者たちを安くて従属的であり、大いに利用可能な労働力と見なす明白な傾向」にあると考えた。またこのことが、日本やその勢力圏において「ドイツの関与にとって不都合な、ユダヤ民族のさらなる増殖をどうしても引き起こすことになる」としている。以上を踏まえて、日独文化協会の今後の活動指針が述べられる。第一に、「日本では精神的な動員を目的として国民社会主義ドイツをモデルとする風潮が生まれており、このような状況の有効利用を必要なタクト〔臨機応変さ〕でもってさらに促進すること」。第二に、「西洋の影響が区別なく除去される傾向の表れているいたるところで、ドイツの地位を保持すること」。第三に、「全世界におけるユダヤ民族の反国民的で文化破壊的な影響の記録を通じて、ドイツのユダヤ人問題をわかりやすく理解させること」。そして第四に、これらを「文化協定の締結によって得られた機会を最大限に利用」して行うことである。[42]

(2)日独文化協定を基盤とした「文化協力」のかたち

一九三八年一一月二五日、東京で外相有田八郎と駐日ドイツ大使オイゲン・オットの間で日独文化協定（「文化的協力ニ関スル日本国独逸国間協定」）が署名され、即日発効となった。

ドーナートはこの文化協定を、「我々両国の政治的親善関係と相並行して日独文化関係を尚一層緊密にし、増進せんとするもの」と見なしていた。彼は同時に、「日独防共協定が締結された際にも、各民主主義国が共産主義の危険なることを知つたものは、何時でもこの協定に参加することが出来るといふことを明かにしたのであるが、これと同じ意味に於て今度の文化協定も出来た」とも述べている。[43] こうした発言からも、ドーナートが考える枢軸国間の「文化協力」が、「防共」論理から構築されたものであったことは明らかである。しかしながら、すでに第一次三国同盟交渉において、そもそもドイツ政府は「防共」（対ソ）ではなく対英戦略の一環として、他方、日本外務省は「防共協定強化」として各々の政策を構想していた。したがって、ドーナートもこの点については日本側と同様、ドイツ政府の政策的意図を認識できていなかったことになる。

いずれにせよ、ドーナートは、それまでの「文化番」としての働きぶりを評価されてからか、協定実施機関である在京日独文化連絡協議会のドイツ側主事に、ドイツ大使館から任命されることとなった。この連絡協議会は、それ自体が何らかの決定権を有するものではなかったが、外務省文化事業部／ドイツ大使館の監督のもと、関係する国内の主要な文化団体の代表者たちが集い、日独文化事業の実施に関する交渉の場として重要であった。毎回の会合において、ドイツ側ではドーナートがイニシアティブをとっていたが、彼はここでも、ナチ・プロパガンダ色の強い事業をいくつも提案し、日本側に協力をもとめている。

そこでとくに争点となったのは、日本在留ユダヤ人の処遇についてであった。ドーナートは文化協定の規定を根拠として、彼らを文化的な諸領域から排除することを執拗に試みていたのである。ドーナートがとりわけ重視したのは、前文規定のなかの「日本文化及独逸文化ガ一方ハ日本ノ固有ノ精神ヲ、他方ハ独逸ノ民族的及国民的生活（in dem deutschen völkischen und nationalen Leben）ヲ其ノ眞髄トスルニ鑑ミ日本国及独逸国ノ文化関係ハ茲ニ其ノ基調ヲ置クベキモノナルコトヲ厳粛ニ認メ」、という部分である。[44] ドーナートの解釈では、ここでの対象は日独それぞれの文化一般ではなく、「独逸ノ民族的及国民的生活」と「日本ノ固有ノ精神」を基調とした「特別な」文化であり[45]、これによって日本政府の公的な協力のもとに、日本におけるドイツ文化領域からユダヤ人を排除することができると考えられていた。

他方、日本側の主管であった外務省文化事業部では、日独文化事業が単なるナチスの宣伝に利用されることを嫌い、日独文化協定の締結が、けっして日本がナチスのユダヤ人迫害を公式に承認し、またこれに協力するものではないということを国際社会に向けてアピールしたいという考えが強くあった[46]。ドーナートが提起した日本在留ユダヤ人の社会的・文化的な取り扱いをめぐる問題は、こうした日本側との間で鋭い対立を引き起こしていた[47]。

もっとも、それからまもなくして、一九三九年八月二三日の独ソ不可侵条約の締結によって、第一次三国同盟交渉はやむなく挫折する。これにともなって、日本国内での親独的な論調は一気に冷え込み、「ドイツの裏切り」行為がメディアなどでも厳しく批判された[48]。しかしながら、このときのドーナートの心理的な反応は、本国政府の「突然の」政策転換に対する批判ではなく、ドイツの現実政治に対する日本側の「無知」や「無理解」に対する不満であった。たとえば、一九三九年一〇月五日には次のように述べている。


ドイツが反共理念と日本の友好を裏切ったという見方がジャーナリズムによって広められると同時に、ドイツの現実政治的な状況に対するまったくの無理解が露呈した。これにより、日本人の対独友好が極めて感情に左右されるものであり、知識人を含む広範な国民層において両国関係があまりにも単純にとらえられていたことが明らかとなった[49]。

こうした出来事を機に、ドーナートは「実際的な政治的知識」のさらなる浸透をめざして、ドイツに帰国するまでの間、日本のジャーナリズムと高等教育機関に対するナチ文化宣伝のさらなる徹底へと向かうのであった。

おわりに

本章では、ナチス時代におけるドーナートの思想状況と日本での政治的活動の一端を取り上げ、彼が一九三〇年代後半における日独間の文化的諸関係をどのように認識し、また、そのなかでいかなる形で両国の「文化協力」を進めようとしていたのかという問題について考察した。本章での考察から、次のような彼の特徴をとらえることができるだろう。まず、ヒトラーへの無批判的な態度に表れているような権威への服従と、独ソ提携という本国政府の政策転換に対する心理的な反応に見られるような現実政治に対する受動的な姿勢。次に、個人の存在や文化創造は民族体のなかでのみ意義を有するという前提のもと、創造的文化の基盤と考えられた強固な民族性を探求していたこと。そして、一貫した反ユダヤ主義と、これにもとづいた政策実施への努力である。

ドーナートの文化論は、本章の冒頭で見たようなヒトラーの人種主義的な文化論とは大きく異なるものである。両者においてユダヤ人＝「文化破壊者」という共通点は確認されるものの、ドーナートにおいて反ユダヤ主義は人種主義の枠組みではさほど語られておらず、人種主義的な主張自体も比較的抑制されている。[50]反対に、もし人種主義がその中心的な構成要素であったならば、そもそも彼の日本文化論も成立しなかったであろう。むしろドーナートの文化論において主軸となっていたのは、「人種」ではなく「民族」であった。

ドーナートにおいてこうした民族主義的な文化論が発展したことには、いくつかの要因が可能性として考えられる。第一に、青年期における経験である。すなわち、第一次世界大戦での戦場体験と、敗戦によるドイツの国家的危機とその後の厳しい社会状況に直面したであろうドーナートが、強烈な民族意識に目覚めるとともに、「ドイツ」や「民族」への探究心を高めていったことである。ドーナートが一九二〇年代前半にゲルマニストとしてドイツ・ロマン主義に関心を寄せていたことも、こうした経験と結びついていたかもしれない。[51]

第二に、日本体験である。ドーナートにおいて、日本での就職がどれほど主体的な選択であったのかはわからないが、ともかくも故郷から遠く離れた日本に暮らし、そこでの生活経験や文化体験も加えながら自らの思考を体系化していった。そしてそのなかで、以前にはゲルマニストとして「ドイツ」を探究したように、「日本」や「日本文化」の思想的な位置づけが、「民族」という概念にもとづいてなされていったものと思われる。

これに関連して第三に、日本滞在期間中、とりわけ一九三〇年代後半において、文化政策的に重要な地位にあったドーナートは、多かれ少なかれ日本の国家主義者たちとの人的ネットワークを形成し、そのなかで彼らの「日本文化」論や「日本精神」論に、直接的または間接的に接する機会を持っていたことである。

ドーナートにおける民族主義的な文化論の形成過程は、このような経験と主義の相互作用のなかで考察する必要があると思われるが、ここでは以上の可能性を指摘するにとどめたい。いずれにせよ、民族主義的な文化論にもとづいて日本文化に対する絶対評価や肯定的な評価が生み出され[52]、日独文化提携の確固たる意義の創出へとつながっていったことはたしかである。もちろん、こうした思考様式がドーナート個人に特有のものであったのかどうか、という典型性・代表性の問題はあるだろう。しかしながら、ここでの主眼はむしろナチズムのなかに日本との「文化的共同」へつながる回路が存在していたこと、すなわち思想的な幅を提示することにある。

ドーナートの民族主義的な文化論は、日本側との文化摩擦を引き起こした人種主義的な文化論とは対照的に、日本とナチス・ドイツの間の「文化的共同」の思想的基盤になり得るものであった。これはすなわち、一九三〇年代後半における日独間の政治外交的な状況からもたらされた政策的要請にうまく適合する政治的機能を獲得することができたのであり、まさにそのことによって、ドーナートは日本におけるナチスの「文化番」としての役割を担うことができたのである。

▼注

▼1　日独文化協会「昭和十三年度事業報告」一九三九年、一三頁（附録二）、外務省外交史料館「本邦ニ於ケル協会及

文化団体関係雑件　日独文化協会関係」(JACAR, Ref. B04012434300)。

▼2 Karl Löwith, *Mein Leben in Deutschland vor und nach 1933. Ein Bericht*, Stuttgart/Weimar 2007, S. 122(カール・レーヴィット『ナチズムと私の生活――仙台からの告発』(秋間実訳)法政大学出版局、一九九〇年、一九九頁).

▼3 Franziska Ehmcke/Peter Pantzer (Hrsg.), *Gelebte Zeitgeschichte. Alltag von Deutschen in Japan 1923-1947*, München 2000, S. 242.

▼4 一九四二年七月時点ではハンブルク大学講師。Herbert Worm, „Japanologie im Nationalsozialismus", Gerhard Krebs / Bernd Martin (Hrsg.), *Formierung und Fall der Achse Berlin-Tōkyō*, München 1994, S. 159.

▼5 Adolf Hitler, *Mein Kampf*, Bd. 1, München 1939, S. 318-319(アドルフ・ヒトラー『わが闘争』(平野一郎・将積茂訳)角川書店、二〇〇五年、上巻三七七―三七九頁). ただし、引用に際しては筆者が一部訳語を改め、原文中の「文化支持者」「文化支持的」を、「文化担当者」「文化担当的」に変更した。

▼6 三宅正樹『日独政治外交史研究』河出書房新社、一九九六年、一六一―一七四頁;Bernd Martin, *Deutschland und Japan im Zweiten Weltkrieg 1940-1945*, Hamburg 2001 [1969]. もっとも、こうしたヒトラーの両面的な対日姿勢は、当時の日独関係の特徴を考える上で依然として重要ではあるが、一九四五年までのヒトラーの日本観・対日感情すべてをこの図式だけでとらえるとすれば、それは一面的な理解であろう。この点については、Till Philip Koltermann, *Der Untergang des Dritten Reiches im Spiegel der deutsch-japanischen Kulturbegegnung 1933-1945*, Wiesbaden 2009 を参照。

▼7 清水雅大『文化の枢軸――戦前日本の文化外交とナチ・ドイツ』九州大学出版会、二〇一八年、一〇三―一九六頁参照。

▼8 Annette Hack, „Das Japanisch-Deutsche Kulturinstitut in Tokyo zur Zeit des Nationalsozialismus. Von Wilhelm Gundert zu Walter Donat", *Nachrichten der Gesellschaft für Natur- und Völkerkunde Ostasiens* (*NOAG*), 157/158, Hamburg 1995; 辻朋季「カール・フローレンツの日本研究とその系譜――異文化賞賛に潜む支配の構図」、『ドイツ研究』第四三号、二〇〇九年、一〇八頁。

▼9 本章の内容は、清水雅大「ナチズムと日本文化――W・ドーナートにおける日独文化提携の論理」、『現代史研究』第六一号、二〇一五年を加筆・修正したものである。

▼10　以上の記述は、ドーナートの一九四二年七月八日付の経歴書による。Lebenslauf (Walter Donat), 8. Juli 1942, Bundesarchiv Berlin (BAB), R64-IV/227, S. 72. なお、日本在留ドイツ人のナチ党への入党は、一九三三年から三四年に集中している。中村綾乃『東京のハーケンクロイツ――東アジアに生きたドイツ人の軌跡』白水社、二〇一〇年、一〇五頁。

▼11　Walter Donat, *Die Landschaft bei Tieck und ihre historischen Voraussetzungen*, Frankfurt/M 1925.

▼12　Worm, S. 178-179.

▼13　Walter Donat, *Der Heldenbegriff im Schrifttum der älteren japanischen Geschichte*, Tokyo 1938.

▼14　H・ツァッヘルト「ドイツに於ける日本学の現状」、『日独文化』第一巻第一号、一九四〇年、一六一頁。

▼15　荒井訓「終戦前滞日ドイツ人の体験」、『文化論集』第一五号、一九九九年、一一〇－一一一頁。

▼16　たとえば、一九四〇年四月に開催された第一回日独学徒大会では、ドーナートが「日独学徒大会独逸側指導者」の立場で参加し、ドイツ側ではカールフリート・デュルクハイム、日本側では著名な国家主義者であった鹿子木員信や大串兎代夫などが講演者としてこれに加わっている。荒木光太郎編『日独文化の交流――日独学徒大会研究報告』日独文化協会、一九四一年。

▼17　Löwith, S. 117（一九一－一九二頁）.

▼18　Ehmcke/Pantzer, S. 50. 上田浩二・荒井訓『戦時下日本のドイツ人たち』集英社、二〇〇三年、一四八頁。

▼19　Löwith, S. 118（一九三頁）.

▼20　ワルター・ドーナート「文化の民族的基調」、『日独文化講演集』第一二輯、一九三九年、二四頁。彼はほかでも、「『文化』を単に芸術と科学の領域とのみ解するのは狭きに失する。多くの生活行動が文化の領域に属する」と述べている。ワルター・ドオナアト「一九三九年ドイツ文化事業概観」、『日独文化』第一巻第一号、一九四〇年、二四九頁。

▼21　ドーナート「文化の民族的基調」、二五－二七頁。

▼22　ドーナート「文化の民族的基調」、二七－三一頁。

▼23　Walter Donat, „Das Werden des japanischen Geistes“ *Nationalsozialistische Monatshefte*, 13 (145), 1942, S. 22 (206).

▼24　なお、ドーナートのこうした文化論において、イタリアについてはほとんど何も言及されておらず、その正確な位

置づけは不明である。
▼25 ドーナート「文化の民族的基調」、三二－三三頁。
▼26 Hitler, Bd. 1, S. 329-335（上巻三九〇－三九七頁）.
▼27 たとえば、「これ〔ドイツ文化、ゲルマン民族の発展〕と同じく独特のものが日本古代文化即ち大和時代の英雄的武士民族でありまして〔……〕この両民族は独自の力強い文化創造を基調として成長した」とも述べている。ドーナート「文化の民族的基調」、三〇頁。
▼28 ワルター・ドーナート「日本の東亜新文化建設に就て」、『日独文化講演集』第一三輯、一九三九年、二四－二八頁。このような考えを持っていたドーナートは、第一次近衛内閣のもとで対中国政策の一元化をはかって一九三八年一二月に設置された興亜院に対しても、非常に好意的に評価している。同、二八－三二頁。
▼29 Walter Donat, „Der deutsche und der Japanische Reichsgedanke", ders., *Das Reich und Japan*, Berlin 1943, S. 130-131.
▼30 グンダートのハンブルク大学招聘の経緯は、次を参照。Worm, S. 165-172. グンダートの伝記として、渡辺好明『ヴィルヘルム・グンデルト伝』私家版、二〇一七年がある。
▼31 ウイルヘルム・グンデルト「独逸に於ける日本学の意義」、『日独文化講演集』第一〇輯、一九三六年、三二－四六頁。ドーナートもすでに一九三三年に、「日本全国の人情風俗及びものの考へ方が西洋諸国に比べて非常に高い程度の統一的民族的に結合されている〔……〕この日本の強固な国民性それ自身が著しい特色の一つであります。日本国民の中には、社会組織の無限の多様性をその統一性の中に総括する精神が強く創造的に働いている」と述べている。「在留外人の眼に映じた日本及日本人（四）（1）ワルテル・ドーナート」、『東京朝日新聞』一九三三年四月二二日、朝刊、第九面。
▼32 ツァッヘルト、一五〇－一五九頁。
▼33 Vorschläge der deutschen Seite zur Tätigkeit des Instituts 1938 (gez. Donat). Tokyo, 10. Januar 1938, BAB, R64-IV/226, S. 211.
▼34 Donat, „Das Werden", S. 23-24 (207-208). 一九四三年の著作でも同じく、ドイツにおける日本学／日本におけるド

イツ学は、日独文化協定の前文規定（後述）に則って、「同盟パートナーの民族的独自性の深い理解へ向けて、ますます大きく突き進んでいく」と述べている。Walter Donat, „Deutschland und Japan, Eine Einführung", ders., *Das Reich und Japan*, Berlin 1943, S. 8.

▼35　第一次三国同盟交渉の展開は、清水『文化の枢軸』、五三－六八頁を参照。

▼36　岩村正史『戦前日本人の対ドイツ意識』慶應義塾大学出版会、二〇〇五年、四三－七六頁参照。

▼37　Vorschläge der deutschen Seite, S. 210-212.

▼38　Bericht über eine Vortrags- und Filmreise durch Mittel- und Südjapan, durchgeführt von Gebietsführer Schulze und Dr. Donat, vom 24. Januar bis 13. Februar 1938, BAB, R64-IV/226, S. 194-209.

▼39　Bericht über eine Vortrags- und Filmreise, S. 196.

▼40　Bericht über eine Vortrags- und Filmreise, S. 207-209.

▼41　Tätigkeitsbericht (gez. Donat), Tokyo, 19. Januar 1939, BAB, R64-IV/226, S. 138.

▼42　Tätigkeitsbericht (gez. Donat), S. 140-142.

▼43　ドーナート「文化の民族的基調」、二二一－二二三頁。

▼44　Donat, „Deutschland und Japan, Eine Einführung", S. 8. 日独文化協定は前文と四つの条文で構成されている。その全文は、外務省条約局編『第二次世界戦争関係条約集』日本外政協会、一九四三年、九一一－九一四頁。

▼45　ドーナート「文化の民族的基調」、二二三－二二四頁。

▼46　日本外務省文化事業部の政策構想については、清水『文化の枢軸』、一七－一〇二頁参照。

▼47　清水『文化の枢軸』、一二四－一三一頁。

▼48　独ソ不可侵条約締結後の日本メディアの対独論調については、岩村、七八－八二頁参照。

▼49　Tätigkeitsbericht von W. Donat, 5. Oktober 1939, BAB, R64-IV/226, S. 128.

▼50　もっとも、この語られなかった人種主義がドーナートの表面的な政治的パフォーマンスではなかったにしても、彼がナチ人種主義をどのように認識し、あるいはどれほど内面化していたのかという問題は検討を要する課題である。

▼51　ドイツ・ロマン主義とナチズムの思想的関連については、ピーター・ヴィーレック『ロマン派からヒトラーへ――

ナチズムの源流』（西城信訳）紀伊國屋書店、一九七三年：宮田光雄「ドイツ・ファシズムの思想史的基盤」、同『ナチ・ドイツの精神構造』岩波書店、一九九一年、四〇七–四四二頁：ヘルムート・プレスナー『ドイツロマン主義とナチズム――遅れてきた国民』松本道介訳、講談社、一九九五年：田野大輔「反逆の徴――ロマン主義とナチズム再考」、『大阪経大論集』第五七巻第三号、二〇〇六年を参照。

▼52 他方、ヒトラーにおけるポジティブな日本文化評価は、「ユダヤ文化」や「半ユダヤ化」した文化へのカウンター・カルチャーとしての価値からであり、必ずしも日本文化それ自体の絶対的価値ではない。Hitler, Bd. 2, S. 723-724（下巻三三八頁）：アドルフ・ヒトラー（H・R・トレヴァー＝ローパー解説）『ヒトラーのテーブル・トーク一九四一――一九四四』（吉田八岑監訳）三交社、一九九四年、上巻四三〇頁。

第七章　ヨーゼフ・マイジンガー
――東京に駐在したゲシュタポの幹部

図 7-1　ヨーゼフ・マイジンガー
Instytutu Pamięci Narodowej w Warszawie, GK 66242.

図 7-2　収監中のマイジンガー（1945 年横浜）
Acme Photo（Andrew Lopez）筆者所蔵。

田野大輔

ヨーゼフ・マイジンガー（Josef Meisinger 1899 － 1947 年）
ドイツ警察・親衛隊幹部。第一次世界大戦に従軍した後、義勇軍に加わる。1922 年からミュンヘン警察本部に勤務。早くからナチ党など極右団体と密接に関わり、1923 年 11 月のヒトラー一揆にも参加。1933 年 1 月のナチス政権成立後、バイエルン政治警察に異動。1934 年にはベルリンのゲシュタポ本部に移り、「ブロンベルク・フリッチュ危機」などの政治的陰謀に関与する。第二次世界大戦が勃発すると、保安警察行動部隊 IV の司令官代理に任じられ、ワルシャワ地区の保安警察司令官に就任。1941 年 4 月には駐日ドイツ大使館付警察連絡官に着任し、在留ドイツ人の活動を監視する任務を担う。その手荒な取り締まりはドイツ人社会を恐怖に陥れるが、ゾルゲ事件やリスナー事件などでは目立った成果を上げられず、かえって日本当局やドイツ外務省・国防軍などとの摩擦・軋轢を強める結果となった。1945 年 9 月に米軍に逮捕された後、ポーランドで絞首刑に処せられた。

はじめに

一九四〇年九月末に日独伊三国同盟条約が調印された後、翌年三月に日本の松岡洋右外相が同盟成立慶祝のためドイツ・イタリアを歴訪し、ヒトラー・ムッソリーニ両首脳の歓迎を受けた。ちょうど同じ頃、防共協定の取り決めにもとづきベルリンから東京に一人のゲシュタポ幹部が派遣され、一九四一年四月二日に駐日ドイツ大使館付の警察連絡官（後の警察アタッシェ）に着任した。[1] それまでドイツ占領下ポーランドの保安警察司令官を務め、現地住民への暴虐非道により「ワルシャワの屠殺人」と恐れられたこの人物が、ヨーゼフ・マイジンガー親衛隊大佐である。[2]

マイジンガーの主要任務は、日本の警察当局と連携して在留ドイツ人の活動を監視し、反ナチス分子やユダヤ人を摘発することであり、被疑者を拘束して本国送還や国籍剥奪に処すその手荒な取り締まりは、まもなくドイツ人社会を恐怖に陥れることになった。[3] とはいえ、この異国の地ではゲシュタポも直接警察権を行使することはできず、被疑者の逮捕にも日本の警察や憲兵隊の手を借りなければならなかったため、取り締まりの効果にはおのずと限界があった。そればかりか、日本の警察・軍当局の非協力的な姿勢、ドイツ外務省・国防軍・ナチ党の在外機関との摩擦・軋轢、さらにはマイジンガー本人の不手際もあって、警察連絡官としての彼の任務は事あるごとに困難に直面したのである。

一「ワルシャワの屠殺人」と呼ばれた男

ヨーゼフ・アルベルト・マイジンガーは、一八九九年九月一四日にミュンヘンでカトリックの家庭に生まれた。実科ギムナジウム在学中に第一次世界大戦が勃発し、一九一六年一二月に陸軍に志願入隊、翌年七月から西部戦線で戦い、戦傷を負って一九一九年一月に除隊した。復員後まもなくエップ義勇軍に入隊した彼は、一九一九年五月初めにミュンヘン・レーテ共和国の鎮圧に参加、一九二〇年三月から四月まで一時ルール地方の闘争に加わった後、オーバーラント義勇軍の小隊長として一九二三年一一月のヒトラー一揆にも参加した。この間、バイエルン商業銀行やミュンヘン第二地方裁判所での短い勤務を経て、一九二二年一〇月にはミュンヘン警察本部に移り、警察官としてのキャリアを歩み始めている。一九二〇年代初頭からナチ党など極右団体との関係は密接だったようだが、警察官としての立場もあってか、ナチ党および親衛隊への加入申請は一九三三年三月となっている。[4]

一九三三年一月末のナチス政権成立後、マイジンガーは警察と親衛隊で出世を重ねてゆく。一九三三年三月にバイエルン政治警察に異動、ラインハルト・ハイドリヒのもとで功績を上げた後、ハイドリヒのゲシュタポ局長就任にともない、翌年四月にハインリヒ・ミュラーやフランツ・ヨーゼフ・フーバーとともにベルリンのゲシュタポ本部に移り、そこでナチ党とその下部組織・付属団体の問題を担当する部課、および同性愛・中絶撲滅を任務とする部課の課長となった。[5] マイジンガーはこれによって、望ましからぬ人物やグループの殺害・排除を目的とするいくつもの政治的陰謀に加わることになる。一九三四年六月末のいわゆる「長いナイフの夜」の際に突撃隊幕僚長エルンスト・レーム殺害の正当化に関与したのを皮切りに、一九三六年から「同性愛・中絶撲滅全国本部」の部長も引き受けた彼は、同性愛者迫害の最大の推進者となってゆく。[6] 一九三六年七月には陸軍総司令官ヴェルナー・フォン・フリッチュの同性愛疑惑の捜査を行い、このときの捜査記録は一九三八年二月のいわゆる「ブロンベルク・フリッチュ危機」に際してフリッチュを失脚させるのに利用された。だがマイジンガーの捜査はずさんで、被疑者を取り違えていたことが判明したため、フリッチュは軍法会議で名誉を回復した。ゲシュタポの面目をまるつぶれにしたこの失態によって、マイジンガーは親衛隊保安部の公文書局に左遷される。[7] それでも党内の政治的陰謀への関与はつづき、一九三九年二月には国家元帥ヘルマン・ゲーリングの肝入りでフランケン大管区指導者ユリウス・シュトライヒャーの汚職を調査し、この古参の幹部を党務停止に追いやるのに寄与している。[8]

一九三九年九月に第二次世界大戦が勃発すると、マイジンガーは保安警察行動部隊Ⅳの司令官代理に任じられてポーランド侵攻に参加し、一〇月にワルシャワ地区の保安警察司令官に就任した。彼はこの地位のもとでポーランド人やユダヤ人の弾圧に辣腕をふるい、判明しているだけでもワルシャワで一〇〇〇人の射殺を命じたほか、悪名高い「AB行動」の一環としてパルミリー近郊の森で一七〇〇人の射殺を指令したと言われている。また、一九四〇年一〇月から一一月にかけてのワルシャワ・ゲットーの設立にも関与していた可能性が高く、在任中にワルシャワのポーランド人やユダヤ人三三〇〇人以上をアウシュヴィッツに移送している。[9] マイジンガーの残虐行為は親衛隊全国指導者ハインリヒ・ヒムラーでさえ眉をひそめるほどのもので、一説によるとヒムラーは彼を軍法会議にかけて処刑することを考えたが、ハイドリヒの取りなしで日本への派遣に同意したという。マイジンガー自身は転任の理由について、彼の調査がナチ党幹部の反発を招いたことを挙げているが、この説明もまた、一種の左遷という見方を支持するものと言える。[10] だが少なくとも表向きには、ワルシャワでの実績が買われた面もあったようだ。一九四一年三月初め、ヒムラーは駐独日本大使大島浩にマイジンガー派遣を伝えたが、その際の説明で、着任する人物が「とくにボリシェヴィズムとの闘争で経験を積んでいる」こと、保安警察司令官として「ロシア国境であらゆる仕事を行った」ことを強調している。[11] 着任後の動向から見ても、マイジンガー派遣の主要目的が反共諜報活動にあったことはまず間違いない。

二　東アジアにおける諜報活動

東アジアにおけるゲシュタポの諜報活動の起源は、一九三六年一一月末に調印された日独防共協定に遡る。この協定はコミンテルンの活動に対する共同防衛を目的として日独間の緊密な協力と情報交換を取り決めたもので、これにもとづいて相互の大使館に警察連絡官が派遣され、現地警察との連携・協議にあたることになったのである。そうした背景のもと、一九三八年一〇月にフランツ・フーバー親衛隊大尉が最初の警察連絡官として駐日ドイツ大使館に着任した。[12] だが日本の警察当局が防共協定の実質化に消極的で、反共活動に関わる協力や情報交換にも関心を示さなかったため、フーバーには在留ドイツ人の監視や一般的な情報収集以外にほとんど仕事がなかった。[13] また、警察連絡官は日本でゲシュタポおよび保安部を代表する役目を担っていたが、まだその職務や権限が明確に定まっていなかった。一九三九年一〇月末にようやくドイツ外務省と国家保安本部の間で合意が成立し、警察連絡官は外交官扱いとなって独自の情報・諜報活動を認められることになったが、外交政策への干渉を警戒する外務省の側では、大使による通信の検閲など職務統制の必要も認識されるようになった。[14]

一九四一年四月初めにフーバーの後任として大使館付の警察連絡官に着任したマイジンガーの主要任務も、防共協定の目的にもとづく日本の警察当局との連携・協力にあった。[15] だが着任当初から日本当局の冷淡な対応に直面した彼は、任務の遂行が困難であることをすぐに悟ったようだ。部下で通訳のカール・ハメルの証言によると、東京駅に到着した際に日本側の出迎えがなかったばかりか、着任後初めて内務省を訪問した際も玄関ホールで一五分以上待たされたことに憤慨したこの警察連絡官は、翌年夏まで内務省を訪問しなかったという。憲兵隊の幹部との交流も着任後すぐには本格化せず、司令部への最初の公式訪問は翌年一月になってからだったらしい。[16] こうした日本側の対応に加えて、大使館内の力関係も彼の活動を制約していた。マイジンガーは外交使節団に属する警察官僚として、直属の上司である駐日ドイツ大使オイゲン・オットを警察分野で補佐する役目を与えられており、オットの強力な指導のもと、着任後しばらくは在留ドイツ人の監視や反ナチス分子の摘発といった純警察的な問題に従事することを余儀なくされた。[17] そうした日本での任務から逃れるかのように、東京到着のわずか数週間後、彼はフーバーとともに約一カ月にわたって上海を訪問する。

国際諜報活動の最前線・上海で、マイジンガーはドイツ在外機関の要職者やナチ党支部の関係者、ゲシュタポの諜報員・情報提供者などと面会し、独自の諜報網を構築するために奔走した。[18] そうしたなかで、この警察連絡官は自らの功名心から最初の失態を演じることになる。一九四一年五月半ば、彼は仏教大僧正のイグナッツ・トレビッチ＝リンカーンなる人物と会談し、中国・チベット・インドの将来に関する計画に感心して、これをベルリンの国家保安本部に報告した。だがこの男がただの政治的山師にすぎないことは上海では周知の事実で、その種の計画に関わること自体明らかに警察連絡官の権限を超えていた。[19] 上海総領事マルティン・フィッシャーからの連絡で事態を知った外務大臣ヨアヒム・フォン・リッベントロップは、総領事を通じてマイジンガーに返信を送り、警察連絡官の任務は危険分子を摘発することであり、外交政策に関与する権限はないと伝えた。[20] 外務大臣はさらに国家保安本部にも書簡を送って抗議したため、ハイドリヒは五月末に部下を叱責する電報を送ることになった。「警察連絡官として貴君に課された警察問題にだけ従事すること。外交政策問題に関する報告は貴君の権限には属していない。したがってトレビッチ＝リンカーンの問題においては何もしてはならない。彼がユダヤ人だということは貴君にはよくわかっているはずである[21]」。

この一件はマイジンガーの無能力を白日のもとにさらしただけでなく、彼の活動を制約するさらなる障害も生み出すことになった。リッベントロップはこれを利用して国家保安本部の外交政策への干渉に掣肘を加えようと、警察連絡官の権限規制に乗り出したのである。外務大臣はヒムラーに対して、ドイツ在外機関の代表を大使の管轄下に置くというヒトラーの指令を引き合いに出して、一九三九年一〇月末の協定の改定を要求した。一九四一年八月初めに両者の間で成立した新たな協定は、在外の保安本部の代表にあらゆる外交政策的活動を禁止し、いかなる文書も大使を通じて交換するよう義務づける内容だった。この協定によって警察連絡官は正式に「警察アタッシェ（Polizeiattaché）」と改称され、職務分掌・職務規定も取り決められた。[22] これ以降、マイジンガーが保安本部に送る報告は駐日大使オットが目を通すことになり、ドイツや中国に送る電信も大使の署名が必要になった。もっとも、彼はそうした公式チャンネルで交信することをできるだけ避け、電話を使ってベルリンの上司と定期的に連絡を取っていたらしい。[23]

なお、上海でマイジンガーの活動を補佐したのは、一九四〇年六月からドイツ総領事館付の警察連絡官・ゲシュタポ代表に在任していたゲアハルト・カーナー親衛隊少尉だった。カーナーは総領事館内で報道部補佐の肩書を与えられ、日本の警察当局との連携、在留ドイツ人の監視や反ナチス分子の摘発などに加えて、各国諜報活動の調査、居留民や亡命者の監視といった任務を遂行していた。[24] 彼が築き上げたゲシュタポの諜報網にはドイツの報道・宣伝機関の代表が数多く含まれていたが、なかでも外務省の宣伝機関・上海情報局の局長イェスコ・フォン・プットカマーとの関係は密接で、この情報局はゲシュタポの諜報活動の重要な拠点となった。一九四一年七月、マイジンガーはそこにルドルフ・パウル・クラーレ親衛隊少尉を配属し、プットカマーの内偵とゲシュタポのための諜報を行わせている。[25] だが他方で、ゲシュタポの情報・諜報活動は強力な競合機関の台頭によって苦戦を強いられてもいた。その機関が、国防軍防諜部のいわゆる「中国駐在戦時特務機関（Kriegsorganisation China，略称 KO-China）」である。一九四〇年八月に戦時特務機関の初代部長に任命されたルイス・テオドーア・ジーフケンは、自らの活動を監視するカーナーについてベルリンに繰り返し苦情を訴えている。[26] ゲシュタポと防諜部の摩擦・軋轢はその後もつづき、ドイツの諜報活動に深刻な損害を与える結果となる。

マイジンガーは一九四一年九月から再度上海を訪問し、フーバー、クラーレ、プットカマーらと諜報網の拡張について協議している。[27] しかし一〇月一八日に東京で大きな事件が発生したため、急遽帰任を余儀なくされた。『フランクフルター・ツァイトゥング』東京特派員のリヒャルト・ゾルゲが、日本の特高警察に逮捕されたのである。このいわゆる「ゾルゲ事件」によって、マイジンガーはさらに痛手を負うことになる。

三　ゾルゲ事件

東アジア問題の専門家として高く評価され、駐日大使オットの信頼を得てその私的顧問も務めていたゾルゲには、すでに一九四〇年夏にはベルリンで最初の疑惑が持ち上がっていたという。だが国家保安本部外国局長ヴァルター・シェレンベルクは、ゾルゲの政治経歴に不審な点を認めたものの、彼のもたらす情報資料の価値の高さに鑑み、十分な警戒のもとでこの貴重な情報源を利用しつづけるべきだと考えた。そこでシェレンベルクは上司のハイドリヒと相談の上で、ゾルゲの活動を調査させる目的でマイジンガーを東京に派遣する決定を下したのだった。出発に先立って、マイジンガーにはゾルゲの監視と定期的な連絡が命じられたという。[28]

ところがマイジンガーは東京到着後、一通りの身辺調査を行っただけですぐにゾルゲと飲み歩くようになり、すっかり警戒を解いてしまった。シェレンベルクによれば、警察連絡官から送られてきた報告はいずれも好意的な内容で、ゾルゲが大使館内で評判がよく、大使の信頼も厚いことを強調するものだったらしい。[29]マイジンガーはこうしてゾルゲにたやすく籠絡され、意図せずしてこのスパイの重要な情報源の一つとなったわけである。そればかりか、彼は早い段階から独自にゾルゲを内偵していた日本の憲兵隊に対しても、「ゾルゲは絶対に間違いのない人物である」と保証して尾行を中止させたという。[30]他方、日本の特高警察はその後も捜査をつづけ、ついにゾルゲ事件の摘発に成功することになった。特高警察はアメリカ共産党員だった北林トモの自白をもとに、一九四一年一〇月一八日にゾルゲ・グループの一斉検挙に踏み切ったのである。[31]

ゾルゲの逮捕によって、ドイツ大使館は大混乱に陥った。彼を信頼して半ば公的な地位まで与えていたオットにしてみれば、そのスパイ容疑での摘発は晴天の霹靂だった。それはまたドイツ側には一切通告のない逮捕であり、マイジンガーにとっても警察連絡官の地位をないがしろにされる屈辱を意味した。事件発覚後、大使館はただちに日本外務省に抗議を申し入れ、ゾルゲの釈放や彼との面会、証拠資料の提出をもとめて奔走した。ナチ党東京支部や在日ドイツ人特派員一同も、不当逮捕に抗議する声明を出したという。[32] だがまもなく特別面会を許されたオットは、ゾルゲ本人の言葉から有罪を悟ることになる。[33] その後、日本の司法当局による捜査が何カ月もかけて進展し、大使館にも徐々に事件の概要が報告されるにつれ、ゾルゲの容疑は動かし難いものとなっていった。オットはそれらの内容をベルリンに逐次報告していたものの、自分がゾルゲと親しい間柄にあったこと、とくに重要な案件について彼に相談していた事実を伝えず、事の重大性を小さく見せようとしていた。マイジンガーも日本側のゾルゲへの嫌疑を信用せず、供述書の内容を疑問視する報告を国家保安本部に送っている。[34] この間、大使館員たちには箝口令が敷かれていたが、それでもドイツ大使の権威が失墜することは避けられなかった。ゾルゲがオットの親しい友人だったことは在日ドイツ人の間では周知の事実で、この人物の取り扱いにおいて大使が不注意だったことは否定しようがなかったからである。スパイ摘発に失敗したマイジンガーが面目を失ったことも明白で、『フランクフルター・ツァイトゥング』特派員のリリー・アベッグによれば、彼が大使館内で射殺されたとの噂まで流れたという。[35]

そうしたなか、大使館の苦境にさらに追い打ちをかける事態が発生する。一九四二年三月末、満洲国新京のドイツ公使館からベルリンの外務省にゾルゲ事件の内情を暴露する報告が届いた。ハルビンで活動する国防軍防諜部の諜報員イーヴァー・リスナーの手になるこの報告は、駐日大使と大使館員たちがゾルゲを信用しすぎたばかりに重大な機密情報を漏洩させたという内容で、ソ連のスパイに手玉に取られたオットとマイジンガーへの厳しい批判を含んでいた。[36] これを受けて外務大臣リッベントロップから釈明をもとめられたオットは、リスナーの告発を「まったく馬鹿げた噂話の寄せ集め」にすぎないと否定したものの、ゾルゲと親交を結んだ自らの責任を払拭するにはいたらなかった。[37] その後、国家保安本部による調査がリスナーの主張を裏書きするに及んで、ヒムラーは外務大臣に次のように報告した。「ゾルゲは枢軸側の政策とその将来の計画についてドイツ側の最良の情報源から情報を不断に入手していたから、ゾルゲ・スパイ事件は重大な政治的危険を意味している」[38]。一九四二年一一月末、リッベントロップは日本当局の不信感を理由に、ついにオットの更迭を指令する。後任に指名されたのは、駐南京国民政府大使ハインリヒ・シュターマーだった。オットはその後、家族とともに北京に移り、そこで終戦まで隠居生活を送った[39]。

ゾルゲの逮捕はドイツ大使館に大混乱をもたらしただけでなく、在留ドイツ人の間でスパイ活動が横行している可能性、またそれが日独関係に及ぼし得る致命的な影響への不安を掻き立てた。こうして猜疑心を強めたマイジンガーは、ゾルゲ事件での汚名をそそごうとするかのように、躍起になって魔女狩りを始めることになった。すでに一九四一年一一月には大使館内に無断で無線通信機を設置しようとした交換留学生のクラウス・レンツが摘発され、マイジンガーの指示により本国送還に処せられていた[40]。さらに重大な事件は一九四二年三月に当時バンコク駐在のフーバーによって摘発されたオーストリア人報道写真記者カール・ホフマイヤーに関するもので、同年七月に東京で日本の警察に逮捕されたこの人物は、マイジンガーの調査によりソ連情報機関との関係が明らかになったため、ドイツ大使館に引き渡された後、封鎖突破船でドイツに送還された[41]。これら一連の事件はマイジンガーの猜疑心をさらに強めたが、そこには重大事件の摘発によって自分の力量を示そうとする彼一流の功名心も多分に働いていた[42]。こうした向こう見ずな行動は、ドイツ在外機関の間にさらに深刻な対立をもたらすことになる。

四　リスナー事件

駐日大使館内でのオットの権威失墜とその後の更迭は、マイジンガーを制約から解き放ってさらに過激な行動に駆り立てた。一九四二年五月にリッベントロップとヒムラーの間の合意により警察アタッシェの権限が強化されたこともあって、大使館内での影響力を増大させた彼はいよいよゲシュタポの本領を発揮し、スパイや疑わしい人物の摘発に血道を上げることになった。[43] 部下のハメルによれば、マイジンガーは一九四二年夏に内務省に二度目の訪問を行い、自分がドイツ警察長官であるヒムラーの代理として派遣されたこと、日本の警察当局と連携しながら在日ドイツ人のなかの反ナチス分子を摘発し、英米との戦争遂行を阻む障害を除去するよう指示されたことを力説したという。[44]

一九四二年八月半ば、マイジンガーはゾルゲ事件に関する告発で自分の顔に泥を塗ったリスナーへの反撃に乗り出した。彼はハルビンのゲシュタポ諜報員アーダルベルト・シュルツェの調査にもとづき、国家保安本部に宛ててリスナーを次のように非難した。いわく、リスナーは「満洲国のゲシュタポ長官」、「親衛隊の元指導者」、「国防軍最高司令部の協力者」などと自称しており、「半ユダヤ人」であるにもかかわらず「総統個人により発行されたアーリア証明書」を保持していると称して、ナチ党の党籍とそれに応じた厚遇をもとめている。彼は「疑わしい活動」のために日本の軍当局の監視を受けているが、ドイツの上層部に支援されているために措置が見合わされているというのだった。[45] この告発に対して、リスナーの諜報活動の「非常なる価値」を認めていた国防軍防諜部は保安本部と協議を行い、シュルツェとマイジンガーに彼の活動を妨害しないよう警告した。[46] だがマイジンガーはこの警告を受け流してさらに追及をつづけ、日本の憲兵隊と連携しつつリスナーへの包囲を狭めていく。

一九四三年五月、マイジンガーは「憲兵隊からの度重なる要請に応えて」ハルビンを二週間にわたって訪問し、現地で憲兵隊の代表らとリスナーの問題を協議した。憲兵隊はリスナーがハルビンのソ連領事館に出入りしていることを問題視していたが、新京のドイツ公使館と結びついているために手出しを控えているとのことだった。[47] こうした状況に鑑み、駐日大使シュターマーは五月末に新京公使館に打電し、リスナーをただちに東京に召喚するよう要求した。日本側はリスナーがソ連のために働いていると疑っており、新京公使館との関係も知っているため、これを放置すれば「第二のゾルゲ事件」となって、日独関係に悪影響を及ぼしかねないというのだった。[48] これを受けて新京公使館の書記官がリスナーに事態の急を告げに向かったが、当の本人には召喚命令を拒否する以外になすすべがなかった。この時点で東京大使館には外務省の総統官邸駐在官ヴァルター・ヘーヴェルから、ヒトラーがリスナーの即刻召喚に同意したとの連絡が届いていたのである。[49]

一九四三年六月四日、リスナーはハルビンで憲兵隊に逮捕され、東京に送致された。これと同時に東京では、リスナーの協力者で新聞特派員のヴェルナー・クローメらも逮捕され、ゾルゲ・グループにつづく第二のソ連諜報団の存在が明るみに出された。[50] だがこの事件においては、ドイツの諸機関はいずれもリスナーの罪状を信じてはいなかった。国防軍防諜部と国家保安本部はリスナーのスパイ容疑には根拠がないという点で一致しており、彼の逮捕を外国人の情報活動の抑圧をはかる日本当局の動きの一環と考えていた。「どうやら日本側は、極東におけるドイツの情報機関を一掃するための口実をもとめているらしい。ドイツの情報機関は日本の軍事情報機関に知られていたものの、統制が利かないために不安の種になっていたのである」。外務省もまた日独関係に悪影響を与えないよう、事態をただ静観する姿勢に終始していた。リスナーが国防軍の指令にもとづいて日本の情勢に関する情報を収集していたため、事件への介入は日本側の不信感を強めてしまう恐れがあったのである。[51] マイジンガーが事件後に何の叱責も受けなかったことは、保安本部が彼の行動を黙認していた可能性を示唆している。いずれにせよ、リスナーの逮捕によってドイツが極東における重要な情報源を失ったことに変わりはなかった。マイジンガーの「個人的な反感」にもとづく動きはたちまち関係諸機関に波紋を広げ、結果的にドイツの情報・諜報活動に壊滅的な損害をもたらしたのだった。[52]

　マイジンガーの追及は、中国でゲシュタポと競合関係に立つ国防軍防諜部の諜報機関にも及んだ。一九四二年一〇月、彼は上海の警察連絡官カーナーと衝突を繰り返していた戦時特務機関の機関長ジーフケンを同性愛の容疑で告発し、辞任に追い込んでいる。[53] その後を継いで一二月初めにローター・アイゼントレーガー（別名ルートヴィヒ・エアハルト）が部長に就任すると、戦時特務機関（通称エアハルト機関）は諜報網を中国・満洲各地に拡大し、ソ連の軍事情報の収集などを活発に展開し始めた。[54] 他方、これとほぼ時期を同じくしてゲシュタポの側も組織強化に乗り出した。一九四三年二月初め、国家保安本部長官の指令でカーナーが神戸に転任し、代わりにバンコク駐在のフーバーが上海の警察連絡官に就任した。[55] フーバーは着任後、警察業務よりも軍事的な諜報活動、とくにソ連の動向に関する情報収集・調査に精力を注いだ。この点で、彼はアイゼントレーガーの戦時特務機関と張り合うようになったが、情報・調査能力において太刀打ちすることができず、協力関係を築こうとする試みも失敗したため、労力の多くをこの組織の監視・内偵に費やす結果となった。[56] 一九四四年二月には国防軍防諜部が国家保安本部に吸収・統合されるが、アイゼントレーガーはその後も終戦まで組織の独立を維持したようである。[57] 結局のところ、ゲシュタポはここでも見るべき成果を上げることなく、防諜部の競合的な活動を妨害するだけに終わったと言えよう。[58]

五　ユダヤ人問題

極東のゲシュタポ代表としてのマイジンガーの任務の一つには、ユダヤ人問題への対応も含まれていた。彼は東京着任後、在留ドイツ人への監視や反ナチス分子の摘発を進める傍ら、ナチス人種法（いわゆる「ニュルンベルク法」）の施行にも辣腕をふるい、一九四二年初頭の時点で一一六人ものユダヤ人の国籍を剥奪している。[59] ユダヤ人問題が警察連絡官の任務のなかでいかに重要な位置を占めていたかは、マイジンガーが一九四二年夏に内務省を訪問した際、ユダヤ人亡命者への警戒の必要を説いていたことにも示されている。彼はユダヤ人問題が英米との戦争遂行を阻む障害となっており、日独両国が協力して取り組むべき課題であるとして、とくに中国に亡命しているユダヤ人の危険性を次のように強調した。いわく、ユダヤ人は自分は反ナチスだが親日本だと説明するが、こうした主張を信じてはならない。反ナチスの人間は必然的に反日本であるというのだった。[60]

マイジンガーの発言は、日本政府の寛容なユダヤ人政策に対するドイツ側の苛立ちを反映していた。彼がそうした点で日本当局に政策転換をもとめる働きかけを行っていたことは、天津総領事フリッツ・ヴィーデマンの次の証言からもまず間違いない。「日本人自身は反ユダヤ的姿勢を取っていなかったから、われわれには日本の諸機関にドイツの人種政策について説明し、相応の処置を取るよう提案する任務が与えられていた」[61]。だがそうした働きかけとは無関係に、日本当局に政策転換を促すような内外の情勢の変化が生じていたこともたしかである。一九四一年八月にはシベリア経由で日本に到着していたユダヤ人難民の上海への移住が始まり、一万八〇〇〇人にまで膨張した同地のユダヤ人コミュニティの処遇が問題となりつつあった。さらに一九四一年一二月初めの対米宣戦後に上海全域を占領した日本軍当局は、治安上の理由から英米の敵性外国人を中心とした居留民を監視下に置く必要を認識するようになった。こうした状況のもと、日本政府は一九四二年三月に「時局ニ伴フ猶太人対策」を決定、従来の保護政策を転換して難民受け入れの停止と監視措置の導入に舵を切ったのである[62]。

日本政府の政策転換後、まもなくユダヤ人の隔離措置に向けた動きが表面化する。一九四二年五月初め、東部占領地域大臣アルフレート・ローゼンベルクはベルリンで駐独大使大島と会談し、上海に居住している多数のユダヤ人が将来必ず日本にとって厄介な問題になるので、彼らを早く隔離して自由な移動を禁止する措置を講ずるべきだと力説した[63]。この会談の数カ月後、ドイツ側から日本当局に対して上海のユダヤ人を抹殺するようにとの働きかけが行われたという説もある。一九四二年七月にマイジンガーが上海を訪問し、憲兵隊など日本当局との会議でユダヤ人の粛清計画を提案したというのである。それはユダヤ教の新年の祝祭でシナゴーグに集まるユダヤ人たちを一網打尽にした後、廃船に乗せて海に沈めるか、岩塩坑で酷使して疲労死させるか、揚子江河口の強制収容所に送って人体実験に使うかのいずれかの方法で抹殺するという、恐るべき計画だった。[64] 会議に同席した上海副領事柴田貢からこの情報を伝えられたユダヤ人指導者たちは、ただちに親ユダヤ的な日本側有力者への働きかけに奔走し、結果的に計画の実行を頓挫させることになった。だがその過程で憲兵隊に接触したことから情報漏洩が発覚し、ユダヤ人指導者たちは逮捕・拘禁、厳しい尋問を受け、柴田も逮捕後に副領事を解任されたという。[65] このエピソードの信憑性には多分に疑問の余地があるものの、少なくともそれが当時上海のユダヤ人コミュニティの間に広まっていた恐怖を物語っていることはたしかである。[66]

一九四三年二月、日本の上海地区陸海軍司令官は上海の虹口に「無国籍難民指定区域」を設定し、一九三七年以降に移住したユダヤ人の居住・営業をそこに制限する布告を出した。このいわゆる「上海ゲットー」の住民は指定区域外への無許可の外出を禁じられ、検問や巡回による移動の制限を受けたが、区域内にはユダヤ人のほかに中国人一〇万人も居住しており、外部から完全に隔離されていたわけではなかった。ただしユダヤ人の生活環境は劣悪で、多くは飢えや病気に苦しみながら終戦までの二年半を過ごすことになった。[67] このゲットーの設置は日本当局のイニシアティブによるもので、ドイツからの働きかけの影響は小さかったと考えられる。マイジンガーが上海ユダヤ人の処遇をめぐって何らかの提案をしていたとしても、ゾルゲ事件後にゲシュタポの活動に不信感を強めていた日本側がこれに同意した可能性は小さく、少なくともその実現に積極的に協力することはなかったようだ。[68] これとほぼ同時期に英米の敵性外国人も収容施設に入れられた事実を踏まえるなら、「上海ゲットー」はむしろ戦時下の治安管理対策の一環として、日本軍当局が軍事的必要性にもとづいて設置したものと見るべきだろう。[69] そうした意味では、マイジンガーの粛清計画も「ワルシャワの屠殺人」という彼の悪名が生み出した一種の神話だったと言えるのかもしれない。

マイジンガーはその後も追及の手を緩めず、反ナチス分子やユダヤ人の摘発に辣腕をふるった。被疑者を日本の警察当局に密告して逮捕させるその容赦のない手法は、オットの後を継いだ大使シュターマーのもとで過激さを増し、在留ドイツ人社会への締め付けを強めていった。[70] 戦況の悪化が明白になりつつあったこの時期、マイジンガーはドイツの在外機関や企業の統制強化に取り組み、一九四三年二月にはナチ党日本支部長およびイリス商会東京支社長だったルドルフ・ヒルマンの不正を告発して辞任に追い込んでいる。[71] 彼はユダヤ人の摘発も怠らず、一九四四年七月にはユダヤ人技術者フーゴ・カール・フランクをスパイ容疑で憲兵隊に逮捕させている。[72] ゲシュタポと憲兵隊の協力による手荒な取り締まりは最後までゾルゲ事件での汚名をそそぐほどの成果を上げることはなかったが、それでも警察問題の専門家としての面目を取り繕うのには役立ったと思われる。

おわりに

一九四五年五月八日にドイツの降伏により駐日大使館が活動を停止すると、マイジンガーを含む大使館員たちは河口湖畔の富士ビューホテルに軟禁され、同年八月の日本の敗戦までの三カ月あまりを過ごすことになった。[73]だがマイジンガーはこの時期になっても憲兵隊との協力体制を維持し、在留ドイツ人の生殺与奪の権を握っているつもりでいた。「いまや自分はかつてないほど権力を持っている。日本の内務省は私が日本のいかなるドイツ人よりも権力を持っていると述べた」。彼はまた近いうちに逮捕の波が来ることを予告し、逮捕された者はけっして釈放されないと恫喝する発言も行ったという。[74]

終戦直後の一九四五年九月六日、富士ビューホテルで米軍に逮捕されたマイジンガーは、横浜の刑務所に収監されて二カ月にわたる尋問を受けた。[75]尋問では日本でのナチ党やゲシュタポの活動、憲兵隊や警察との協力、反ナチス分子やユダヤ人の逮捕などについて話を聞かれたが、そのほかにも戦争中の犯罪行為、とくにワルシャワの保安警察司令官として行った殺戮についても説明をもとめられている。[76]一〇万人のユダヤ人を殺害したという新聞報道を否定し、そのような権限はなかったと釈明するなど、責任逃れの供述に終始するこの男の姿勢について、米軍当局は「役者らしく狡猾で抜け目ない」と評している。[77]一九四五年一一月、マイジンガーは厳重な警備のもとアメリカ経由でフランクフルトに護送され、同地でさらに尋問を受けた後、一九四六年六月にポーランド当局に引き渡された。一九四六年一二月、彼はワルシャワで元ワルシャワ地区行政長官ルートヴィヒ・フィッシャー、元ワルシャワ市行政長官ルートヴィヒ・ライスト、元ワルシャワ地区秩序警察司令官マックス・ダウメとともに戦争犯罪人として起訴された。一九四七年三月三日、ポーランド最高人民法廷は元ワルシャワ地区保安警察司令官マイジンガーに死刑を宣告し、七日に絞首刑を執行した。[78]

注

▼1 Boltze an das Auswärtige Amt (AA), 3. April 1941, Politisches Archiv des Auswärtigen Amts (PAAA).

▼2 駐日大使館員エルヴィン・ヴィッカートによれば、「彼はアメリカのギャング映画に出てくるようなキャラクターだった。粗野で太った猪首の大男で、頭ははげ、軽く足を引きずっていた。いかにも残酷で情け容赦のないタイプだった」。Erwin Wickert, *Mut und Übermut. Geschichten aus meinem Leben*, Stuttgart 1991, S. 418（エルヴィン・ヴィッケルト『戦時下のドイツ大使館――ある駐日外交官の証言』（佐藤眞知子訳）中央公論社、一九九八年、一三六頁）. マイジンガーは粗暴な人物であったため、ゲシュタポ内部でも嫌われていた。ラインハルト・ハイドリヒは彼のことを「不快な奴」と呼び、ハインリヒ・ミュラーもたえず彼の悪口を言っていた。ヴェルナー・ベストは彼のことを「残忍な方法を好む原始的人物」と評している。Karl-Heinz Janßen/Fritz Tobias, *Der Sturz der Generäle. Hitler und die Blomberg-Fritsch-Krise 1938*, München 1994, S. 95.

▼3 F. W. Deakin/G. R. Storry, *The Case of Richard Sorge*, London 1966, pp. 298-299（F・W・ディーキン／G・R・ストーリィ『ゾルゲ追跡』（河合秀和訳）岩波現代文庫、二〇〇三年、下巻二〇六頁）; Robert Whymant, *Stalin's Spy. Richard Sorge and the Tokyo Espionage Ring*, New York 1996, p. 143（ロバート・ワイマント『ゾルゲ 引き裂かれたスパイ』（西木正明訳）新潮文庫、二〇〇三年、上巻三三二頁）.

▼4 Lebenslauf, undatiert, Bundesarchiv Berlin (BAB), SSO Meisinger; SS-Stammrollenauszug, undatiert, BAB, SSO Meisinger. マイジンガーのナチ党への正式加入は一九三三年五月一日となっている。その理由について、彼は「バイエルンの警察官としてそれ以前の加入は不可能だった」と説明している。Meisinger an die Reichsführung SS, 2. März 1938, BAB, SSO Meisinger. 彼は一九二三年一一月のミュンヘン一揆の時点でナチ党と突撃隊に加入していたと主張しており、一揆参加者に与えられる血盟勲章の保持者でもあった。Politische Beurteilung, 16. November 1937, BAB, PK Meisinger.

▼5 Lebenslauf, undatiert; Geschäftsverteilungsplan des Gestapa, 1. Oktober 1935, Geheimes Staatsarchiv Preußischer Kulturbesitz Berlin, I. HA Rep. 90 P Nr. 2/3; Heinz Höhne, *Der Orden unter dem Totenkopf. Die Geschichte der SS*, München 1967, S. 172（ハインツ・ヘーネ『髑髏の結社 SSの歴史』（森亮一訳）講談社学術文庫、二〇〇一年、上巻

三一一―三一二頁）。

▼6 Burkhard Jellonnek, *Homosexuelle unter dem Hakenkreuz. Die Verfolgung von Homosexuellen im Dritten Reich*, Paderborn 1990, S. 102-105, 123-124.

▼7 Höhne, S. 221-232（上巻三九五―四一六頁）; Janßen/Tobias, S. 83-194, 241.

▼8 芝健介『ヒトラーのニュルンベルク――第三帝国の光と闇』吉川弘文館、二〇〇〇年、一七三―一七九頁。

▼9 Schlußvermerk in dem Strafverfahren gegen Angehörige der Einsatzgruppe IV wegen Mordes, Institut für Zeitgeschichte (IfZ), Gb 06.98/1, S. 118, 126-129; Aktenauszug betr. Josef Meisinger (Teilübersetzung aus dem Polnischen), 17. September 1965, Bundesarchiv-Außenstelle Ludwigsburg (BAL), B162/3722.

▼10 Walter Schellenberg, *Aufzeichnungen. Die Memoiren des letzten Geheimdienstchefs unter Hitler*, Wiesbaden 1979, S. 150-151; Wickert, S. 334（一九―二〇頁）; Memorandum for the Officer in Charge, September 20, 1945, National Archives and Records Administration (NARA), RG319 Box508 XA514260 Folder2. マイジンガーが名前を挙げているのは、東プロイセン大管区指導者エーリヒ・コッホである。天津総領事フリッツ・ヴィーデマンによれば、ヒムラーがマイジンガーの東京派遣を決めたのは、ワルシャワで厳しい任務に従事した彼に休息を与えるためだったという。Interrogation Fritz Wiedemann, September 19, 1945, NARA, RG226 Entry182 Box43.

▼11 Aktenvermerk, 5. März 1941, BAB, NS19/2801.

▼12 Aufzeichnung, 6. August 1940, PAAA, R100764; Memorandum Report, December 12, 1945, NARA, RG319 Box508 XA514260 Folder1. 東アジアにおけるゲシュタポの諜報活動については、Chern Chen, In the Shadow of the Gestapo. German Secret Police Intelligence in East Asia, 1939-1945, *International Journal of Intelligence and Counterintelligence*, 28, 2015 を参照。

▼13 Deakin/Storry, p. 299（下巻二〇六―二〇七頁）; Statement Mrs. Meisinger, November 21, 1945, NARA, RG226 Entry182A Box9 Folder69.

▼14 Höhne, S. 261-262（上巻四六七―四六八頁）; Heydrich an Weizsäcker, 20. Juni 1941, BAB, NS19/1788.

▼15 Memorandum Report, December 12, 1945; Müller an AA, 29. März 1941, PAAA, R100764. マイジンガーの職階は上

級参事官（Oberregierungsrat）だった。

▼16 Statement Karl Hamel, undated, NARA, RG226 Entry182A Box9 Folder69.

▼17 Memorandum Report, December 12, 1945; Wickert, S. 334（二〇頁）. マイジンガーとオットの関係は「丁重だが疎遠」だった。Statement Mrs. Meisinger, November 21, 1945.

▼18 Statement Mrs. Meisinger, November 21, 1945; Whymant, p. 337（上巻三九一頁）.

▼19 Fischer an AA, 15. Mai 1941, PAAA, R101221; Aufzeichnung, undatiert, PAAA, R100693. この報告の背景には、英領インド軍に対するチベット人の反乱を煽動するというヒムラーの荒唐無稽な計画があった。Astrid Freyeisen, *Shanghai und die Politik des Dritten Reiches*, Würzburg 2000, S. 467.

▼20 Ribbentrop an Fischer, 17. Mai 1941, PAAA, R101221.

▼21 Luther an Heydrich, 19. Mai 1941, PAAA, R101221; Heydrich an Meisinger, 22. Mai 1941, PAAA, R101221.

▼22 Höhne, S. 268（上巻四七九頁）; Heydrich an Weizsäcker, 20. Juni 1941, BAB, NS19/1788; Grundsatzvereinbarung, 8. August 1940, BAB, NS19/1788; Dienstanweisung, 28. August 1940, BAB, NS19/1788. なおマイジンガーの警察アタッシェとしての地位は、一九四三年一一月になってようやく正式承認された。Wagner an Kaltenbrunner, 9. November 1943, PAAA, R100756.

▼23 Statement Mrs. Meisinger, November 21, 1945; Memorandum Report, November 9, 1945, NARA, RG319 Box508 XA514260 Folder1.

▼24 Müller an AA, 27. März 1940, PAAA R100756; Heydrich an AA, 26. Juni 1940, PAAA R100756.

▼25 German Intelligence Activities in China during World War II, March 1, 1946, NARA, RG263 Box2; CI Final Interrogation Report No. 113, May 25, 1946, NARA, RG238 M1270 Roll25. カーナーはまた上海のラジオ放送局XGRS局長カール・フリック＝シュテーガーや、雑誌『二〇世紀』発行人でロシア通のクラウス・メーナートからも定期的に報告を受け取っていた。

▼26 Ott an AA, 26. September 1942, PAAA, R100768.

▼27 Statement Mrs. Meisinger, November 21, 1945.

▼28 Schellenberg, S. 149-150; Whymant, pp. 143-144（上巻三三二―三三五頁）. ゾルゲ事件については、とくにDeakin/Storry; Whymantを参照。

▼29 Schellenberg, S. 151; Whymant, p. 144（上巻三三五―三三六頁）.

▼30 『日本憲兵正史』全国憲友会連合会本部、一九七六年、六八三頁。憲兵隊はマイジンガーの保証を信頼したばかりに網中の大魚を逸し、面目を失う結果となった。なおこの点について、日本の警察当局がゾルゲに嫌疑に抱いたのは、マイジンガーがうっかりゾルゲ監視の任務を漏らしたことによるとも言われている。だが当局の関係者はそうした見方を否定し、ドイツ側からゾルゲに疑惑を抱かせるような情報は何ももたらされなかったと証言している。Whymant, p. 352（下巻三九一頁）.

▼31 『日本憲兵正史』、六八二頁。

▼32 CI Final Interrogation Report, May 25, 1946; Wickert, S. 346-347（三三―三五頁）.

▼33 Deakin/Storry, p. 299（下巻二〇六―二〇七頁）; Wickert, S. 347（三四―三五頁）.

▼34 Ott an AA, 9. Januar 1942, PAAA, R28895; Otto an AA, 29. März 1942, PAAA, R28895; CI Final Interrogation Report, May 25, 1946; Deakin/Storry, pp. 53, 332-333（上巻七八―七九頁、下巻二六二―二六四頁）.

▼35 『昭和十七年中に於ける外事警察概況』内務省警保局、一九四二年、五〇二、五〇五頁。

▼36 Kühlborn an AA, 23. März 1942, PAAA, R101863.

▼37 Ribbentrop an Ott, 26. März 1942, PAAA, R28895; Ott an AA, 26. März 1942, PAAA, R28895.

▼38 Himmler an Ribbentrop, 27. Oktober 1942, BAB, NS19/2036.

▼39 Ribbentrop an Ott, 23. November 1942, *Akten zur deutschen auswärtigen Politik 1918-1945*, Serie E Bd. IV, S. 364-365; Whymant, p. 306（下巻三五八―三五九頁）.

▼40 Ott an AA, 17. Dezember 1942, PAAA, R100768; Deakin/Storry, pp. 300-301（下巻二〇八―二一〇頁）.

▼41 Ott an AA, 1. Juli 1942, PAAA, R100768; Himmler an Ribbentrop, 27. Oktober 1942; Deakin/Storry, pp. 301-303（下巻二一〇―二一四頁）. 封鎖突破船の船長は、船が拿捕された場合、ホフマイヤーを即座に射殺せよとの厳命を受けていた。

▼42 マイジンガーの妻は彼の功名心について、「マイジンガーはいつも自発的に、自分の地位を向上させそうなことをしていた」と証言している。Statement Mrs. Meisinger, November 21, 1945.

▼43 Runderlaß Himmler, 23. Mai 1942, BAB, R58/243; John W. M. Chapman, *Ultranationalism in German-Japanese Relations, 1939-45. From Wenneker to Sasakawa*, Folkestone 2011, pp. 80-81.

▼44 Statement Karl Hamel, undated.

▼45 Otto an AA, 16. August 1942, PAAA, R101863. リスナー事件については、田嶋信雄「リュシコフ・リスナー・ゾルゲ――『満洲国』をめぐる日独ソ関係の一側面」、江夏由樹・中見立夫・西村成雄・山本有造編『近代中国東北地域史研究の新視角』山川出版社、二〇〇五年を参照。

▼46 Canaris an Himmler, 21. Juli 1942, PAAA, R101863; Busch an Grote, 8. September 1942, PAAA, R101863; Grote an Wagner, 7. Oktober 1942, PAAA, R101863.

▼47 Stahmer an AA, 25. Mai 1943, PAAA, R101863.

▼48 Stahmer an AA, 25. Mai 1943, PAAA, R101863; Stahmer an AA, 3. Juni 1943, PAAA, R101863.

▼49 Stahmer an AA, 3. Juni 1943, PAAA, R101863; Hewel an Ribbentrop, 30. Mai 1943, PAAA, R101863.

▼50 Stahmer an AA, 5. Juni 1943, PAAA, R101863.

▼51 Grote an Stahmer, 7. Juni 1943, PAAA, R101863; Aufzeichnung Grote, 28. Juni 1943, PAAA, R101863.

▼52 Aufzeichnung Grote, 28. Juni 1943, PAAA, R101863. 憲兵隊もリスナーに対する告発が「マイジンガーの嫉妬心」に由来することを見抜いていたが、あえて検挙に踏み切ることで彼の好意に報いたのだった。『日本憲政正史』、六九〇頁。

▼53 Ott an AA, 26. September 1942, PAAA, R100768; Kaltenbrunner an AA, 10. Dezember 1942, PAAA, R100768; Freyeisen, S. 375-376.

▼54 Aufzeichnung Thadden, 4. November 1944, PAAA, R101104.

▼55 Kordt an AA, 9. Februar 1943, PAAA, R100756; Kaltenbrunner an AA, 15. Februar 1943, PAAA, R100756.

▼56 Interview Franz Huber, September 24, 1945, NARA, RG263, Box362; Franz Huber: Activities as Head of Gestapo in

Shanghai, October 18, 1945, NARA, RG263, Box362.

▼57 Franz Huber: Activities as Head of Gestapo in Shanghai, October 18, 1945.

▼58 なお、マイジンガーは一九四四年五月から六月にかけても上海を訪問しているが、任務の内容は不明である。Statement Mrs. Meisinger, November 21, 1945.

▼59 『昭和十七年中に於ける外事警察概況』、三七一頁。マイジンガーの妻は、彼が「ユダヤ人亡命者の問題」にも取り組んでいたと証言している。Statement Mrs. Meisinger, November 21, 1945.

▼60 Statement Karl Hamel, undated.

▼61 Erklärung Wiedemann, 22. Januar 1951, IfZ, ZS191/2.

▼62 阪東宏『日本のユダヤ人政策 1931-1945――外交史料館文書「ユダヤ人問題」から』未來社、二〇〇二年、二九五−三〇四頁；「時局ニ伴フ猶太人対策（連絡会議決定案 昭和一七年三月一三日）」、外務省外交史料館 I. 4. 6. 0. 1-2「民族問題関係雑件／猶太人問題 第十一巻」(JACAR, Ref. B04013209700)。

▼63 大島大使発東郷外相宛、昭和一七年五月七日、「民族問題関係雑件／猶太人問題 第十一巻」。

▼64 Marvin Tokayer/Mary Swartz, *The Fugu Plan. The Untold Story of the Japanese and the Jews during World War II*, New York 1979, pp. 222-224（マービン・トケイヤー／メアリ・シュオーツ『河豚計画』（加藤明彦訳）日本ブリタニカ、一九七九年、二〇八−二一一頁）。この会議には上海情報局のプットカマーも同席していたとされるが、出席者としてマイジンガーの名前を挙げていない証言もある。David Kranzler, *Japanese, Nazis & Jews. The Jewish Refugee Community of Shanghai, 1938-1945*, New York 1976, pp. 478-479.

▼65 Tokayer/Swartz, pp. 224-234（二二一−二三二頁）.

▼66 このエピソードを裏付けるものは柴田やユダヤ人指導者たちの極めて曖昧な証言だけであり、マイジンガーが当該の時期に上海を訪問したことを示す記録も見つかっていない。マイジンガーの妻は米軍の尋問に対して、彼がこの時期ずっと東京にいたと証言している。Statement Mrs. Meisinger, November 21, 1945. 上海ユダヤ人の処遇をめぐってドイツ側が日本当局に働きかけを行った可能性が低いことについては、田野大輔「『上海ゲットー』とドイツ――ナチスの『圧力』は存在したのか?」『ゲシヒテ』第一四号、二〇二一年を参照。

▼67　Kranzler, pp. 489-491, 495, 544-547.

▼68　マイジンガー自身、ゾルゲ事件への介入によって日本当局の不信感が強まったと証言している。Memorandum Report, December 12, 1945.

▼69　関根真保『日本占領下の〈上海ユダヤ人ゲットー〉――「避難」と「監視」の狭間で』昭和堂、二〇一〇年、八八―九四頁。

▼70　駐日大使シュターマーはマイジンガーに手なずけられており、その活動の内容を尋ねることもなかったという。Memorandum Report, November 9, 1945; Statement Mrs. Meisinger, November 21, 1945.

▼71　Stahmer an AA, 25. Februar 1943, R29658; Memorandum Report, November 9, 1945. ナチ党日本支部長の後任はドイツ本国から派遣された筋金入りのナチ党員フランツ・シュパーンだった。

▼72　Heinz Eberhard Maul, *Warum Japan keine Juden verfolgte. Die Judenpolitik des Kaiserreiches Japan während der Zeit des Nationalsozialismus (1933-1945)*, München 2007, S. 136-137（ハインツ・エーバーハルト・マウル『日本はなぜユダヤ人を迫害しなかったのか――ナチス時代のハルビン・神戸・上海』（黒川剛訳）芙蓉書房出版、二〇〇四年、一七七頁）.

▼73　Wickert, S. 470-471（一六二―一六三頁）.

▼74　Memorandum Report, November 9, 1945. 一九四五年六月には大使館員たちがシュターマーの指令をボイコットする宣言を行っており、マイジンガーが裸の王様と化していたことは明らかだった。Wickert, S. 458（一九〇―一九二頁）.

▼75　Wickert, S. 436-437（二二〇頁）.

▼76　CI Final Interrogation Report, May 25, 1946.

▼77　Meisinger to McArthur, October 25, 1945, NARA, RG319 Box508 XA514260 Folder2; Memorandum Report, November 9, 1945.

▼78　Aktenauszug betr. Josef Meisinger, 17. September 1965.

第八章　ハインリヒ・シュターマー
――日独伊三国同盟締結に寄与した外交官

図 8-1　松岡外相のベルリン訪問の際のハインリヒ・シュターマー（一番右）
Wikimedia Commons（Bundesarchiv, Bild Bild_183-B01910）.

図 8-2　東京ドイツ大使館（1940 年頃）
Wikimedia Commons.

大木　毅

ハインリヒ・シュターマー（Heinrich Georg Stahmer 1892 － 1978 年）
ドイツの外交官。1892 年、ハンブルクに生まれる。第一次世界大戦に従軍し、航空隊に勤務。復員後、様々な企業の役員を務めてビジネスマンとして栄進の道をたどる。1935 年 7 月にリッベントロップ事務所に入ったシュターマーは、リッベントロップの信任を得て頭角を現し、1938 年 2 月にリッベントロップが外務大臣に就任した後、40 年 9 月に日独同盟交渉の特命全権代表として東京に派遣され、三国同盟締結をなしとげる。シュターマーは 1941 年 5 月に南京国民政府に大使として派遣され、43 年 1 月には駐日ドイツ大使にまで昇りつめるが、その日和見主義的でディレッタント的な姿勢は大使館を統括すべきリーダーシップを欠いていた。戦後、スイスの企業に入ってビジネスマンの仕事を再開した後、1958 年にリヒテンシュタイン侯国に移住し、78 年に没するまで同国で年金生活を送った。

はじめに

筆者は第一章で「政治的投機者」モデルによる分析を試みた。しかしながら、もし、そうした手法が有効であるとしても、本章の主題であるハインリヒ・シュターマー[1]には当てはまらないかのように思われる。多くの政治的投機者は、ヒトラーの権力掌握以後のナチズム勢力の浸食と拡大に乗じて、政治の周縁部で頭角を現したものの、ナチ体制が完成するにつれて、傍流に追いやられ、あるいは社会的上昇の天井にさえぎられた。それに対して、シュターマーは、日独伊三国同盟締結のための特使、駐華（汪兆銘政権）大使、駐日大使と、ドイツの敗戦まで、社会的上昇を続け、権力を拡大しつづけたのだ。こうした「政治的投機」の成功ぶりをみれば、シュターマーは一見、右のモデルの例外かと思われる。

だが、職業外交官としての訓練も受けていなければ、外交官職に名誉任命されるような社会的背景も持たぬ一介のビジネスマンが、ナチズムの台頭を追い風として、伝統的保守官僚の牙城である外務省に食い込み、ついには駐日大使という枢要なポストを獲得するに至る。かかる経歴を検討すれば、いわば成功した「政治的投機者」の一例として、シュターマーが興味深い観察対象であることは論を俟たないであろう。また、ドイツ外交、なかんずく、その極東政策において果たした役割という観点からも、彼が見逃せない存在であることはもちろんである。

以下、シュターマーの生涯を素描し、それがナチズム体制の完成までの過程ならびにドイツの極東政策において、いかなる意味を持つか、考察を試みることとしたい。

一　ビジネスマンから外交の世界へ

ハインリヒ・ゲオルク・シュターマーは、一八九二年五月三日、ハンブルクのプロテスタントの家に生まれた。父親のE・A・シュターマーは、商事裁判所の判事（名誉職）を務めたこともある商人であった。つまり、ハインリヒは上層中産階級に属していたのである。

ハインリヒは、ハンブルクのヨハネウム実科ギムナジウムならびにユィルツェンの実科ギムナジウムに学んだのち、一九一一年九月一九日から一九一九年八月三一日まで、プロイセン王国（当時、ドイツ帝国を構成していた諸邦中、最大の邦）陸軍で軍務に就いた。第一次世界大戦にも従軍し、航空隊に勤務している。一九一八年五月には中尉に進級した。なお、大戦中に、デュナミート（ダイナマイト）株式会社（旧ノーベル社、現デュナミート・ノーベル社）取締役フローリアーン・フランツ・リヒターの娘ヘルガと結婚した。[2]

復員後、ビジネスの機会を求めて中南米各地を旅したものの、その機会は得られず、帰国したシュターマーは、一九二〇年八月一日より一九二二年一〇月一日まで、デュナミート株式会社で実習生となった。一九二二年一〇月より、ケルンのドミニート株式会社の支配人となる。以後、一九二三年から二七年まで同社理事（一九二七年より、ウルトラルミーン軽金属株式会社理事長代理を兼任）、一九二七年から三四年までは蓄電池製作株式会社理事代理を歴任し、ビジネスマンとしての栄進の道をたどる。[3]この間、しばしば中南米を旅したことがあり、それが、のちに外交の世界に身を投じるにあたっての資産となったと思われる。

一九三四年ごろになると、シュターマーは独立し、自らの会社を設立することを考えはじめていたが、その目処は立たなかった。そのシュターマーを、のちに外務大臣となるヨアヒム・フォン・リッベントロップに紹介したのは、ヴィルヘルム・ロッデであった。シュターマーは、航空スポーツ団体での活動を通じて、ロッデと知り合っていたのである。やはりビジネスマンだったロッデは、一九三四年にナチ党に入党し、当時はリッベントロップの事務所をまかされていた。[4]

ただし、そのころのリッベントロップは、ナチス・ドイツにおいて、堅固な権力基盤を築いているとはいえなかった。周知のごとく、リッベントロップは、大手の酒類販売会社を経営していた名士だったが、ヒトラーが政権を握るにあたって、保守派とナチスの橋渡しに大きな役割を演じ、政治の世界に足を踏み入れていた。酒類商としての海外経験と外国語に堪能であったことから、ヒトラーの私的外交顧問ともいうべき立場を得たリッベントロップは、さらに外務省内に正式の重要な地位を得ようとしたものの、政府内の保守派や男爵コンスタンティン・フォン・ノイラート外務大臣以下の外務省の伝統的職業官僚たちは、これを拒否している。

しかし、リッベントロップは、ヒトラーの支持を取りつけ、一九三四年四月に「軍縮問題全権代表」の地位を得た。このポストは、ノイラート外務大臣に直属するものではあったけれども、正規の外交官としての活動を可能とするものであった。加えて、「軍縮問題全権代表」への補職によって、リッベントロップは、自らの事務所を半官組織として設立することを許可されたのだ。いわゆる「リッベントロップ事務所（Büro Ribbentrop）」（一九三五年より「リッベントロップ執務所」Dienststelle Ribbentrop に改称）である。リッベントロップは、この事務所の所在を、よりにもよって、ベルリンの官庁街ヴィルヘルムシュトラーセにあったドイツ外務省庁舎の向かいに置いた。リッベントロップの、外務省伝統勢力に対する敵意と競争心を象徴する挿話といってさしつかえあるまい。事実、リッベントロップは、このときから、さまざまな手段を尽くして、外務省の権限蚕食をたくらむことになる。▼5

二　成功した「政治的投機者」

シュターマーは、ロッデの推薦により、一九三五年七月一日にリッベントロップ事務所に入った。彼が、元来保守的な政治志向を抱いていたことは、右翼的な「前線兵士団体（Frontkämpferverbände）」（退役軍人会）の世話役をながらく務めていたことからも読み取れる。何よりも、シュターマーは、一九三一年一〇月二日にナチ党と親衛隊に入っていたのである。[6] 従って、こうした転身は、政治信条的にも何ら抵抗はなかったものと思われる。さりながら、先に述べたように、シュターマーは当時いた会社を辞めて、独立することを考えていたというから、将来のおのが発展への布石にするという計算もあったのかもしれない。[7]

いずれにせよ、リッベントロップ事務所に入ったシュターマーは、当初、英仏の退役軍人会との催しを「和解の精神を以て」調整することを任務とする「前線兵士」課の長となった。一九三六年八月三一日には、主務担当局長（Hauptreferent）に就任している。[8] 残念ながら、このリッベントロップ事務所時代のシュターマーの活動に関する史料は、はなはだ乏しく、その実態をつまびらかにすることはできない。しかしながら、シュターマーが、リッベントロップの信任を得て、その腹心となっていったことはたしかであると思われる。というのは、リッベントロップは、累進し、外務省を隷下に置いたのちも、シュターマーを切り捨てようとはしていないからだ。

すでに述べたごとく、リッベントロップにとって、「事務所」は、外務省に対抗し、その権限を奪い取るための手足にすぎなかった。ゆえに、一九三八年二月四日にノイラートの後を襲って外務大臣に就任し、外交の全権を握るという宿願を果たしたのちのリッベントロップは、かつての協力者たちを顧みようとしなかった。ドイツの歴史家ヤーコプセンの推計によれば、外相就任後、リッベントロップ事務所の人員のうち、外務省に引き取られたのは、およそ三二％にすぎなかったという。[9]

シュターマーもまた、当初は外務省に移れなかったのだが、リッベントロップは、彼に特別の任務を与えた。大島浩駐独日本大使との連絡役だ。当時、リッベントロップは、一九三六年に締結した日独防共協定を軍事同盟に拡大する構想を抱いており、そのパイプ役にシュターマーを選んだのであった。

一九四〇年一月二六日、シュターマーは、アメリカ合衆国と日本を訪問するドイツ赤十字総裁カール・エドゥアルト・ザクセン＝コーブルク・ゴータ公の随員となるにあたり、「総領事(Generalkonsul)」(この場合は、職名ではなく、外交官としての位階)の身分を得るに至った。公式に外交官と認められたのである。[10] 合衆国への往路と復路で東京に滞在した(折からの皇紀二千六百年式典に招かれていた)シュターマーは、駐日ドイツ大使オイゲン・オットと連名で、外務次官宛に日本の政情報告を送っている。[11] こうした動きにも、シュターマーがのちに三国同盟締結の特使となる背景をみることができよう。また、対日交渉以外にも、シュターマーの影響力が強まってきたことを示す例は他にもある。一九三八年のドイツによるオーストリア合邦《アンシュルス》以降、親衛隊や宣伝省を中心に、あらたな拡張論が強まってきた。オーストリアと同じく、ドイツ系民族の国であるリヒテンシュタイン侯国をも併呑すべきだとの主張である。

しかし、この場合については、リッベントロップの率いるドイツ外務省がブレーキの役割を果たした。オーストリアに続き、リヒテンシュタインをもドイツの領土に編入することは、国際的な批判と警戒を招き、以後の外交を困難にしかねないと判断したのだ。この機運を見抜いて、独立保全をベルリンにはたらきかけた、ときのリヒテンシュタイン侯フランツ・ヨーゼフ二世に応じて、リッベントロップはドイツ側の強硬派を抑えにかかった。その命を受けて、実地に動いたのがシュターマーであった。

にもかかわらず、この問題は、一九三九年三月に深刻な事態を迎える。併合派が、リヒテンシュタインの親独分子に騒乱を起こさせ、それを口実に武力介入しようとしたのだ。この謀略を察知したリヒテンシュタイン側は、その情報をドイツ外務省に通告した。リッベントロップは再びシュターマーに命じて、併合派の策動を未然に封じさせた。その際のシュターマーの努力に感銘を受けたフランツ・ヨーゼフ二世は、最初は男爵、のちには「フォン・ジールム伯爵」の身分と称号をシュターマーに与えている（ただし、ドイツ側にリヒテンシュタイン侵攻の意図があったことを隠す必要があるから、この爵位を公に名乗ることは禁じられた）[12]。

かくのごとく、シュターマーは、国際政治の舞台で小さからぬ影響力を振るうようになっていた。ヒトラーの政権奪取を機に出現した「政治的投機者」は、多くの場合、私的動機から、それまで浸透できなかった伝統的勢力の牙城に食い込んでいった。けれども、その大半は、ナチズム勢力が伝統的保守派を制圧するのに利用されたのみで、自らが新しいエスタブリッシュメントとなることはできないままに終わった。しかし、シュターマーは、例外的に、あらたな支配勢力の一員になりおおせていたのである。

三　東京への特使

こうして、シュターマーが権力の階梯を上っていった時期は、ちょうど日独が接近した年月でもあった。この間、ドイツは、紛争を局地化し、欧州大戦に拡大しないように配慮しながら、拡張政策を進めていた。英仏は、当初は戦争を避けて、宥和政策を取ったものの、一九三九年にドイツがミュンヘン協定を無視して、チェコスロヴァキアを解体するに至り、対決路線に転じる。ドイツのつぎなる目標となったポーランドに、同国が攻撃された場合の参戦を約束し、戦争をも辞さぬ姿勢を示したのである。

これに対し、ドイツは、日本と軍事同盟を結ぶことにより、英仏が参戦した場合には、その極東植民地に脅威がおよぶような態勢をつくろうとした。それによって、英仏を牽制し、ポーランドへの介入を防止せんとしたのだ。しかしながら、日本との「防共協定強化交渉」は、日本側の外務省や海軍の反対に遭い、はかばかしく進まない。よって、ヒトラーは、イデオロギー上の仇敵であるはずのソ連と不可侵条約を結ぶというはなれわざによって、英仏の参戦を阻止しようとした。だが、彼の思惑は外れ、一九三九年九月一日のドイツのポーランド侵攻に対し、英仏は宣戦布告で応じ、ここに第二次世界大戦が開始される。翌一九四〇年、ドイツは西部戦線で攻勢を発動し、フランスを降したが、残るイギリスはなお抗戦を継続した。

すでに対ソ戦を決意していたヒトラーは、日本を同盟国として獲得する必要を再び感じるようになった。イギリス、ひいては、公然と連合国側の支援にまわっていたアメリカを牽制するためである。日本側もまた、日中戦争や南方への拡張政策において、米英の影響を排除し、本国が占領されたフランスやオランダのアジアにおける植民地を獲得するにあたり、ドイツとの同盟を有利とみるに至った。[13]

かかる機運を受けて、ながらくリッベントロップの対日特命交渉官とでもいうべき立場にあったシュターマーも、一躍表舞台に躍り出た。一九四〇年八月、同盟交渉のための特命全権代表として、東京に派遣されることになったのである。九月二日、その外交官としての位階も「公使（Gesandter）」に格上げとなった。[14]

極東国際軍事裁判、いわゆる東京裁判に提出されたシュターマーの供述書によると、リッベントロップは、つぎの三つの任務を与えたという。

(1)ドイツにたいする日本政府の真意をつきとめること
(2)もし日本がドイツと新協約を締結する意志のあることを示すなら、ただちにオット大使の面前で交渉をはじめること
(3)交渉の各条項に関しベルリン政府の是認を必要とする場合には、交渉を進める前に至急交渉の詳細を報告すること[15]

単なるビジネスマンで、職業外交官としての訓練を受けたこともない「政治的投機者」が、いまや国家の代表として、戦争の勝敗を左右しかねない同盟交渉にのぞむ。ここには、ナチス・ドイツのダイナミックであると同時にグロテスクでもある国家指導の特徴の一端が表れているといえよう。

さらにシュターマーは、三国同盟の交渉において、通常の外交では考えられない行動に出ることになる。

四　三国同盟交渉における独断専行

九月七日、東京に到着したシュターマーは、九日より一二日まで、オット大使を交えて、松岡洋右外務大臣との第一次交渉に入った[16]。この段階で、日本はヨーロッパにおける独伊の、独伊はアジアでの日本の指導的地位を認めること、アジア・太平洋の旧ドイツ植民地の日本への譲渡、日独伊とソ連の関係改善などが話し合われた。しかし、より重要だったのは、一一日にドイツ側から出された条項であったろう。それは、締約国の一国が、ヨーロッパの戦争か、日中戦争に参戦していない第三国に攻撃された場合、あらゆる政治的、経済的、軍事的方法によって、相互に援助することを約束すると定めたものであった。すなわち、軍事同盟の必要条件である参戦条項を定めたものといえる。

この提案を受けた松岡は、同盟締結を渋る日本海軍を説得しなければならなかった。海軍は、独伊がヨーロッパでアメリカとの紛争に突入した場合、日本も参戦を余儀なくされることを恐れていた。そのため、条約を結ぶとしても、自動的な参戦義務を負うのではなく、場合によっては戦争参加を拒むことができる「自主的参戦」義務に留めるべきだと主張していたのである。海軍は、ほかにも、南進の重要拠点となる旧ドイツ領南洋群島の譲渡、また南進の際に背後を安定させるためのソ連との関係改善を求めていた。松岡は、そうした要望書は付属議定書に盛り込むとして、三国同盟への障害であった海軍の反対を封じる。

これを受けて、九月一五日から一八日にかけて、自主参戦権、南洋群島問題、対ソ関係について、日独の交渉が続く。だが、ドイツ側は、日本は要求ばかり並べてくると難色を示した。にもかかわらず、日本側は、九月一九日の御前会議で、同盟締結を可決する。

ところが、九月二一日に、ドイツ側が提示してきた条約文案は、条約を自らの意向に沿って定めることができると楽観していた日本側を落胆させるものだった。オットとシュターマーの報告を受けたリッベントロップは、それではアメリカの参戦を牽制する効果が上がらないと、条約正文案の第三項に、欧州戦争ならびに日中戦争に参戦していない第三国に攻撃された場合、「日独伊はかかる勢力に対し、宣戦布告する（Japan, Germany and Italy undertake *to declare war on auch power*）」[17]との文言を加えてきたのである。まさしく、日本側が忌避してきた自動参戦を定める条項であった。

ゆえに、二一日夜から翌二二日に行われた日独交渉は、とくに自主参戦権をめぐって停滞し、妥協点を見いだすことができなかった。二三日、日本側は参戦の主体性を留保する修正案を作成し、直接リッベントロップに訴えて結着をつけようと、ドイツ大使館経由でベルリンに案文を送った。しかし、リッベントロップは同意しようとはせず、日本側が自主的な参戦判断権を得ることに否定的な態度を示した。

ところが、九月二四日夜に行われた、松岡、シュターマー、オットの会談において、事態は一気に打開され、二七日にベルリンで条約が調印されることが決まる。実は、シュターマーとオットは、日本が参戦を自主的に定める権利を認めていたのだった。現場の交渉役であった二人は、日本側の事情に鑑みて、参戦留保権を認めなければ、速やかな条約締結という自分たちの任務は果たせないと判断し、本国の意向を無視した独断専行に出たのである。しかもシュターマーは、帰国後、この一件をリッベントロップに報告するとオットに約束していたにもかかわらず、それを実行しなかったのだ。[18]

三国同盟締結のごとき重要な外交交渉で、本国の認可も得ていないというのに、相手側に言質を与えるなど、常識的には考えられないことである。けれども、いわば「政治的投機者」の先輩であるリッベントロップが、権限の逸脱、独断専行、不都合な情報の握りつぶしといったことを繰り返すのを間近にみていたシュターマーとしては、それもまた、おのが野心を満たすためには当然のことと思われたにちがいない。ナチ体制下にあっては、複数の組織が同一の任務を与えられ、通常の官僚的あつれきの範疇を超え、「部局ダーウィニズム」と形容されるような、激烈な権力闘争が展開されたことが知られている。むろん、そうした規範無視の行為は、政治的投機者がのし上がっていく上では有効な武器となったわけであるが、シュターマーは国家の命運が懸かった同盟交渉においても、習い性になった手段に訴えた。ナチズム外交に特有の現象と評してもさしつかえあるまい。

ともあれ、一九四〇年九月二七日、日独伊三国同盟が締結され、任務を果たしたシュターマーもドイツに帰国する。

五　独ソ和平工作を握りつぶす

三国同盟締結の論功行賞であったのか、ベルリンに帰着したシュターマーは、一九四〇年一一月一五日には「大使（Botschafter）」の位階を与えられた。翌一九四一年五月二九日には、外務省内に勤務する

「特務大使（Botschafter z.b.V）」（こちらは、位階ではなく、職名）に任ぜられた。さらに、一九四一年九月二七日には、より大きな栄誉を得ることになる。日本が中国に樹立した汪兆銘の南京国民政府に派遣される大使に任命されたのである。

ただし、シュターマーの駐華大使時代は、一年余で終わりを告げた。駐日ドイツ大使のオットが、ゾルゲ事件の責任を取るかたちで更迭された結果、シュターマーがその後任となったからである。かかる人事の背景には、保守派で、必ずしもリッベントロップ路線に忠実ではなかったオットの轍を踏まぬよう、ナチスのイデオロギーに忠実な人物が選ばれたということがあると推測される。[19]

一九四三年一月一日、駐日大使任命の辞令を受けたシュターマーは、ただちに東京に向かい、一〇日には業務を引き継いだ。二月八日には信任状を奉呈し、名実ともに日本におけるナチス・ドイツの代表となる。[20]

しかしながら、シュターマーが外交官として活躍し得るような余地は、すでにきわめて狭隘なものとなっていた。太平洋ではガダルカナル島からの撤退、ヨーロッパではスターリングラードの敗北と、枢軸側に不利な方向へと戦況が転じていたからである。かかる敗勢下で、シュターマーにできることといえば、本国の伝声管よろしく、ドイツにとって有利な戦略・作戦を採るよう、同盟国日本に求めることぐらいだった。

また、極東の状況についても、はなはだ楽観的な報告をするのが常であったという。当時、ドイツ大使館に勤務していた公使兼参事官エーリヒ・ボルツェは、戦後、東京裁判向けの尋問に答えて、こう語っている。「シュターマーは意図的に、日本についてのすべての報告をバラ色に染めていた。そうするとヒトラーとリッベントロップが喜ぶことを知っていたからだ。日本の敗戦が疑いなくなってからも、彼は日本の強さを強調した。日本をめぐる状況について、彼はドイツ政府を誤った方向へ導いた」。[21]

しかし、より重要なのは、いわゆる「独ソ和平工作」について、シュターマーが一貫して反対したことだろう。今日ではよく知られていることだが、日本側は、太平洋戦争開戦の直後より、ドイツとソ連を仲介し、両国の和平を実現させる努力を重ねていた。その目的は、東部戦線に拘束されていたドイツの戦力・資源を解放し、それを米英に向けさせることで、日本の負担の軽減をはかることだった。[22]

ところが、シュターマーの見解は、日本側の希望のまさに逆をいくものだった。再びボルツェの証言を引く。「太平洋戦争の勃発以来、日本を対ソ戦に巻き込むことが彼の第一の任務だという考えにシュターマーは支配されていた。彼の大きな野望によって、そのような『成功』がヒトラー、リッベントロップに認められる最大のチャンスだと確信していた。その目的を達成するために、軍部や政治的指導者を説得しようとシュターマーはあらゆることをした」[23]。「公使館書記官（Legationssekretär）」として、同じく戦時下のドイツ大使館に配置されていたフランツ・クラップフも、シュターマーは、日本の独ソ和平仲介に関する動きを報告する際、必ず、それには反対だとか、自分は「最終的勝利（Endsieg）」を信じるとかいった文言を必ず付け加えていたと述べている。[24]

ヒトラーが対ソ戦を、現実政治の状況いかんにかかわらず、目的達成まで遂行しなければならない「世界観戦争（Weltanschauungskrieg）」とみなしていたことを考えれば、もとより日本の和平斡旋が成功したとは思えない。それでも、この外交による戦争終結の可能性を拒否したことは、シュターマーの政治家としての能力識見を判断する上でプラス材料にはならないであろう。

六　成功しすぎた「政治的投機者」

ひるがえって、大使館内部の統制についても、シュターマーの威令がゆきわたるというわけにいかなかった。先に述べたように、駐日大使館には、外務省保守派ともいうべき人々が多数いたから、シュターマーによるナチズムの押しつけやディレッタント的な仕事ぶりは反感を招いたのであった。戦争中にドイツ大使館に勤務していた外交官・作家のエルヴィン・ヴィッカートの回想録から、そうした空気を描いた箇所を引用する。

オットは自信にあふれ、確固とした自己を持った人物だった。それに対して、シュターマーは不安定で、分裂気質の矛盾にみちた性格をしていた。彼は、政治については月並みの関心しか持っていなかった。オットのもとでは日課となっていた、大使館のスタッフを集めての朝のミーティングも、シュターマーはもう、ただの一度も行わなかった。彼は、議論や異見を恐れていたのだ。[25]

前出のクラップフも、シュターマーについて「リッベントロップの徒党（Ribbentrop-Mann）」という印象を抱き、性格的に弱く、日和見主義だったと語っている。[26]

こうした大使館内部の反発に対し、シュターマーも憎悪と悪意を以て応じた。

ほとんどの大使館員がシュターマーをひどく嫌い軽蔑していることに、誰も驚かないだろう。言うまでもないことだが、そうした感情をシュターマーも知っていた。国際協調や協力、そして正義の精神の中で育った古いタイプのすべての真っ当な外交官に対して、彼は根深い憎しみを抱いていた。そうした外交官を排除するために、彼はあらゆることをした（ボルッェ証言）。[27]

この「あらゆること」のなかには、警察連絡官兼在東京ドイツ大使館付保安部全権であったヨーゼフ・マイジンガー親衛隊大佐を通じて、圧力をかけさせることも含まれていた。彼は当時日本に派遣されていた親衛隊保安部の代表である（マイジンガーについては、本書第七章を参照されたい）。

大使館の正規の外交スタッフの影響力を排除し、彼らをゲシュタポのもとに服従させるための組織を立ち上げ、マイジンガー大佐を責任者にして、無制限の権力を与えた。マイジンガーを通して、シュターマーは日本の軍事組織（憲兵隊）との関係を結んだ。それはドイツのゲシュタポのようなものだった。マイジンガーが「反ナチ」と非難する在日ドイツ人のリストを憲兵隊に渡し、日本の警察によって拘束されることを望んでいることをシュターマーは知っていた（ボルッェ証言）。[28]

しかし、多くのドイツ大使館員にとって、マイジンガーは嫌悪の対象であったから、[29]こうした手段は、シュターマーの信望を損なう方向にも働いた。さらに、マイジンガーのテロ支配を認めたことは、彼の勢威を高める結果になった。前出のクラップフは、マイジンガーはシュターマーの指揮下にあるはずなのに、両者の力関係は、ほぼ同等となっていたと観察している。[30]

このように、駐日ドイツ大使という職務は、もはやシュターマーには荷が重いものとなっていた。彼は、多くの政治的投機者とは異なり、失脚することも、傍系に追いやられることもなく、また、職業的訓練を受けていないにもかかわらず、外務省内で累進し、駐日大使という要職に昇りつめた。だが、皮肉なことに、かかるナチズム体制成立期に特有の周縁人の急速な社会的上昇は、その能力をはるかに超えるポストへと、シュターマーを拉しさるに至ったのだ。いわば、シュターマーは、政治的投機者として成功しすぎたのである。

さりながら、適切とはいえないシュターマーの大使勤務は、そう長くは続かなかった。一九四五年五月、連合国に降伏したドイツとの国交を断った日本政府は、シュターマーを勾留したのである。

おわりに──「政治的投機」の果て

かくて、シュターマーの「政治的投機」は無に帰した。

一九四五年八月に日本もまた敗戦を迎えると、シュターマーの身柄は、アメリカ占領軍に移された(一〇月八日)。東京裁判で証人などを務めたのち、一九四七年八月二七日に釈放され、ドイツに帰ったが、そこでもまた一九四八年まで勾留された。[31] ようやく釈放されたシュターマーは、最初からキャリアを積みなおさなければならなくなったのである。[32] ただし、非ナチ化裁判では、社会的圧力にさらされながらユダヤ人の義母を庇護したことが考慮され、「責任なし（entlastet）」の判定を受けている。

自由の身となったシュターマーは、スイスの企業ビュールレ・ウント・コントラーフェ社（Bührle und Contraves）（兵器生産で有名なエリコン社の当時の名称）に入り、日本に派遣された。ビジネスマンとしての振り出しに戻ったといえよう。[33] その勤務のかたわら、一九五二年に『日本の敗北、アジアの勝利』なる著作を刊行している。これは、タイトルが示すごとく、日本は戦争に負けたが、それによって、戦後のアジア諸国の植民地支配からの解放をもたらしたとする内容のものだった。[34]

一九五八年、シュターマーは、リヒテンシュタイン侯国の首都ファドゥーツに移り、以後、一九七八年六月一三日に没するまで、そこで年金生活者として過ごした。[35] 先に触れたように、リヒテンシュタインがドイツに併合されるのを防いだ功績により、彼には、同国国民としての権利が与えられていたのである。

注

▼1 日本では、同時代の文献を含め、しばしば「スターマー」の表記がみられる。これについて、戦前戦中の日独関係を研究した三宅正樹は、彼が、「シュ」となるはずの *s* が「ス」と発音される方言があるハンブルクの出身であることから、こうした表記が流布したのかもしれないと推測している。三宅正樹『日独伊三国同盟の研究』南窓社、一九七五年、六四－六五頁、注1。本章では、標準発音に従い、「シュターマー」と表記する。

▼2 Auswärtiges Amt – Historischer Dienst – (Hg.), *Biographisches Handbuch des deutschen Auswärtigen Diensts 1871-*

1945, Bd. 4, Stuttgart 2012（以下 BHDAD と略記）, S. 319; シュターマーの長子ハインツ＝ディーター・シュターマー氏に対する筆者のインタビュー（一九九二年四月二一日、於コブレンツ）。なお、シュターマー夫人ヘルガの母親はユダヤ人であった。このことは、ヨアヒム・フォン・リッベントロップ外務大臣には知られていなかったが、ヘルマン・ゲーリング航空相・空軍総司令官は、その件をつかんでおり、シュターマーに影響力をおよぼすのに使ったはずだと、ハインツ＝ディーター氏は推測している。

▼3　BHDAD, S. 319; Redaktion HLFL, Stahmer, Heinrich Georg Freiherr von, Graf von Silum, Historisches Lexikon des Fürstentums Liechtenstein, https://historisches-lexikon.li/Stahmer,_Heinrich_Georg_Freiherr_von,_Graf_von_Silum（二〇二一年二月三日閲覧、以下 HLFL と略記）.

▼4　Hans-Adolf Jacobsen, *Nationalsozialistische Außenpolitik 1933-1938*, Frankfurt/M u. Berlin 1968, S. 270.

▼5　田嶋信雄『ナチズム極東戦略』講談社、一九九七年、三六－六四頁。外務省の伝統的職業官僚とリッベントロップほかのナチス勢力、あるいは、そうしたナチス勢力間の権力闘争については、田嶋信雄「ナチズム外交組織の分裂と統合」、ヨーロッパ現代史研究会編『国民国家の分裂と統合――戦間期ヨーロッパの経験』北樹出版、一九八八年が克明に描き出している。

▼6　BHDAD, S. 319.

▼7　Jacobsen, S. 239.

▼8　BHDAD, S. 319.

▼9　Jacobsen, S. 284.

▼10　BHDAD, S. 319.

▼11　テオ・ゾンマー『ナチスドイツと軍国日本――防共協定から三国同盟まで』（金森誠也訳）時事通信社、一九六四年、四一五頁以下。

▼12　HLFL; Gerhard Krebs, „Zwischen Fürst und Führer, Liechtensteins Beziehungen zum „Dritten Reich““, *Geschichte in Wissenschaft und Unterricht*, Jg. 39（1988）, H. 9. 本論文は、主としてリヒテンシュタイン側の文書から、この一件の経緯を論述している。

▼13 防共協定から日独伊三国同盟に向かう経緯については、三宅『日独伊三国同盟の研究』、ゾンマー『ナチスドイツと軍国日本』、田嶋『ナチズム極東戦略』等のほか、日本国際政治学会・太平洋戦争原因研究部編『太平洋戦争への道 開戦外交史 5 三国同盟・日ソ中立条約』(新装版)朝日新聞社、一九八七年(以下『太平洋戦争への道』と略記)などをみられたい。また、日独関係の通史、工藤章・田嶋信雄編『日独関係史 一八九〇～一九四五 II 枢軸形成の多元的力学』東京大学出版会、二〇〇八年の論述も参照のこと。

▼14 BHDAD, S. 319.

▼15 『太平洋戦争への道』、一九〇頁。

▼16 以下の記述は、ゾンマー、五〇四－五九五頁;『太平洋戦争への道』、一九〇－二二七頁;三宅『日独伊三国同盟の研究』に解説を付して翻刻された史料「日独伊同盟条約締結要録」、四四一－六四三頁に依拠している。

▼17 「日独伊同盟条約締結要録」、四八五頁。ちなみに三国同盟条約の正文、文案等は、日独伊三国が共通に理解できる言語である英語で記されている。

▼18 この二人の独断専行については、アメリカの研究者プレサイセンが、東京裁判のオット尋問調書をもとに、すでに一九五八年に指摘している。Erst L. Presseisen, *Germany and Japan. A Study in Totalitarian Diplomacy, 1933-1941*, The Hague 1958, pp. 262-363. また、近年、日本のジャーナリスト渡辺延志が、その経緯を再検証している。渡辺延志『虚妄の三国同盟――発掘・日米開戦前夜外交秘史』岩波書店、二〇一三年。

▼19 オット大使時代の駐日ドイツ大使館は、外務省に残存していた保守派が多数勤務していた。そのため、駐日大使館は、「強制的同質化」を経た本省の路線に必ずしも全面的に従っていたわけではなかった。典型的な例は、一九四二年の独ソ和平工作である。これについては、大木毅「独ソ和平工作をめぐる群像――一九四二年の経緯を中心に」、同『第二次大戦の〈分岐点〉』作品社、二〇一六年を参照されたい。

▼20 BHDAD, S. 319.

▼21 渡辺、二七五頁の引用による。

▼22 独ソ和平工作に関する概観として、大木毅「独ソ和平問題と日本」、同『第二次大戦の〈分岐点〉』作品社、二〇一六年。

▼23　渡辺、二七四頁の引用による。
▼24　フランツ・クラップフ氏に対する筆者のインタビュー（一九九一年一二月一〇日、於ボン）。
▼25　Erwin Wickert, *Mut und Übermut. Geschichten aus meinem Leben*, Stuttgart 1991, S. 198. 本書には、日本関連の記述を抽出した抄訳（エルヴィン・ヴィッケルト『戦時下のドイツ大使館――ある駐日外交官の証言』（佐藤眞知子訳）中央公論社、一九九八年がある。
▼26　前掲のクラップフ氏に対する筆者インタビュー。
▼27　渡辺、二七六頁の引用による。
▼28　渡辺、二七七頁の引用による。
▼29　クラップフ氏は、前掲のインタビューで、マイジンガーは、「本物の犯罪者タイプ（ein richtiger Verbrechertyp）」で、外見は映画のギャングのようだったと形容している（前掲のクラップフ氏に対する筆者インタビュー）。当時のドイツ大使館で、マイジンガーが取っていた悪評をうかがわせる言葉であろう。
▼30　前掲のクラップフ氏に対する筆者インタビュー。
▼31　BHDAD, S. 320; HLFL.
▼32　ベルリンのシャルロッテンブルクにあったシュターマーの邸宅も、ソ連軍の掠奪に遭い、廃墟と化していたという。前掲のハインツ＝ディーター・シュターマー氏に対する筆者のインタビュー。
▼33　HLFL.
▼34　Heinrich Georg Stahmer, *Japans Niederlage – Asiens Sieg. Aufstieg eines Grösseren Ostasien*, Bielefeld 1952.
▼35　HLFL.

ソヴィエト連邦
モンゴル
満洲国
チチハル
ハルビン
吉林
新京
奉天
北戴河
大連
北京
（北平）
天津
朝鮮
日本
東京
横浜
神戸
青島
西安
開封
南京
上海
中華民国
武昌
漢口
成都
重慶
杭州
福州
貴陽
昆明
台湾
広州
香港
インドシナ

本書関連地図

謝辞

「東アジアで暗躍したドイツの〝奇人〟たちを列伝形式で紹介したら面白いんじゃないか」。二〇一六年三月の〝田嶋組〟広州視察旅行の際、編者二人の間でそんな冗談半分の会話をしたが、振り返ってみれば、それが本書の企画の始まりだった。このアイデアを大木毅氏を通じて作品社に持ち込んだところ、「日本でもドイツでも類のない斬新な内容になるのではないか」と上々の反応をいただき、晴れて企画がスタートすることになった。執筆陣もベテランから中堅・若手まで、ドイツ＝東アジア関係史・ナチズム研究の専門家で固めることができた。「学術的水準を維持しつつ、一般読者にも読みやすい歴史書」を基本方針としたが、「言うは易く行うは難し」で、執筆・編集の道程は必ずしも平坦ではなかった。それでも何とか刊行にこぎつけることができたのは、編集を担当していただいた福田隆雄氏のご尽力のおかげである。記して感謝申し上げたい。

二〇二一年一一月　編者を代表して　田野大輔

●タ行

●ナ行

事項索引

●ナ行

●ハ行

人名索引

●編著者・著者略歴

【編著者】

田嶋信雄：成城大学法学部教授。北海道大学大学院法学研究科博士後期課程単位取得退学。博士（法学、北海道大学）。主な著作：『ナチズム外交と「満洲国」』（千倉書房、1992年）、『ナチズム極東戦略』（講談社選書メチエ、1997年）、『ナチス・ドイツと中国国民政府 1933-1937』（東京大学出版会、2013年）、『日本陸軍の対ソ謀略』（吉川弘文館、2017年）。

田野大輔：甲南大学文学部教授。京都大学大学院文学研究科博士後期課程研究指導認定退学。博士（文学、京都大学）。主な著作：『魅惑する帝国』（名古屋大学出版会、2007年）、『愛と欲望のナチズム』（講談社選書メチエ、2012年）、『ファシズムの教室』（大月書店、2020年）。

【著者】

大木毅：現代史家。立教大学大学院博士後期課程単位取得退学。DAAD（ドイツ学術交流会）奨学生としてボン大学に留学。千葉大学その他の非常勤講師、防衛省防衛研究所講師、国立昭和館運営専門委員等を経て、著述業。『独ソ戦』（岩波新書、2019年）で新書大賞2020大賞を受賞。主な著作：『日独伊三国同盟』（角川新書、2021年）『「太平洋の巨鷲」山本五十六』（角川新書、2021年）、『ドイツ軍攻防史』（作品社、2020年）。

工藤章：東京大学名誉教授。東京大学大学院経済学研究科博士課程単位取得退学。主な著作：*Japanese-German Business Relations* (London: Routledge, 1998);『日独経済関係史序説』（桜井書店、2011年）、*The Japanese and German Economies in the 20th and 21st Centuries* (Folkestone: Renaissance Books, 2018).

熊野直樹：九州大学大学院法学研究院教授。九州大学大学院法学研究科博士後期課程修了。博士（法学、九州大学）。主な著作：『ナチス一党支配体制成立史序説』（法律文化社、1996年）、『麻薬の世紀』（東京大学出版会、2020年）、『政治史への問い／政治史からの問い』（共著、法律文化社、2009年）、『ドイツ＝東アジア関係史 1890-1945』（編著、九州大学出版会、2021年）。

清水雅大：秀明大学総合経営学部非常勤講師。横浜市立大学大学院国際総合科学研究科博士後期課程修了。博士（学術、横浜市立大学）。主な著作：『文化の枢軸』（九州大学出版会、2018年）。

Nationalsozialisten in Ostasien.
Deutsche Emissäre, Unterhändler und Aktivisten in Japan, China und der Mandschurei

極東ナチス人物列伝

2021年12月20日　第1刷印刷
2021年12月30日　第1刷発行

編著者———田嶋信雄／田野大輔
著者———大木毅／工藤章／熊野直樹／清水雅大

発行者———福田隆雄
発行所———株式会社作品社
〒102-0072 東京都千代田区飯田橋 2-7-4
tel 03-3262-9753　fax 03-3262-9757
振替口座 00160-3-27183
https://www.sakuhinsha.com
本文組版——有限会社閏月社
装丁———小川惟久
印刷・製本——シナノ印刷(株)

ISBN978-4-86182-882-9 C0020

児玉源太郎
長南政義

台湾統治を軌道に乗せ、日露戦争を勝利に導いた“窮境に勝機を識る”名将の実像を明治軍事史の専門家が、軍事学的視点と新史料「児玉源太郎関係文書」を初めて使用し描き出す。
　日露戦争の作戦を指導した男の虚像と実像を暴く。新史料で通説を覆す決定版評伝!

太平洋島嶼戦
第二次大戦、日米の死闘と水陸両用作戦
瀬戸利春

広大な大洋と島々を血に染めて戦われた日米の激戦。日本軍はなぜ敗れ、米軍はなぜ勝ったのか。物量のみではなかった戦いの実相。　個々の島々の戦闘のみを注視せず、“全体”の流れの中に島嶼戦を位置づける。